다문화주의윤리학

다문화주의윤리학

셀론 팩 브라운 · 카르멘 브라운 윌리엄스 지음
박균열 · 정창우 · 송민애 옮김

철학과현실사

Ethics in a Multicultural Context

□ 역자 서문

흔히 우리 사회는 단일 문화, 단일 민족으로 이루어져 있다고 간주되고 있다. 그러나 2007년 이래로 외국인 백만 시대가 되었고, 이로써 이들의 다양한 문화에 대한 관심과 함께 미래의 다문화 사회에 대한 여러 구상과 청사진이 미디어를 통해 제공되기 시작하였다. 특히 세계화로 국제적인 이주가 빈번해지는 요즘 거의 모든 사람들이 다문화적 현상을 경험하고 있다. 이런 현상은 자신과 다른 차이를 두려움으로 인식하거나 개인적 경험에 국한된 매우 협소하고 제한된 편견을 형성하기도 한다.

우리 사회는 오랫동안 단일 민족이라는 신화를 견지한 사회이기에 세계화에 의한 다문화 현상에 대한 이해와 다른 문화를 가진 구성원들에 대한 이해가 절실하다. 더욱이 우리 사회 구성원들의 정신 건강에 관련된 전문적인 상담과 사회 복지에서 다문화적 상황에 대한 대처는 시급하다고 할 수 있다. 각각의 사회 구성원들은 나름대로 다양한 세계관, 가치, 삶의 양식

등을 가지고 살아가고 있기 때문에, 이들의 정신 건강을 돌보는 전문인들은 이들의 다양한 문화적인 차이를 인식하며 그를 통해 돌봄의 상황이나 방법에 대한 독특하고 개별적인 이해와 대처 방안이 요구된다.

만일 이들 정신 건강 전문인들이 다양한 배경의 내담자들이나 사회 구성원들의 차이를 인식하지 못하고 사회 주류나 자신이 속한 공동체의 경험이나 관점에 의한 자기 중심적인 치료 접근을 하게 될 경우, 이들의 치료나 돌봄이 오히려 그들에게 피해를 줄 수 있는 위험성이 있다. 즉, 다문화적인 현상이 우리 사회의 중심에서 아직 목소리를 내지 못하고 미약한 상황이므로, 정신 건강에 관여된 전문인들조차 사회 주류의 가치관이나 세계관의 관점에서 이들을 이해하며 돌볼 우려가 있다.

따라서 다문화에서의 윤리에 대한 관심이 우리 사회에서 필요하며 특히 정신 건강 분야의 전문인들에게는 매우 시급하게 요구된다. 이러한 시대적 필요성에 부응하여 정신 건강 전문인들을 위한 다문화주의 윤리학을 제공하기 위해 우선적으로 이 책을 번역하게 되었다. 우리 사회가 다문화적 현상에 대한 경험의 역사가 그다지 길지 않았고 그 필요에 대해 간과해왔기 때문에 다문화적인 상황에 대해 오랫동안 고심하며 진통을 겪고 있는 미국 사회에서의 다문화주의 윤리학을 통해 우리 사회의 다문화주의 윤리적 기틀이 마련될 필요가 있다고 생각되었다.

이 책은 다문화가 인종과 민족의 차이뿐 아니라 성별과 성적 지향성, 연령 등 사회 구성원들 사이에 존재하는 차이에 대해 민감성을 가져야 할 필요성을 역설한다. 그리고 그런 차이에 대한 인식을 통해 각자의 삶의 방식과 정신 건강으로서의 웰빙(well-being)의 의미는 다양할 수 있다. 즉, 가치관이나 세계관이 정신 건강 치료를 담당하는 전문인과 다를 수 있다는 전제를 해야 한다는 것을 직접적이고 실천적인 상황이나 사례를 들어 설명한다. 물론 이런 사례들이 미국 사회에서 있을 수 있거나 있었던 사례라서 우리 사회에 직접적으로 적용 가능하지 않을 수도 있을 것이다. 그러나 다양한 측면에서 다문화적 민감성을 갖도록 하고 다문화적 역량을 키우기 위해 구체적이고 실천적인 방법들을 제시한 것은 우리가 간과할 수 있거나 경험해보지 못한 부분들을 밝혀볼 수 있는 기회가 된다.

정신 건강의 영역에 종사하는 전문인들이 다문화주의 윤리에 대해 깊이 고려해야 하고 그 역량을 키우기 위해 끝없이 노력하고 훈련하는 과정을 제시하는 이 책을 통해 바야흐로 다문화 시대에서 더 다양한 문화에 속한 구성원들을 배제하지 않고 아우르며 그들의 아픔과 고통을 나누고 치유해야 할 상담가, 사회복지사 그리고 훈련받고 있는 사람들에게 이 책은 좋은 교육적인 지침을 제공하리라고 본다.

이 책은 다문화 윤리에 대한 공통된 관심사를 근거로 세 명의 공동 작업에 의해 번역되었다. 제 I 부(제1장~제3장)는 박균열 교수가 맡았고, 제 II 부(제4장~제6장)는 정창우 교수가 맡았으며, 제 III 부(제7장~제12장)는 본인이 맡아 번역하였다. 하지만 세 명의 진지한 고민과 의견 교환이 있었으므로 해당 부분에 대한 책임은 역자 모두에게 있다. 끝으로 좋은 책으로 펴내주신 [철학과현실사]에 감사드린다. 또한 최종 교정에 도움을 준 경상대학교 최해인, 이종현 두 학부생의 노고에 감사한다.

2009년 5월

역자들을 대신하여

송 민 애 사룀

□ 추천사

다문화상담사(multicultural counselor)들은 흔히 도덕적 딜레마에 직면하게 되는데, 그들이 속한 전문 상담 조직의 윤리적 지침(guideline)을 따르면서 그들이 부적절하다고 생각하는 방식으로 행동할 것인지 혹은 윤리적 지침을 왜곡하거나 이를 어기면서 적합한 행동을 해야 하는지가 도덕적 딜레마다. 이 책은 그 딜레마를 취급하면서 윤리적 함의들과 효과적인 다문화 상담 결과들에 대해 깊게 숙고하는 다문화상담사들을 위한 지침을 제공하고 있다. 모든 행동들은 문화적 맥락에서 나타나고 학습되기 때문에, 하나의 문화적 맥락에서 발전한 윤리적 지침이 매우 다른 문화적 맥락에 적용될 때 정확하게 어울리지 않는다는 것은 놀랄 일이 아니다.

이 책의 목적은 무엇보다도 검토될 필요가 있고 문화적으로 문제가 되는 쟁점들을 확인하는 것이다. 우리는 문화적 쟁점을 해결하려고 노력하기보다 이것을 간과하기가 더 쉽다. 이런 현상은 아마도 문화적 다양성이 심리학적 연구와 훈련, 교수와 행정에서 흔히 최소화되었던 이유다. 이 책의 두 번째 목적은 이미 적용되고 있는 윤리적 지침을 문화적으로 적절하게 해석하는 것을 장려하는 것이다. 이 책은 수년 동안 문화적으로 민감한 윤리적 지침을 개발하기 위해 이미 수행된 힘든 일들을 무시하지 않는다. 하지만 이 책은 문화적으로 적절히 해석하는 임무가 아직 완성되지 않은 이유를 상세히 기록하고 있다. 이 책의 세 번째 목적은 다문화적 맥락에서 윤리적 행동을 촉진하는 것이다. 이것이 모든 과업 중 가장 어려운 것이다. 다양한 이유 때문에 "선하고 옳은 것을 알고 있는" 사람조차도 이를 항상 행하려고 하지 않는다. 전문가의 윤리적 기준은 상담사의 책임을 개관하는 훌륭한 일을 한다. 하지만 윤리적 기준들은 너무 ⓐ 추상적이어서 문화적으로 안주된 상담사들의 해석에 종속되기 쉽거나 ⓑ '윤리적 사고'를 위한 지침보다는 분쟁이 없도록 단순한 규칙의 목록으로 교육되고 있다.

이 책에서 제기되고 있는 많은 관심사는 두 가지 질문에 초점을 맞추고 있다. 첫째 질문은 '상담사들은 윤리적인가?'다. 물론 우리는 그렇다고 말하고 싶다. 하지만 모든 상황에서 윤리적이기를 원하면서 동시에 그런 행동의 기준을 항상 충족시킬 수 없다는 것을 우리는 알고 있다. 둘째 질문은 '전문 직업의 윤리 강령은 적절한가?'다. 전문 직업의 윤리적 지침은 필연적으로(inevitably) 각각의 문화적 관점과 윤리 강령을 고안한 사람의 가치를 반영하고 있다. 전문 상담에 대한 지침이 미국과 다른 세계의 문화를 통해 다양한 문화적 집단들에게 적용되기 때문에, 그런 전문적 지침은 지속적인 수정이 필요하다는 것은 명백하다. 이런 전문 직업의 지침이나 어떤 다른 문화적으로 보호된 관점을 가진 다문화상담사들의 윤리적 행동을 정의하는 간단하거나 단순한 해결은 존재하지 않는다. 이 책은 독자들이 자신의 행동과 그들이 사용하는 지침을 평가하는 데 도움을 주는 훌륭한 일을 하고 있다.

본서는 세 부분으로 나누어진다. 첫 번째 부분은 책의 목적과 이 책이 다문화상담사들에게 왜 중요한지를 묘사하고 있다. 이 책의 목적은 상담과 관련된 새로운 다문화적 관점을 개발하는 것이 아니라, 다문화상담사들 사이에서 정확하고 의미 있으며 적절한 능력을 달성하는 것이다. 두 번째 부분은 3단계 발전 순서에 따라 다문화적 자각과 지식 그리고 기술로 구분된다. 다문화적 능력의 이러한 틀은 현재 상담 분야에서 널리 인식되고 인정받고 있다. 이 책의 세 번째 부분은 교실 토론을 자극시키기 위해 구체적인 윤리적 딜레마와 문제 영역에 초점을 맞추고 있다. 이 부분은 미국상담학회와 미국심리학회 그리고 미국사회복지사협회의 윤리적 지침을 반영한다는 점에서 광범위하다. 실제로 다문화적 딜레마의 중요한 많은 사건의 예를 제기한다는 점에서도 실제적인 부분이다.

본서의 마지막 부분의 열띤 토론 주제들은 특히 교실 토론에 유용하다. 두 사람의 관계는 윤리적인가 혹은 아닌가? 많은 다문화적 맥락에서 윤리적 상담 활동은 두 사람의 관계를 인정할 것을 요구하고 있다. 비록 윤리적 명령이 그 반대일지라도 말이다. 여러분은 의도하지 않은 문화적 편견을 어떻게 조정하는가? 만약 여러분이 문화적으로 잘못 학습된 가정을 한다면, 여러분이 얼마나 선한지 혹은 능력이 있는지는 중요하지 않을 것이며 여러분의 행동은 비윤리적이 될 것이다. 우리는 어떻게 의뢰인의 복지를 다루고 있는가? 흔히 윤리 지침은 의뢰인을 보호하기보다는 의뢰인에 대항하여 상담을 제공하는 사람들을 보호하는 데 더 관심이 있는 것처럼 보인다. 여러분은 상담 서비스를 물물 교환할 수 있는가? 현금 경제의 가정은 물물 교환이 더 민감한 문화적 맥락의 많은 문화 집단에게는 적용되지 않는다. 세계적으로 대부분의 문화들에서는 사회적 구조를 유지하기 위해 의존의 중요성을 강조하지만 개인이 우세한 문화는 의존을 잘못된 것으로 인식한다. 능력의 영역은 무엇인가? 능력이 동일한 사람이 규칙과 가정이 완전히 다른 다양한 문화적 맥락에서 어떻게 유능하게 될 수 있는가? 이것이 쉬운 일은 아니다.

이 책이 여러분의 모든 질문에 답할 것이라고 기대하지 않기 바란다. 차라리 이 책을 읽고 난 후, 여러분이 처음에 가지고 있는 것보다 더 많은 질문을 가지게 될 것임을 기대하라! 불가피하게 복잡한 다문화적 세계의 현실을 처리할 때 복잡함을 여러분의 적으로 생각하지 말고 차라리 여러분의 친구라고 생각하라. 정당한 것을 하는 데 어려움을 최소화하지 말고, 부족한 점을 인식하면서, 여러분이 다문화 의뢰인들을 상담할 때 윤리적 행동의 더 높은 기준에 대한 포부를 가져라.

시러큐스대 명예교수·하와이대 심리학과 개원교수

폴 페데르센(Paul B. Pedersen)

□ 저자 서문

『다문화주의윤리학(*Ethics in a Multicultural Context*)』의 집필 목적은 다음 세 가지다. 첫째, 미국상담학회(ACA : American Counseling Association), 미국심리학회(APA : American Psychological Association) 그리고 미국사회복지사협회(NASW : National Association of Social Workers)의 현재 윤리 강령의 측면들과 문화적으로 문제가 되는 논쟁점들을 지적하려는 것이다. 다음에는 정신 건강 전문가들의 현존하는 윤리 강령에 문화적으로 적절한 해석을 장려하는 시도다. 우리의 목적은 규칙을 따르는 것이라기보다 윤리적 사고를 권장하는 것이다. 마지막으로 다문화적 맥락에서 전문가들 사이와 그 직업에서 윤리적 행동을 촉진하려고 노력하는 것이다. 여기서 우리는 다문화적 맥락에서 윤리적 사고에 영향을 주는 전문적이고 윤리적인 논쟁점을 취급하고 있다. 우리는 전문 상담 임상가들과 임상 훈련생들이 정신 건강 윤리 강령을 문화적으로 적절하고 민감하게 해석하고 문화적 맥락에서 윤리적 결정을 하는 데 도움을 주기 위해 실제 교재와 참고 자료를 제공하고 있다.

□서 론

『미국상담학회 윤리 강령과 실천 기준(*The American Counseling Association Code of Ethics and Standards of Practice*)』(ACA, 1995) 전문은 다음과 같은 진술로 시작된다.

> 미국상담학회는 교육적이고 과학적이며 전문적 조직이다. 이 조직의 회원들은 생애(life span)를 통해 인간 발전의 증대에 헌신하고 있다. 단체 회원들은 우리 사회의 다양성을 인정하면서 각 개인의 가치와 존엄성, 잠재력과 유일성을 지지하면서 초문화적인 접근 방식을 채택한다(p.1).

전문을 따라 A항(즉, '상담 관계')은 A. 2항(즉, '다양성 존중하기')에서 차이점을 취급하는 다음의 두 가지 윤리 강령을 강조한다.

> A.2.a. 차별 금지 : 상담사들은 나이 · 피부색 · 문화 · 신체적 불구 · 민족 집단 · 사회적 성 · 인종 · 종교 · 성적 지향성 · 결혼 상태 혹

은 사회 경제적 지위에 근거를 둔 차별에 관여하거나 이를 너그럽게 봐주어서는 안 된다.

A.2.b. 차이점 존중하기 : 상담사들은 그들이 상담하는 의뢰인들의 다양한 문화적 배경을 이해하려고 적극 노력한다. 이것은 상담사 자신의 문화적/민족적/인종적 정체성이 상담 과정과 관련하여 그(녀)의 가치와 신념에 어떻게 영향을 주는지를 포함하고 있지만 이것에 제한되어 있지는 않다(p.2).

미국상담학회(1995)의 『윤리 강령과 실천 기준』은 ⓐ 의뢰인들의 다양성과 다문화주의를 취급하고 ⓑ 윤리적 행동을 장려하고 ⓒ 윤리적 불만을 처리하기 위한 방식들에 대한 지침을 제공하고 있다.

마찬가지로 미국심리학회 『심리사들의 윤리 원칙과 행동 강령』 2002년판 전문도 다양성에 대한 고려를 의미하는 진술을 포함하고 있다. 그 전문은 '심리사들이 시민권과 인권 그리고 연구와 교수, 출판에서의 질문과 표현의 자유의 중요성을 존중하고 보호한다'고 권하고 있다. 이런 가치는 미국심리학회의 윤리 기준 중 몇몇에 반영되어 있다. 예를 들면, 기준 2.01b, 즉 '능력의 한계'는 다음과 같이 진술하고 있다.

심리학 분야에서 과학적이거나 전문적인 지식은 나이 · 사회적인 성 · 인종 · 민족 · 문화 · 국적 · 종교 · 성적 지향성 · 신체적 불능 · 언어 혹은 사회경제적 실태에 대한 이해가 서비스나 연구의 효과적인 이행을 위해 필수불가결하다고 확정하는 한, 기준 2.20, 즉 '특별한 상황에서 서비스 제공하기'에 나타난 것을 제외하고 심리사들은 훈련과 경험, 자문 혹은 그들의 서비스 능력을 책임지는데 필요한 슈퍼비전을 받거나 얻거나 적절히 이를 위탁한다(p.5).

그리고 기준 3.01, 즉 '부당한 차별'은 다음과 같이 진술하고 있다.

> 활동과 관련된 심리사들의 일에서, 그들은 나이・사회적인 성・인종・민족・문화・국적・종교・성적 지향성・신체적 불능・사회경제적 실태 혹은 법에서 금지하는 어떤 근거를 둔 부당한 차별에 관여해서는 안 된다(p.10).

1996년 미국사회복지사협회 『윤리 강령』 역시 그 전문에 다양성과 다문화주의에 관한 진술을 포함하고 있다. 이 진술의 일부는 다음과 같이 씌어 있다. '사회복지사들은 문화와 민족적 다양성에 민감하고 차별과 압제, 빈곤과 다른 종류의 불의를 종식시키기 위해 노력한다'(p.1). 다문화주의와 다양성에 대한 가치가 몇몇 미국사회복지사협회 기준에 발견된다. 예를 들면, 기준 1.05, 즉 '문화적 능력과 사회적 다양성'은 다음과 같이 진술하고 있다.

> ⓐ 사회복지사들은 인간 행동과 사회에서 문화와 그 기능을 이해하면서 모든 문화에 존재하는 장점을 인식해야만 한다.
> ⓑ 사회복지사들은 의뢰인들의 문화에 대한 지식 기반을 가지면서, 의뢰인들의 문화와 사람들과 문화적 집단들 사이의 차이점에 민감한 서비스를 공급하는 데 유능함을 보여줄 수 있어야만 한다.
> ⓒ 사회복지사들은 인종・민족・국적・피부색・성・성적 지향성・나이・결혼 상태・정치적 신념・종교와 정신적이거나 신체적 불능을 존중하면서 사회적 다양성과 압제의 본질을 이해하고 이것에 관한 교육을 받아야만 한다.

저자들은 상담 교육자로 24시간 이상 집합 교육을 받았고 윤리·문화적으로 유능한 상담 전문가들과 도움을 주는 전문가들의 발전을 향상시키는 데 전념하고 있다. 수년 동안 대학원 학과의 다양한 수준의 많은 학생들은 윤리적 상담사들이 '의뢰인들의 최고의 이익을 위해' 행동한다는 인식을 표현하였다. 하지만 다양성과 다문화주의 그리고 윤리적 행동 간의 관계를 이해하는 사람은 거의 없었다. 실제로 문화적으로 합목적적인 가르침이라는 이득이 없다면, 문화가 의뢰인들의 '최고의 이익'에 미치는 영향을 생각하는 학생들은 거의 없었다. 흔히 학생들은 문화가 의뢰인들에게 주는 영향에 대해 자신들의 이해와 관심이 부족한 것이 상담 대학원 프로그램 중 (모두는 아니지만) 많은 것이 유럽 중심의 조직적, 이론적, 임상적, 슈퍼비전적인 연구 모델에 기반을 둔 교육과 훈련을 반영하는 돕는 철학을 전한다는 사실에 그 원인을 돌리고 있다(Ivey, Ivey & Simek-Morgan, 1997 ; Pack-Brown, Whittington-Clark, & Parker, 1998 ; Pedersen, 1997a ; Sue & Sue, 1999).

상담 직업에 대한 두 가지 중요한 관심은 ⓐ 전문가들이 정신 건강 윤리 강령에 대해 정신적으로 적절한 해석에 관여하면서 이에 따라서 문화적 맥락에서 능숙하게 선분석 업무를 실천하는지 여부와, ⓑ 윤리 강령 자체가 유럽 중심적인 모델의 범위를 넘어서도 윤리적인가라는 것이다. 문헌을 검토해보면, 다양한 문화 집단들은 학교와 공동체 프로그램에 충분하게 나타나 있지 않다. 이런 현황에 대한 한 가지 이유는 다양하고 다문화적인 많은 주민들이 유사한 가치와 인생 경험, 세계관과 기대 사항을 공유하지 않는다는 것이다(Brown, Parham, & Yonker, 1996 ; Ivey et al., 1997 ; Pack-Brown, 1999 ; Pack-Brown et al., 1998 ; Sue, 1991 ; Sue & Zane, 1987). 또한 연구는 많은 백인 의뢰인들이 사회적인 성과 성적 지향성 그리고 계급과 관련된 경험과 관련하여 인지된 차이점 때문에 정신건강 임상가들과 더불어 경험하는 어려움을 밝히고 있다(Sue & Sue, 1999). 이런 사람들이 상담사들에 대한 자신의 신념과 인식에서 올바르다면, 상담 전문가들은 개인적인 가정, 세계관과 편견 그리고 이에 따른 돕는 것이 함축하는 의미에 더 민감하게 된다는 점이 중요하다. 윤리 전문가들은 그들이 봉사하는 사람들의 인생 경험과 세계관과 일치되는 유능하고 도움이 되는 서비스를 제공해야만 한다. 다문화주의와 다양성 분야에서 페데르센(Pedersen)(1995)과 많은 다른 학자들은 문화에 대한 광범위한 정의를 장려하고 있다. 즉, 그 정의에는 통계학과 신분, 우호 관계와 민족지학적인 변수를 포함한다. 하지만 다문화주의와 다양성이라는 용어와 그들이 의미하는 것이 하나며, 동일한 것인지에 관해 전문가들 사이에서도 논쟁이 존재한다. 페데르센과 많은 초문화적인 저자들은 광의의 의미에서 문화란 모든 행동이 사회 문화적 맥락에서만 이해되어야 함을 의미한다고 주장한다. 만약 그렇다면, "'다문화적' 구조는 모든 상담관계에서 포괄적이 된다"고 그들은 주장한다(Pedersen, 1995, p.16).

본서의 저자들은 다문화주의와 다양성 분야에서 또 다른 초문화적 학자들의 집단과 의견의 일치를 보이고 있다. 이들 학자들(예를 들면, Arredondo 등, 1996 ; Pack-Brown 등, 1998 ; Parham, 1993 ; Sue & Sue, 1999)은 다문화주의와 다양성이라는 두 구조물은 다르다고 한다. 미국에서 '주의(isms)'에 관한 역사적이고 지속적인 투쟁이 있었기 때문에, 본서의 저자들은 정의에서 차이점을 인정하는 것이 중요하다고 믿고 있다. 따라서 본서에서 우리는 다문화주의를 특정 집단의 민족적 인종적 차이점으로 정의하고 있다. 우리는 다양성을 사람들 사이에 존재하는 다른 차이점의 많은 종류로 정의하고 있다. 그리고 다른 차이점의 많은 종류는 사회학적인 성, 성적 지향성, 사회 경제적 지위 등을 포함하지만 이것에 제한되지는 않는다. 다양성 안에서 인종과 민족성은 차이점들이 어떻게 명백하게 되는지에 대한 지침을 제공한다는 것은 중요하다. 예를 들면, 사회학적인 성을 한 번 살펴보자면, 우리는 흑인계/아프리카계 미국 여성들이 백인/유럽계 미국 여성들과 사회학적인 성(gender)에 기초하여 제휴된다는 것을 알게 된다. 동시에 그들의 인종적이고 민족적 가치, 인생 경험과 세계관은 사회학적인 성을 초월하는 주제적 차이점을 발생시킨다. 예를 들면, 흑인/아프리카계 미국 여성들은 의사 소통 방식에서 사상과 감정 양쪽 모두에 대한 직접적이고 정서적인 표현에 가치를 두는 경향이 있다. 백인/유럽계 미국 여성들은 사상의 간접적인 표현과 감정의 직접적이며 정서적인 표현에 가치를 두는 경향이 있다.

26년 이상 상담 전문가들은 개인적인 자각에서부터 개인적인 행동까지 전문가의 윤리 강령에 특징적인 용어들을 번역하는 방식들을 해결하려고 노력해왔다. 대부분의 전문가들은 윤리적 실천이 다문화적인 지향성을 필요로 한다고 인식하고 있다. 하지만 윤리 규범의 문화적 실체와 문화적 맥락에서 윤리 강령을 해석하고 이해하는 방법을 이해하는 사람은 거의 없다.

문제와 인생 경험 그리고 문제 해결 행동의 해석에 '자아(self)'를 강요하는 것 없이, 버둥질치는 노력의 일부는 단일 문화적(monocultural) 이상의 렌즈를 통해 세계를 정확하고 적절하게 볼 수 있는 것을 포함하고 있다. 그 직업이 윤리학과 문화에 특징인 투쟁(struggle)과 논쟁할 때, 정신 건강 직업과 이런 직업의 임상가들과 예비 임상가들이 ⓐ 윤리적 한계를 분명히 하지 않거나 ⓑ 윤리적 한계를 넘어가거나 ⓒ 다원적인 사회의 필요성을 윤리적으로 충족하고 있는지에 관한 질문들과 관심들이 나타난다. 현존하는 윤리 강령에 내재하는 문화적으로 편견이 있는 가정과 관련된 투쟁들 역시 존재한다. 우리의 목적은 전문적 윤리 강령과 기준들이 다양한 사회 문화적 배경에서 적절하게 바뀌어 적용될 수 있게 하기 위해, 전문직 임상가들이 전문가의 윤리 강령과 기준 속에 있는 문화적으로 편견이 있는 가정들을 인식하도록 돕는 것이다.

『다문화주의윤리학』의 목적은 다음과 같다.

1. 문화와 윤리학에 관한 정확하고 적절한 토론을 조장하기 위해.
2. 다문화 및 다양한 맥락으로부터 윤리학과 관련된 인지적 기술을 향상시키기 위해
3. 현존하는 정신 건강 윤리 강령과 관련되어 문화적으로 편견이 있는 가정들을 인식하는 기술들을 개발하기 위해.
4. 정신 건강 전문가들에 의해 문화적으로 유능하고 윤리적인 행동을 보여주는 중요한 사건 시나리오를 제시하기 위해.
5. 정신 건강 전문가들(상담사들 · 심리사들 · 사회복지사들)이 문화적 능력 개발에 중요한 것으로 열거하는 경험들을 확인하기 위해.
6. 윤리학과 관련하여 전문 상담 임상가들의 방향을 '둘 중 하나(either / or)'라는 사고에서 '양쪽 모두(both / and)'라는 사고로 바꾸기 위해.

활용 범위

『다문화주의윤리학』은 정신 건강 임상가들과 예비 임상가들이 문화적 반응성을 반영하는 윤리적 의사 결정 기술을 개발하는 데 돕도록 의도된 실용적이며 수단이 되는 책이다. 중요한 초점은 응용된 상담 맥락에서 윤리적으로 의사를 결정하

는 것이다. 이 책은 상담사들이 직면하는 상호 작용, 슈퍼비전 관계 그리고 상담 교수 시 발생하는 윤리적 딜레마들을 포함하고 있다.

이 책은 세 부분으로 나누어진다. 제Ⅰ부는 독자들에게 교재의 목적을 소개하고, 문화적 맥락에서 윤리학에 관한 문헌들을 검토하면서 다문화적 상담 능력의 중요성에 관해 토론하고 있다. 후반 영역에서 상담사의 자각과 지식 그리고 어려운 논쟁점들과 관련된 기술을 취급하고 있다. 흔히 어려운 논쟁점은 문화들을 통해 상담할 때 흔히 발생한다. 구체적인 주제들은 훈련을 받는 초반에 문화적 차이점에 상담사들이 노출되고 이것을 편해하는 것의 중요성, '전문가들'이 개인적이고 전문적으로 어떻게 발전하는지 그리고 인종적이고 민족적으로 다양한 개인들이 협력적인 네트워크를 형성하고 유지하는 것의 중요성을 포함하고 있다. 제Ⅱ부는 다문화적 상담 능력들 중 세 가지 핵심적인 요소들을 심도 있게 검토하고 있다. 세 가지 핵심적인 요소는 자각과 지식 그리고 기술이다. 이 절에 포함되어 있는 것은 차이의 개념에 대한 논의와 문화적 영향력의 전파 그리고 감정적 지식, 문화적 편견, 윤리적 다문화적 틀의 개발이다. 제Ⅲ부는 다문화 및 각양각색의 의뢰인들과 일하면서 상담 임상가들이 빈번하게 마주치는 윤리적 딜레마를 소개하고 있다.

각 장은 제목 아래에 다양한 윤리적 문제들을 제시하고 있으며, 둘 사이의 관계성과 의도하지 않은 문화적 편견, 의뢰인의 복지, 서비스 교환, 의존감 조장하기 그리고 유능함을 넘어서는 실습을 포함한다. 이들 각 장들은 네 개 부분으로 나누어진다. ⓐ 사례, 즉 '중요한 사건' 소개 ⓑ 관련 있는 전문직 윤리 강령과 도덕 원칙 확인 ⓒ 중요한 문제들과 관심에 대해 다문화적 전문가들의 토론 그리고 ⓓ 적절한 조치에 대한 전문가들의 입장이다.

정신 건강 전문직에 있는 사람들이 본서가 다루어주기를 기대하는 주제는 문화적 편견을 위해 현존하는 전문직 윤리 강령을 검토하는 것이다. 이런 주제는 두 번째 절의 장들을 통해 간접적으로 취급되고 있을지라도, 이것이 본서의 핵심적인 초점은 아니다. 대신 저자들은 윤리적 다문화 업무와 관련한 비판적 사고를 촉진시키기 위한 전략에 초점을 맞추려고 노력하고 있다.

접근 방식

이 책은 다문화적 맥락에서 윤리적 의사 결정에 관한 가장 포괄적이고 실용적인 처리 절차를 구성하고 있다. 제시된 사례들은 백인 의뢰인뿐 아니라 유색 인종 의뢰인들과 낙인이 찍힌 다른 집단의 의뢰인들을 포함하고 있다. 이 범위는 문화적 논쟁점이 역사적으로 오인을 받고 있는 사람들에게만 관련된다는 유행하는 사고를 '세게 흔들기(shake up)' 위해 의도되었다. 저자들의 접근 방식은 문화와 모든 의뢰인들에 대한 문화의 영향을 검토하는 것이 중요하며 윤리적 상담 업무는 이를 고려하고 있다고 주장하고 있다.

또한 이 교재는 윤리적 관심을 포함하는 상담 문헌들이 다문화적 논쟁점을 거의 심도 있게 제공하지 않고 있다는 점에서 유일하다. 흔히 다문화적 관심은 사례집에서 독립적인 하나의 장으로 구성되어 있고 그럴 경우에도 흔히 그 내용은 피상적이다. 따라서 이 교재는 윤리학과 다문화 상담에 관한 학문에서 중요한 틈새를 채우고 있다.

기 타

『다문화주의윤리학』의 각 장은 사례, 즉 중요한 사건들을 포함하고 있다. 이런 사례들 다음에는 상담사 교육 편성 시 사용될 수 있는 연습 문제가 뒤따른다. 또한 이 책은 윤리적 의사 결정 도표, 용어 사전, 참고 문헌을 포함하고 있다.

□ 감사의 말

『다문화주의윤리학』의 저자들은 이 책의 전개에 기여하고 도움을 준 많은 사람들에게 빚을 지고 있다. 이 책의 전개에 처음 관여한 닉 루이츠(Nick Ruiz) 박사에게 감사한다. 문화적 능력과 윤리적 사고에 대한 닉의 헌신에 감사하고 '자신을 돌보는 것(take care of self)'이 언제 필요한지 알고 그렇게 할 정도의 분별력을 가진 데 대해 감사를 드리고자 한다. 특별히 낸시 홀(Nancy Hale) 양, 헤더 스카피디(Heather Scafidei) 양, 칼라 프리만(Carla Freeman) 양 그리고 폴 페더슨(Paul Pedersen) 박사와 이들의 견해에 대해 감사한다. 주디 맥시(Judy Maxey) 부인과 쉐리 하스킨스(Sherry Haskins) 부인의 문서 처리 작업과 전문적 의견, 인내심 그리고 편집에 관한 충고에 대해서 감사한다. 안토네트 뱅크스((Antoinette Banks) 부인, 아멜리아 플레밍(Amelia Fleming) 양 그리고 질 오스왈드(Jill Oswald) 양에게 감사한다. 이들은 이 책을 쓸 당시 볼링 그린(Bowling Green) 주립대학에서 지도와 상담 프로그램(Guidance and Counseling

Program)의 석사 과정 학생들이었다. 이들은 우리 일의 발전과 관련된 참고 문헌과 정보를 찾는 데 도움을 주었다.

특히 중요한 사건 부분에서 다문화적인 전문 의견과 논평 그리고 제안을 제공했던 사람들에게 감사하다. 마이클 가렛(Michael Garrett) 박사와 콜린 로간(Colleen Logan) 박사, 산드라 로페즈-베이즈(Sandra Lopez-Baez) 박사가 그들이다.

이 책을 준비하는 동안 몇 가지 소홀한 것에 대해 우리 가족들에게 감사드린다. 가족 여러분의 사랑과 지원과 이해와 감수성과 문화적 유산에 대해 감사를 표한다. 우리는 여러분들이 도움을 주었던 기초와 문화적 가치, 신념, 태도, 여러분이 우리에게 물려준 삶의 경험에 대해 높이 존경하고 있다.

셀론 팩 브라운(Sherlon P. Pack-Brown)부터 나의 가족에 이르기까지 감사의 말씀과 함께 사랑하는 마음을 전하고 싶다. 나의 사랑스런 딸 앨리슨 셀론 브라운 스미스(Allison Sherlon Brown-Smith)에게 우리의 관계를 성장시키기 위한 너의 사랑과 헌신에 감사한다. 나는 우리가 엄마와 딸이고 자매와 같은 친구라는 사실을 마음속에 늘 간직하고 있다. 나의 인생에서 네 명의 귀중한 남자들에게 감사를 드린다. 잘생긴 나의 장남 스캇 알렌 브라운(Scott Allen Brown), 네가 존재하는 것과 모자(母子)로서 우리가 주(主) 안에서 함께 성장한 것에 대해 신에게 찬양을 드린다. 나의 예쁜 '아기'인 토니 올슨 브라운(Tony Olson Brown), 너의 열정과 사랑에 대해 고맙다. 나의 사랑하는 남편 알 브라운(Al Brown), 당신의 온유한 마음과 그것이 무엇이든 영원히 지속될 사랑이 우리의 것이라는 그 선물에 대해서 감사를 드린다.

나의 두 손녀딸(Taylor Sheral과 Courtney Breanna)과 손자(Camryn Charles)에게 할머니가 특별히 감사한다. 너희들의 사랑과 순수함 때문에 삶이 제공해야만 하는 가장 기본적이고 중요한 것들을 즐기는 것을 배우는 데 나는 도움을 받았다. 나의 아름다운 엄마인 밀드레드 가이(Mildred Guy)에게도 감사한다. 그리고 당신이 없었다면, 나는 오늘날의 여성이 되지 못했을 것이다. 당신의 사랑과 비전, 규율, 지혜와 우리의 관계에 대해서도 감사한다. 휴식을 통해 연장자로서 '나는 엄마가 누구인지 그리고 딸이 누구인지 여전히 알고 있다'는 것을 확신시켜주었다. 공동 저자인 카르멘 윌리엄스(Carmen Williams)와 폴 페데르센, 마이크 에스피나(Mike Espina), 닉 루이츠, 릭 그레사드(Rick Gressard), 린다 킬(Linda Keel), 조안 리포드 샌더스(Jo-Ann Lipford Sanders)와 같은 동료들 그리고 문화적 맥락에서 윤리학이 운영될 때 문화의 힘, 차이점과 유사점에 관해 내가 많은 것을 배웠던 사람들에게도 진심어린 감사를 드린다.

나(Carmen Braun Williams)는 재능 있는 교사들에게 진심으로 감사를 표하고 싶다. 그들의 관심과 신뢰는 나로 하여금 큰 용기를 주었다. 헨리(Henry) 씨, 당신은 나의 삶에 끼친 영향을 결코 알지 못할 것이다! 대학원 수학 시절 동안 나에게 조언해주었던 교수들에게 감사한다. 그들의 지도가 없었다면, 확실히 나의 목적에 도달하지 못했을 것이다. 덴버(Denver)에 소재한 콜로라도대의 상담심리학과 상담사 교육 프로그램 대학원생들이 나의 전문가적 삶에 가져다준 열정과 유머와 지적인 자극에 대해서 고맙다. 내가 할 수 있는 최고의 교사가 되려고 노력하는 것도 그들 때문이다. 미국상담학회 윤리위원회의 위원이 될 기회를 준 것에 대해 주디 루이스(Judy Lewis) 박사에게 감사를 드린다. 윤리위원회에 내가 봉사했기 때문에 함께 책을 쓴 셀론 브라운, 폴 페데르센, 마이크 에스피나, 닉 루이체, 릭 그레사드, 린다 킬과, 공평과 정의에 대해 많은 것을 배운 다른 사람들과 같이 특별히 재능 있고 원칙적인 사람들과 함께 연구하게 되었다. 털 난 친구인 말로르카(Mallorca)에게 특별히 감사한다. 산책할 시간이라는 그의 유순한 충고 때문에 나는 그 일에 너무 집중하지 않게 되었다. 그리고 마지막으로 나의 삶의 동반자인 짐(Jim)에게 아주 특별히 감사한다. 그는 내가 이 프로젝트에 완전무결하게 몰두할 수 있도록 취미로 골프를 시작했다! 그의 지원과 격려 그리고 내가 작성하는 모든 것에 대한 그의 관심이 이 프로젝트의 완성을 가능하게 하였다.

이 책을 다문화적 개인과 집단 그리고 다양한 개인과 집단에게 바친다. 이들은 우리 사회를 아름다움과 재능 그리고 다양한 관점이라는 만화경으로 만들고 있다. 우리의 다양한 문화와 세계관 그리고 유산이 한 세대에서 또 다른 세대로 계속 이어지기를 바란다. 문화적이고 개인적인 차이점과 유사점이라는 통로가 우리를 개인적으로 그리고 전문적으로 연결해주기를 바란다.

우리가 존재하는 것은 서로 서로 때문입니다. 그러므로 우리가 존재합니다(We are because of each other, each of us is, therefore we are).

다문화주의윤리학

차 례

제1부

[개 관]

상담과 정신 건강 전문가들은 다양성과 다문화주의 그리고 윤리적 행위 사이의 관계성을 거의 이해하지 못한다. 많은 사람들은 의뢰인들의 '최고의 이익(best interest)'에 대한 문화적 영향력을 인식하려고 노력하고 있다. 한 가지 이유는 정규 훈련을 통해 철학자들이 유럽 중심적인 조직 · 이론 · 임상 · 연구 그리고 슈퍼비전 모델 위에 세워진 교육과 훈련을 반영하는 데 도움을 주기 때문이다(Ivey, & Ivey, & Simek-Morgan, 1997 ; Pack-Brown, Whittington-Clark, & Parker, 1998 ; Sue & Sue, 1999). 또 다른 이유는 '자신(self)'을 문제의 해석, 인생 경험 그리고 문제를 해결하는 행위에 강제하지 않고 단 하나의 문화적 시각 이상을 통해 세상을 정확하게 보기 위한 미세한 능력을 소유하기 때문이다. 그런 노력을 하는 셋째 이유는 현존하는 윤리법에 내재하는 문화적으로 편향된 가정들과 관계되기 때문이다. 넷째 이유는 법을 해석하는 사람들이 해석할 동안 가지게 되는 문화적으로 편향된 가정들이 존재하기 때문이다. 그 직업은 윤리학과 문화에 특징적인 노력들을 해결하려고 노력하기 때문에, 정신 건강 직업과 그 종사자들이 ⓐ 윤리적 경계에 걸터앉아 있을지, ⓑ 윤리적 경계를 넘어갈지 혹은 ⓒ 다원화 사회의 필요성을 윤리적으로 만족시킬 것인지와 관련된 질문과 관심이 나타난다.

이 책의 제 I 부는 독자들에게 ⓐ 책의 목적 ⓑ 다문화적 맥락에서 윤리학 관련 문헌에 대한 예비적인 검토 그리고 ⓒ 다문화적 상담 능력의 근본적인 중요성을 소개할 것이다. 후반부는 상담사의 자각과 지식 그리고 문화를 통해 상담할 때 발생하는 어려운 문제들에 관한 기술에 대한 필요성을 논의할 것이다. 구체적인 주제는 상담사들이 연수를 받을 때 문화적 차이에 일찍 노출되고 이를 편하게 느끼는 것의 중요성, '전문가들(experts)'이 개인적이고 전문적으로 어떻게 발전했는지, 그리고 인종적이고 민족적으로 다양한 개인들이 공동으로 네트워크를 형성하고 유지하는 것의 중요성을 포함하고 있다. 제 I 부는 세 개의 장으로 나누어진다. 제1장은 세 개의 전문직 단체, 즉 ACA와 APA 그리고 NASW의 윤리 강령 원칙과 목적의 기초가 되는 것에 대한 개관을 제공하고 있다. 제2장은 다문화적 맥락에서 윤리학에 관한 문헌을 검토하고 있다. 제3장은 다문화적 맥락과 함축된 의미에 관해 완전히 연구되지 않은 중요한 분야를 확인하고 있다.

[제1장]
세 가지 윤리 강령 원칙과 목적에 대한 개관

헬리히(Herlihy)와 코레이(Corey)(1996)는
윤리 강령의 가장 기본적인 기능인
건전한 윤리적 행동에 관하여 구성원들을 교육시키고,
전문 직업의 책임성을 위한 메커니즘을 제공하고,
업무를 향상시키기 위한 촉매제를 제공하는 것으로 설명하고 있다.
— 페데르센(1997a, p.23)

아마도 헬리히(Herlihy)와 코레이(Corey)의 진술에서 드러나는 가장 중요한 메시지 중 하나는 정신 건강 개업의(상담사)와 이런 교육을 받고 있는 사람들이 전문적 업무를 정확하게 이해하고 업무에 대한 책무성을 떠맡으면서 이를 향상시키기 위해 전문적 협회의 특징인 윤리 강령의 원칙과 목적의 기초가 되는 것을 완전히 이해할 필요가 있다는 점이다. 하지만 많은 개업의와 예비 개업의가 그 강령들이 인지되고 해석될 수 있는 다양한 방법에 관한 애매함과 걱정의 감정을 경험하는 것이 중요하다. 이것은 부분적으로 일부 사람들은 강령의 '액면 가치(face value)' 이상으로 보지 않는 반면, 다른 사람들은 그 강령을 실생활 상황에 두고 규칙을 따르기보다 윤리적 사고에 관여하는데 곤란을 경험하고 있다는 데 기인한다.

이번 장에서는 세 전문가 협회의 윤리 강령의 기초가 되는 원칙과 목적을 검토하고 있다. 이 세 협회는 ACA와 APA 그

리고 NASW다. 각 협회는 개별적으로 설명될 것이다. 이번 검토는 현존하는 윤리 강령에 대한 깊이 있는 검토에 대한 선구자와 개업의와 예비 개업의들이 다문화적 맥락에서 윤리 강령을 숙고하기 위해 필요에 문제를 제기하기 위한 촉매제 역할을 할 것이다.

각각의 검토는 협회 구성원들을 위한 전문 업무의 윤리적 행위와 기준을 정의하는 원칙에 대한 선구자로서 도움이 되는 전문(preamble)으로 시작하고 있다. 전문은 강령의 절과 관련되기 때문에 전문에 대한 검토는 윤리적 사고를 위한 단계를 준비하는 것이다. 두 개의 질문이 개략적으로 제기되어 있다. 윤리적 행위에 대한 지침은 무엇인가? 전문가와 예비 전문가는 윤리적 불평을 어떻게 처리해야만 하는가? 각각의 질문은 독립적으로 제시될 것이다. 기본적인 가정과 주제적 가치 그리고 윤리적 행동, 직업적 책무성, 향상된 전문적 업무, 윤리적 사고에 대한 이런 것들의 영향이 뒤따를 것이다. 본 장은 중요한 사건으로 결론이 난다. 본장 끝 부분에 이르게 되면 독자는 이 질문들에 답변함으로써 윤리적 사고 발전을 장려하기 위한 사건에 관해 그(녀)의 견해를 공유하도록 요청을 받는다.

윤리학은 직업인의 전문적 업무를 지도하는 행동 규칙 혹은 도덕적 원칙이다. 윤리 강령은 전문직 단체가 회원에 대한 윤리적 책무성을 명료하게 하고 불만을 처리하고 비윤리적 행동을 수정하기 위한 방법론을 확인하기 위한 권한을 부여하는 것이다. 그 강령은 전문가들과 예비 전문가들이 ⓐ 훌륭한 업무를 지속하고 ⓑ 의뢰인들을 보호하고 ⓒ 자신들의 자율성을 보호하고 ⓓ 전문적 직업을 고양시키는 데 도움을 주면서 전문적 권한 위임을 장려하고 있다.

미국상담학회

1995년의 미국상담학회 『윤리 강령과 업무 기준(*Code of Ethics and Standards of Practice*)』 전문은 다음과 같다.

> 미국상담학회는 교육적, 과학적 그리고 전문직 조직이며, 이 조직의 구성원들은 평생을 통해 인류 발전의 향상에 몰두한다. 학회 구성원들은 우리 사회에서의 다양성을 인정하고 개인의 가치와 존엄, 잠재력 그리고 유일함을 지지하면서 초문화적인 접근을 채택한다.
>
> 윤리 강령의 세부 사항을 통해 학회는 현재와 미래 회원들과 회원들이 봉사하는 사람들에게 회원들이 공통으로 갖고 있는 윤리적 책무성의 본질을 명료하게 하고 있다. 학회의 윤리 강령으로서 이 자료는 학회 구성원들의 윤리적 행위를 정의하는 원칙을 확립하고 있다. 미국상담학회 모든 구성원들은 미국상담학회 『윤리 강령과 업무 기준』을 지켜야만 한다. 미국상담학회 『윤리 강령과 업무 기준』은 학회 구성원에 대항하는 윤리적 불만을 처리하기 위한 근거로서 도움이 될 것이다(p.1).

학생들과 개업한 전문가들은 직업적 윤리 강령을 검토하고 ⓐ 윤리적 행위를 정의하고 ⓑ 윤리를 지키려고 노력하고 그리고 ⓒ 윤리적 불만을 처리하기 때문에, 그들은 강령의 제정 근거를 정확하게 이해해야만 한다. 다음의 질문은 그러한 근거를 이해하는 데 도움이 된다. 첫째, 상담사들에게 규정된 윤리적 행위에 대한 구체적인 지침이 무엇인가? 둘째, 상담사들은 윤리적 불만을 어떻게 처리하도록 요구받고 있는가? 이런 질문에 대응하는 방식은 그 강령의 근거가 되는 원칙과 목표를 정확하게 이해하는지를 제시해준다. 왜냐하면 윤리적 행위에 대한 기준의 정의와 윤리적 불만을 처리하는 방법론이 발생하는 것은 이런 질문들이기 때문이다. 가정과 주제의 가치 그리고 이런 것들이 현실과 윤리적 사고 그리고 이런 결과로 나타나는 윤리적 의사 결정을 해석하는 데 대한 영향을 확인하기 위해서 정확성에 대한 열쇠는 기본적이며 필수적인 자각과 지식 그리고 기술이다.

윤리적 행위에 대한 지침

상담사들에게 규정된 윤리적 행위에 대한 구체적인 지침은 무엇인가? 이런 지침이 어떻게 미국상담학회의 윤리 강령이 만들어진 기초를 정확하게 이해하기 위한 기둥으로 도움이 되는가? 이 부분은 포괄적인 노력을 의미하는 것이 아니라 임의로 선정된 강령의 항과 위의 질문에 대한 답에 기초를 둔 윤리적 사고에 대한 과정을 단지 시작하는 것이다. 통상 '상담사들을 위한 윤리적 업무에 대한 토대'로 언급되는 미국상담학회(1995)의 『윤리 강령과 업무 기준』은 윤리적 판단을 장려하고 윤리적 행위를 지속하기 위한 지침을 제공하고 있다. 전문으로 시작하면서, 이것이 미국상담학회가 회원들에 의해 상담을 받는 사람들뿐 아니라 회원의 공통적인 윤리적 책임을 분명하게 할 수 있다고 회원들에게 통지하면서 윤리적 사고에 대한 단계가 시작된다. 하지만 무엇이 윤리적 행위를 구성하는지를 완전히 이해하고 해석하기 위해서, 강령을 읽는 사람들은 적어도 그 강령 속에 내재하고 있는 근거가 되는 가정과 원칙, 목적을 알아야만 한다.

전문 다음에 8개 항이 있다. 각 항은 무엇을 윤리적 행위로 간주하는가에 구체적인 가정과 추정을 하고 있다. 각 항은 윤리적 행위에 관여할 동안 개인의 행동에 대한 규칙의 윤곽을 그리는 원칙들을 제공한다. 회원들의 구체적인 목적은 윤리적으로 행동하는 것이다. 마지막으로 각 항은 오해된 관점을 가진 사람이 ⓐ 윤리적 행위 ⓑ 윤리적 행위에 관여할 동안 개인적 행동에 대한 규칙 혹은 ⓒ 윤리적으로 행동할 때 기대되는 움직임에 대한 목적에 관하여 말할 수 있는 것을 설명하는 진술을 제공하고 있다.

A항(Section A) : 상담 관계

미국상담학회 윤리 강령 중 본 항에서 가정은 의뢰인들의 복지와 관련이 있다. 근거가 되는 원칙은 상담사들이 봉사하는 사람들의 '최고의 이익'을 위해 행동한다는 것이다. 강령을 읽는 사람들은 구체적인 지침과 목적을 제공하는 12개의 작은 표제를 제공받는다. 개인의 행위와 관련된 이들 지침과 목적은 특별히 상담 관계를 발전시키고 유지시킬 때 미국상담학회가 정의한 특징을 보여주는 데 필요한 것이다. 그 항은 상담사의 일차적인 책임, 의뢰인의 긍정적인 성장과 발전, 전개되는 상담 계획 그리고 상담 과정에서 가족의 참여와 같은 문제로 시작된다. 게다가 이 항은 다양성을 존중하기 위해 명령하고 회원들이 차별 대우 금지와 차이점 존중을 위해 노력하도록 하는 목적을 규정하고 있다. 지침서에는 의뢰인의 권리가 규정되어 있고 의뢰인에게 숨김없이 말하고 선택할 권리도 포함되어 있다. 마치 존경은 보편적인 개념이고 문화적 암시가 없거나 문화적 고려를 요구하지 않는 것과 마찬가지로, 상담 관계에서 간혹 실수하게 되는 것은 '만약 내가 의뢰인을 존중하다면 나의 의뢰인도 나를 존중할 것이다'라는 점이다.

미국상담학회 규정의 추가 항들은 개인적인 필요와 상담사의 가치, 카운슬링 관계, 의뢰인들과 상담사 간의 이원적 관계 그리고 상담사와 의뢰인 간의 성적인 친밀함과 같은 영역에 대한 영향력을 취급하고 있다. 이런 조항은 의존이기보다는 독립적인 가치를 제공한다. A.1.b항, 즉 '상담 관계 — 긍정적 성장과 발전'은 '상담사들은 의뢰인들의 이익과 복지를 촉진하기 위한 방식으로 의뢰인의 성장과 발전을 격려한다'(p.2)고 진술하고 있다. 차별 대우 금지에 대해 표출된 가치도 존재한다. A.2.a항, 즉 '다양성-차별 대우 금지 존중하기'는 '상담사들은 나이 · 피부색 · 문화 · 인종 · 종교 · 성 · 성적 지향성(sexual orientation) · 결혼 상태 혹은 사회 경제적 실태에 근거해서 차별 대우를 하지 않는다"(p.2)고 진술하고 있다. 차별 대우를 금지하는 사람들은 다양성을 존중하면서 의뢰인의 최고 이익을 위해 행동한다고 믿는다는 것이 가정이다.

B항 : 비밀 유지

미국상담학회 윤리 강령 중 이 조항에서 명확한 가정은 상담 동안 공유되는 정보와 기록의 사생활에 대한 의뢰인의 권리와 관계된다. 중대한 가치는 비밀 유지다. 개인의 시간과 공간이 사적으로 소유되는 특징으로 가치가 있는 것처럼 개인의 영역은 사적인 특징 혹은 비밀로 간주되는 정보와 관련해서는 상담사들에게 있다. 근거를 이루고 있는 원칙은 상담사들이 사생활과 비밀 엄수에 대한 의뢰인의 권리를 지키는 것이다. 비밀 유지에 대한 명령은 제공되고 회원들이 일하는 목적은 공유되고 있다. 예를 들면 B.1.a항, 즉 '사생활에 대한 존중'은 '상담사들은 의뢰인의 사생활에 대한 의뢰인의 권리를 존중하고 불법적이고 부당한 비밀 정보의 폭로를 피한다'(p.3)라고 진술하고 있다. 지침에는 의뢰인의 권리 포기, 예외 사항, 법원의 공개 명령 그리고 한계에 대한 설명을 포함하는 내용이 제공되어 있다. B.4.b항, 즉 '기록에 대한 비밀 유지'란 '기록들이 작성되거나 녹음되거나 전산화되어 있거나 다른 매체에 저장되어 있든, 상담사들은 자신이 만들거나 유지하거나 전하거나 파괴하는 상담 정보의 안정성을 확보하고 비밀 유지에 대한 책임이 있다'(p.4)고 기술하고 있다. '나는 사생활의 존재를 믿는다. 그래서 많은 의뢰인들 역시 사생활의 존재를 믿어야만 한다'가 사생활에 대한 가정이다. 이런 가정은 비밀 유지의 오해 가능성이 있는 관점을 반영하며 윤리적 사고에 대한 자극이 된다. 사생활과 같은 전문 용어의 정의에 관해서는 세계적인 관점의 영향이 중요하다. 예를 들면, 한 상담사가 사생활의 존재를 믿고 있으며 이런 믿음은 (의식적으로 혹은 무의식적으로) 상담사의 세계관으로부터 해석되는 것이다. 즉, 사생활은 소유로 인식되는 정보이고, 중요한 문제는 다음과 같은 것이 된다. 나의 세계관은 문화적 맥락에서 나의 윤리적 사고에 어떤 영향을 주는가?

C항 : 전문 직업의 책임

미국상담학회 윤리 강령의 이 항에는 능력에 관한 가정이 제시되어 있다. 상담사들은 미국상담학회 윤리 강령을 읽을 뿐 아니라 이것을 이해하고 따라야만 할 책임을 지고 있다. 이런 관점에서부터 유능한 방식으로 행동하는 과정을 돕기 위해 가정과 가치 그리고 지침이 제공되고 있다. 예를 들면, 능력은 공식화된 교육 및 연수와 관계되어 있다. C.2.a항, 즉 '능력의 범위'는 '상담사들은 교육 · 연수 · 슈퍼비전의 경험 · 주정부 및 국가 전문 자격증명서 그리고 적당하고 전문적 경험에 기초를 둔 그들의 능력 범위에서만 개업한다"(p.4)고 진술되어 있다. 이 조항은 다양한 주민들과 함께 일하는 자신의 헌신을 보여주기 위해 구성원들은 어떤 행위에 종사해야만 하는지에 관하여 그들을 지속적으로 지시하고 있다.

D항 : 여타 전문 직업들과의 관계

미국상담학회 윤리 강령의 이 항은 관련된 정신 건강 직업에서 전문성을 존중하는 것의 중요성을 강조하고 있다. 이 항에 내재하고 있는 하나의 가치는 협력적인 관계라는 가치다. D.1.b항, 즉 '계약(Agreements)'은 다음과 같이 진술하고 있다.

> 상담사들은 슈퍼바이저(supervisor)와 동료, 상담이나 임상 관계, 비밀 유지, 직업 기준 준수, 공과 사의 구별, 기록된 정보의 유지와 전파, 작업 부하 그리고 책무성과 관련된 사람들과 함께 근로 계약을 수립한다. 각각의 경우에 근로 계약은 구체적이어야 하고 관계자들이 알아야 한다(p.5).

'관계된' 사람들과 근로 계약을 공유하는 것은 윤리적 행위를 보여주는 실행 가능한 방법임을 가정하고 있다. 직업적 책임에 대해 실수할 수 있는 관점을 반영하는 진술은 '내가 생각하기에 윤리적이고 유능한 상담사는 문화적으로 적절하게 돕는 행위에 관여한다'라고 할 수 있다. 또 다른 지침은 D.1.i항의 '차별'이다 여기에 지시된 것은 다음과 같다.

> 고용주 혹은 고용당한 사람으로 상담사들은 고용과 승진 혹은 연수에서 비인간적이거나 불법적이거나 부당한 (나이 · 피부색 · 문화 · 불구 · 인종 집단 · 성 · 인종 · 종교 · 성적 지향성. 혹은 사회경제적 지위 같은) 관례에 관여하거나 너그럽게 봐주어서는 안 된다(p.5).

고용과 승진 혹은 연수에 관한 결정에서 실행 가능한 요인으로 차별하지 않는 가치가 존재하며, 그 결과 차별은 소중히 여겨야 될 것이 아니라 무시되어야 한다는 가정이다.

E항 : 평가와 판단 그리고 해석

미국상담학회 윤리 강령의 E항은 상담하면서 평가 사용을 운용하는 기준을 포함한다. E.1.a항, 즉 '평가 기술(Appraisal Techniques)'은 다음과 같이 진술하고 있다.

> 교육적이고 심리학적 평가의 일차적 목적은 상대적 혹은 절대적 의미에서 객관적이고 해석할 수 있는 수단을 제공하는 것이다. 평가하고 평가하지 않는 자료를 포함하는 전체 평가 기술에 적용하면서 상담사들은 이 항의 진술을 해석할 필요성을 인식하고 있다(p.6).

이 항은 교육적이고 심리학적 평가는 상대적이거나 절대적인 의미에서 객관적이고 해석 가능한 수단을 제공하기 위해 이루어지고 있다는 가정을 제시하고 있다. 즉, 평가하고 판단하고 해석할 동안, 정확함에 대한 기준으로 질적인 것보다는 양적인 방법론을 구체화하는 데 경험적이고 단선적인 가정을 사용하는 것에 가치를 두고 있는 것처럼 보인다.

F항 : 교수와 연수 그리고 슈퍼비전

미국상담학회 윤리 강령의 이 항은 상담사 교육자와 연수자, 상담사 예비 프로그램 그리고 학생들과 슈퍼바이저들을 위한 윤리적 지침을 강조하고 있다. 예를 들면 F.1.a항, 즉 '상담 교사와 상담 개업자로서의 교육자'에서는 책임질 수 있고 윤리적 행위에 대한 지침이 제공되어 있다. 이 항은 다음과 같이 진술하고 있다.

> 교육 프로그램을 개발하고 이행하며 슈퍼비전의 책임을 맡고 있는 상담사들은 상담 교사와 상담 개업자로도 능숙하다. 그들은 그

직업의 윤리적 법적 그리고 관리적 측면과 관련된 식견이 있고, 그 지식을 적용하는 것에도 유능하며, 학생들과 슈퍼비전을 받는 사람들이 스스로 책임을 자각하도록 만든다. 상담사들은 윤리적인 방식으로 상담사 교육과 연수 프로그램을 수용하며 전문적 행동을 위한 역할 모델로 도움이 된다. 상담사 교육자들은 인간의 다양성과 관련된 자료를 모든 강좌나 연수회에 넣으려고 노력을 다해야만 한다. 이 강좌와 연수회는 전문직 상담사들의 발전을 장려하기 위해 계획된 것이다(p.7).

가르치고 임상적인 기술을 가진다는 것은 다음과 같은 가치를 포함한다 : 상담 직업의 윤리적, 법적, 관리적 측면에 대한 지식과 이를 적용하는 능력 그리고 전문적 행위에 대한 지식과 이에 대한 역할 모델에 도움이 되는 능력이 그것이다. 평가와 판단 그리고 해석에 대한 오해할 가능성이 있는 관점을 반영하는 진술은 '나는 실행 가능하고 도움이 되는 도구로서 평가하는 것을 인정한다. 결국은 다른 사람들이 실행 가능하고 도움이 되는 도구로서 평가하는 것을 인정하기를 기대하는 것이 적절해보인다'라고 할 수 있다. '내가 믿기에 상담사 교육자, 관리자, 임상의들이 교육적이고 임상적인 능력을 가지고 있으며 인간의 다양성과 관련된 자료를 자신의 일에 주입한다'는 것은 가르침과 연수 그리고 슈퍼비전에 대해 오해할 가능성이 있는 관점을 반영하는 진술의 좋은 예가 된다.

G항 : 연구와 출판

미국상담학회 윤리 강령의 이 항은 실험 대상자 보호, 연구 참여자들의 자세한 정보에 근거한 동의, 연구 결과를 보고하는 데에서의 정직과 정확함 그리고 출판하려는 데에서의 윤리적 문제들을 포함하는 범위의 문제들을 다루고 있다. 인간 존엄성

보호, 실험 대상자에게 해나 상처 줄이기 그리고 자세한 정보에 근거한 동의라는 가치를 포함하고 있다. 언어와 같은 문화적 요인들이 이루어지는 것과 그 일이 어떻게 이루어지는지를 이해하는 데 영향을 주는 것이 주목받고 있다. 예를 들면 G.2.a항, 즉 '공개된 주제(Topics Disclosed)'는 정보에 근거한 동의가 특징인 지침을 제공하면서 다음과 같이 진술하고 있다.

> 연구를 위해 정보에 근거한 동의를 얻을 때 상담사들은 연구 참가자들이 이해할 수 있는 언어를 사용한다. 이 언어는 ① 그 목적도 뒤따르는 절차를 정확하게 설명하며, ② 실험적이거나 상대적으로 조사해보지 않은 절차를 확인하며, ③ 수반하는 불안과 위험을 설명하며, ④ 합리적으로 기대되는 개인 혹은 조직에서 혜택이나 변화를 설명하며, ⑤ 실험 대상자들에게 유리한 적당한 대안적 절차를 드러내며, ⑥ 그 절차와 관련된 질문에 답하려고 하며, ⑦ 비밀 임수의 한계섬을 설명하고, ⑧ 실험 대상자들이 자유롭게 자신의 동의를 철회하고 언제든지 그 연구에 참여하는 것을 그만둘 수 있다는 것을 알린다(p.9).

하지만 구체적으로 명문화되지 않은 인급으로부터 시침을 해석하는 상담사들에 대한 내포된 가치가 존재한다. 이것은 이 조항을 실제로 읽는 사람의 자기 준거(self-reference)일 수도 있다. 연구와 출판이라는 오해될 가능성이 있는 관점을 반영하는 진술은 '나는 자신에 대한 언급에 가치를 부여한다. 따라서 여러분 역시 그것에 가치를 부여해야만 한다'라고 할 수 있다.

H항 : 윤리적 문제 해결

미국상담학회 윤리 강령의 이 항은 업무에 대한 윤리 기준을 알고 의문이 되는 윤리적 침해를 해결하고 보고할 절차를 설명하는 상담사들의 책임을 강조한다. H.1항, 즉 '기준에 대한 지식(Knowledge of Standards)'은 다음과 같다.

> 상담사들은 윤리 강령과 전문적 업무 기준 그리고 그들이 회원으로 있는 다른 전문 조직 혹은 자격증과 면허 인가 단체의 적절한 윤리 강령에도 정통하다. 지식이 부족하거나 윤리적 책임을 잘못 이해하는 것은 더 이상 비윤리적 행동에 대한 비난을 막지 못한다 (p.10).

이 항에 내재된 가치는 상담사들이 존재하는 지침에 정통, 모든 상담사들이 윤리 강령을 지켜야 한다는 기대 그리고 윤리 강령 자체가 확실하지 않을 때 명확히 하기 위한 자문이다. 이 항에는 몇 가지 가정이 내재해 있다. 윤리적 행위가 지지를 받고 있다는 것을 확신하기 위해 상담사들은 스스럼없이 서로 서로 함께 일할 수 있다는 것이 하나의 가정이다. 또 다른 가정은 전문적이고 윤리적 행위를 보증하기 위해 상담사들이 서로 함께 일하는 것에 가치를 두고 있다는 것이다. '나는 윤리 강령에 정통하고 나의 동료도 역시 그렇다'는 윤리적 문제를 해결하는 데 잘못 이해될 가능성이 있는 관점을 반영하는 진술이다.

윤리적 불만 처리하기

상담사들은 윤리적 불만을 어떻게 처리해야만 하는가? 이 질문은 미국상담학회 윤리 강령이 제정된 근거를 정확하게 이해하기 위한 또 하나의 대들보로 기여한다. 이 항은 포괄적인 노력이 아니라 윤리 강령 중 무작위로 선정된 항들과 이 질문에 대한 답에 근거를 둔 윤리적 사고 과정을 단순히 시작하는 것을 의미한다. 이 질문에 어떻게 답하는지는 윤리 강령의 근거가 되는 원칙과 목적 이해의 정확성을 결정하는데, 이 원칙과 목적은 윤리적 행위에 대한 기준과 윤리적 불만을 처리하는 방법을 정의한다. 적절한 자각과 지식, 기술은 필수적인 가정과 주제적인 가치, 현실 해석, 윤리적 사고, 윤리적 의사 결정 그리고 윤리 강령이 깨어졌을 때 취해지는 행동에 대한 이것들의 지속적인 영향력을 확인하는 데 중요하다. 미국상담학회 윤리위원회가 결정한 윤리 강령과 계속되는 제재 강령을 어기게 되면 ⓐ 특정 시간 안에 완수하도록 부과된 개선 요구 ⓑ 위원회의 감도를 필요로 하는 특정 시간 동안의 유예 기간 ⓒ 특정 시간 동안 미국상담학회 회원 자격 정지 그리고 ⓓ 미국상담학회 회원 자격의 영구 제명 등의 조치가 포함된다. 형벌도 존재한다. 첫째, 유예 기간 제재 결과로 개선 요구 사항을 만족할 정도로 충족시키지 못하면 요구 사항이 충족될 때까지 자동으로 회원 자격이 정지된다. 하지만 위원회 역시 개선 요구 사항은 유예 기간 종료에 앞서 보여주는 것처럼 선한 동기(good cause)에 기초를 둔 변경을 필요로 한다고 결의할 수도 있다. 선한 동기는 위원회의 구체적인 지시 사항을 충족하기 위해 비난받고 있는 회원들이 하는 노력이다. 둘째는 회원 자격 정지에 대한 위원회의 결정에 특징적인 개선 요구 사항을 만족스럽게 이행하지 못한 형벌과 관련된다. 회원이 책임을 다하지 않는다면, 선한 동기에 근거한 개선 요구 사항이 자격 정지 기간 말까지 변경되어야 한다고 위원회가 결정하지 않는다면 그(녀)는 자동적이고 영구적으로 회원 제명을 당한다. 미국상담학회 윤리 강령을 지키지 않는 행동은 결국 다른 전문직 단체, 전문위원회, 주 혹은 연방 기관 그리고 공공 의료 시설 비용 지불인을 포함하는 다른 조직들이 제재를 부과하게 된다.

미국상담학회 윤리 강령 중 H.2.a항, 즉 '의심되는 위반 : 기대되는 윤리적 행위'는 '상담사들은 전문직 협회가 윤리 강령을 지키기를 기대하고 있다. 어떤 상담사가 윤리적 방식으로 행동하는지에 관해 의심을 일으키는 합리적인 원인을 상담사들이 가질 때, 그들은 적절한 행동을 취한다'라고 적혀 있다(p.10). 이 말 속에 내재하고 있는 가치는 '적절하지 못한' 행위에 관여하는 누군가에게 가서 그 사람과 함께 윤리적으로 잘못된 것을 공유하고, 그런 다음 공동으로 그 행위를 고치기 위해 일하는 것을 포함한다. 그러한 직접적인 시도가 실패하면, 다음 단계는 공동체 외부의 사람들(예를 들면, 미국상담학회 윤리위원회)에게 적절하지 못한 행위를 보고하는 것이다. 미국상담학회 회원들은 서로에 대해서 감시인으로 역할을 함으로써 그 직업과 직업의 전문성을 모니터링하면서 학회를 돕는 목적을 위해 노력한다. 모든 회원들은 자세하게 설명된 목적을 통해 회원들 상호간에 그리고 그 학회를 위해 전문직주의를 향상시키기를 원한다는 가정이 존재한다. 즉, 회원이 윤리 강령을 위반하고 있다고 믿을 때, 다른 회원의 불만은 개인적이고 직접적으로 그 행위를 바로잡으려고 노력하는 것에 문화적으로 가치를 부여한다. 또한 그러한 직접적인 노력이 실패하면, 그(녀)는 그 문제를 더 높은 권위에 맡기는 것에 문화적인 가치를 부여한다. 예를 들면 J.2항, 즉 '불만 제기하기(Filing Complaint)'는 다음과 같다.

> 불만을 제기할 자격이 있는 개인들은 미국상담학회 본부에 있는 위원회에게 불만의 본질을 말하는 편지를 보낼 것이다. 가능하다면 그 불만 내용에는 ⓐ 불만인의 이름과 주소 ⓑ 혐의가 있는 회원의 이름과 주소 ⓒ 관련된 사실을 알고 있는 다른 사람들의 이름과 주소 그리고 ⓓ 그 불만을 제기하게 된 이유에 대한 짧은 진술이 포

함되어야만 한다(p.14).

윤리적 부정 행위를 결정하고 윤리적 불만을 처리하기 위한 명령을 안내하는 근거가 되는 원칙과 목적에 대한 해석은 부분적으로 개인적으로나 전문가적인 가정, 추정 그리고 문화적 맥락에 기원을 두고 있는 주제적 가치들에 의해 자극받고 있다는 점이 중요하다. 문화적 맥락은 미국상담학회, 불만을 제기하는 사람 혹은 위반한 사람의 맥락임을 주목하라. 미국상담학회 윤리 강령을 검토하고 그 강령에 따라 불법 행동에 관해 결정하고 그리고 정확한 윤리적 사고와 결정에 관여하기 위해 윤리적 불만을 언제 처리할지 결정할 때, 사람들이 정확한 윤리적 사고와 의사 결정에 관여하는 것은 결정적으로 중요하게 된다. 최소한 불만을 제기하기 위해 선택된 사람들은 기본적인 미국상담학회 가정(실제적인 것으로 간주되고 있는 믿음), 추측(있음직한 근거에 바탕을 둔 판단력 형성에 기원을 두고 정확성을 구체화하기 위해 더 많은 증거를 위해 공개된 채 남아 있는 믿음) 그리고 미국상담학회(1995) 『윤리 강령과 업무 기준』을 뒷받침하고 있는 주제적 가치(계속 반복적으로 등장하는 가치)를 인정할 필요가 있다. 연습 문제 1.1은 기본적인 가정과 추측, 미국상담학회 윤리 강령의 각 항들에 내재된 주제적 가치를 확인하기 위한 모델을 제시하고 있다. 따라서 이것은 그 강령이 만들어진 문화에 대한 더 낳은 이해를 용이하게 하고 있다.

[연습문제1.1]기본적인 가정·추정 그리고 미국상담학회 윤리 규정의 문화 속에 내재한 가치들			
강령의 항들	기본적인 가정	기본적인 추정	주제적 가치
A.1.c.항 상담 계획 상담사들과 그들의 의뢰인들은 합리적인 성공 약속을 제공하고 의뢰인들의 능력과 상황에 일치하는 통합적인 개별 상담 계획을 고안하는 데 공동으로 작업한다. 의뢰인들의 자유 선택을 존중하면서 지속적인 실행 가능성과 유효성을 책임지기 위해 상담사들과 의뢰인들은 정기적으로 상담 계획을 검토한다.	개인은 상담의 기초 요소다.	개인적인 관점	개인주의
……			
……			
[주의] 독자는 바로 가까이에 있는 문제에 적용할 수 있는 미국상담학회 윤리 강령의 각 조항을 가지고 위의 예처럼 A.1.c항을 사용하는 차트를 완성하도록 격려를 받고 있다. 이런 결과, 주제적인 문화적 가정과 추정 그리고 현존하는 미국상담학회 윤리 강령에 내재된 가치를 보여주는 더 명료한 그림이 될 것이다.			

이런 정보는 다문화적 맥락에서 윤리적 사고를 향상시키는 데 필요한 대들보 중 하나로서 도움이 될 것이다. 독자는 이런 모델이 정신 건강 직업을 통틀어 윤리 강령으로 유용하다는 조언을 받고 있다.

문화적 맥락에서 미국상담학회 윤리 강령에 관한 더 깊은 설명은 주제적 가치에 대한 지식과 이해, 가정 그리고 강령에 내재된 추정에게 권한을 위임한다. 그 과정을 쉽게 하기 위해 미국상담학회 윤리 강령에 대한 더 많은 토론이 이어지고 있다.

기본 가정과 추정 그리고 주제적 가치

미국상담학회 윤리 강령 서문은 '학회 회원은 우리 사회의 다양성을 인정하고 각 개인의 가치와 존엄, 잠재성과 유일성을 지지하는 초문화적인 접근법을 수용한다'(p.1)라고 씌어 있다. '유일한 사람'과 '개인' 같은 용어와 관련된 잠재 의식의 문화 프로그램 편성의 잠재적인 영향은 중요하다. 예를 들면, 유일한 사람과 개인은 문화적으로 우선권을 가진 개인의 중요성으로서 정의된다면 그 용어는 자기 실현(self-actualization), 즉 궁극적으로 개인의 중요성을 강조하는 자존심(self-worth)을 의미한다. 다른 한편으로 유일한 사람과 개인이 문화적으로 타인과의 관계에서 자아의 중요성으로 정의된다면, 그 용어는 '우리가 존재하기 때문에 내가 존재한다 ; 우리는 존재한다. 고로 나는 존재한다'를 의미한다. 이런 경우에서 자아는 타인들과의 관계에서 지각된다. 문헌을 검토할 때 개인주의는 미국상담학회 윤리 강령에 특징적인 탁월한 정의로 제안되고 있다. 이런 현실이 주어진다면, 그 전문을 읽은 많은 사람들은 의식적이든 무의식적이든 미국상담학회 윤리 강령이 개인주의에 대한 선호에 근거를 두고 있다고 쉽게 믿는다.

미국상담학회(1995) 『윤리 강령과 업무 기준』뿐 아니라 이 강령의 특징을 가진 문헌을 좀더 깊이 검토하면 그 근거가 되는 많은 원칙과 목적이 나타난다. 많은 저술가들(Pedersen, 1997a ; Pack-Brown & William, 2000)은 그 강령은 윤리학을 두드러질 정도로 유럽 미국의 문화적 관점으로부터 정의하고 있어서 미국상담학회 회원들을 위한 많은 규율, 체크리스트, 원칙 그리고 지침은 유럽 중심적인 세계관과 가치 체계에서 제시되고 있다고 제안하고 있다. 키치너(Kitchner)(1984)는 미국상담학회 윤리 강령을 통해 엮은 네 가지 보편적인 도덕 원칙을 발견했다. 그러한 원칙들은 윤리 강령에 대한 기초를 제공하는 구체적인 작은 표제 형태로 발견된다. 그 표제는 ⓐ 자기 규정(self-definition)을 위한 의뢰인들의 자유인 자율(autonomy) ⓑ 의뢰인들의 성장과 발전을 촉진하는 행동을 포함하는 선행(beneficence) ⓒ 의뢰인에게 상처를 주는 것을 금하는 행동인 악행 금지(nonmaleficence) 그리고 ⓓ 모든 사람에게 동등한 대우를 명하는 공평함(fairness)을 포함하고 있다.

미국심리학회

미국심리학회의 『심리사의 윤리 원칙과 행동 강령(*Ethical Principles of Psychologists and Code of Conduct*)』(일반적으로 '윤리 강령'으로 지칭되고 있음) 2002년판은 크게 네 부분으로 나누어져 있다. 그 네 부분은 ⓐ 머리말 ⓑ 전문 ⓒ 5가지 일반 원칙 그리고 ⓓ 윤리 기준으로 구성되어 있다. 전문과 일반 원칙은 심리사들이 윤리적 행동에 도달하는 것을 돕고 윤리적 기준을 해석하는 것을 돕는 데 사용되는 강제력이 없는 규칙으로 언급된다. 다른 한편으로 윤리적 기준은 행동을 위한 강제 규칙으로 간주된다. 윤리 강령은 심리사들의 일과 관련된 활동에 적용이 되며, 이것은 심리사들의 과학적이고 전문적 기능 혹은 본질적으로 심리학적인 것으로 믿어지는 임상적이거나 상담하는 기능의 일부분으로 간주되는 활동이다.

미국심리학회(2002)의 『심리사의 윤리 원칙과 행동 강령』 전문에는 다음과 같이 적혀 있다.

> 심리사들은 행동에 대한 과학적이고 전문적인 지식과 자신과 타인들에 대한 사람들의 이해를 증대하고 개인과 조직 그리고 사회의 상황을 향상시키는 그런 지식을 활용하는 데 전념한다. 심리사

> 들은 시민 인권과 연구, 연수 그리고 출판에서의 질문과 표현의 자유의 중요성을 존중하고 보호한다. 그들은 인간 행동에 관해 정보를 제공받은 판단력과 선택을 발전시키기면서 대중을 도우려고 노력한다. 그렇게 할 때 그들은 연구가와 교육가, 진단자, 치료사, 슈퍼바이저, 컨설턴트, 행정가, 사회 참여자 등 전문가들과 많은 역할을 수행한다. 이런 윤리 강령은 심리사들이 자신의 전문적이고 과학적인 일을 내세우는 통상적인 일단의 원칙과 기준을 제공한다.

이 윤리 강령은 심리사들이 마주치는 대부분의 상황을 포함하기 위해 구체적인 기준을 제공할 예정으로 만들어졌다. 이것은 심리사들이 함께 일하는 개인과 집단의 복지와 보호 그리고 회원과 학생, 이 분야의 윤리적 기준과 관련된 대중의 교육을 그 목적으로 하고 있다.

심리사의 일과 관련된 행동에 대한 역동적인 일단의 윤리적 기준의 발전은 개인적 참여와 윤리적으로 행동하기 위한 평생의 노력을 필요로 한다. 즉, 학생들과 슈퍼비전을 받는 사람들, 피고용인들 그리고 동료들에 의해 윤리적 행동을 장려하고 윤리적 문제와 관련해서는 타인들에게 조언을 구하는 노력이 필요하다(p.3).

윤리적 행동을 위한 지침

심리사들을 위해 규정된 윤리적 행위에 대한 구체적인 지침은 무엇인가? 이 질문은 미국심리학회가 세워진 근거를 정확히 이해하기 위한 대들보 역할을 수행한다. 이런 검토는 포괄적인 것이 아니라 단지 윤리적 사고를 위한 과정을 시작하는 것을 의미한다.

미국심리학회(2002)의 『심리사의 윤리 원칙과 행동 강령』은 윤리적 사고를 장려하고 윤리적 행위를 주장하는 지침을 제공한다. 전문을 시작으로, 미국심리학회는 심리사들이 자신의 일을 수립하는 가치를 제공한다고 회원들에 고지하고 있기 때문에 윤리적 사고를 위한 단계가 시작된다. 그 윤리 강령은 심리사들이 마주치는 상황을 포함하기 위해 그 강령은 일반적 원칙과 결정하는 규칙을 제공한다. 윤리 강령의 일차적인 목적은 심리사들이 섬기는 개인들과 단체들의 복지와 보호다. 하지만 미국심리학회 윤리 강령과 더불어 무엇이 윤리적 행위를 구성하는지 완벽하게 이해하고 해석하기 위해서 미국심리학회 윤리 강령을 읽는 사람들은 최소한 미국심리학회의 기초가 되는 가정과 원칙 그리고 목적을 알아야만 한다.

전문 다음에는 다섯 가지 일반적인 원칙이 나온다. 각 원칙은 윤리적 행위로서 간주되는 것에 관한 구체적인 가정과 추정을 제공한다. 각각은 윤리적 행위에 관여하면서 개인적 행동에 대한 규칙의 윤곽을 그리고 있다. 마지막으로, 각각의 원칙은 회원들이 윤리적으로 행동하기로 기대되는 움직임에 대한 목적을 자세히 설명하고 있다. 이런 원칙들은 강제력이 없는 것으로 간주될지라도 원칙들의 사고 작용을 통제한다. 사고하는 것이 강제력 없는 지침이라는 표비를 세공하기 위해 처음 세 개의 원칙이 검토될 것이다.

원칙 A : 선행과 악행 금지

미국심리학회 윤리 강령의 원칙 A는 심리사들이 함께 일하는 사람에게 적극적인 효과를 주장하면서 동시에 돌봄을 받는 사람들에게 어떤 해도 주어서는 안 되는 것을 보증하는 이들의 책임을 강조하고 있다. 이런 원칙의 일부분은 '심리사들의 과학적이고 전문적인 판단과 행동이 타인의 생활에 영향을 주기 때문에, 그들은 자신의 영향을 오용할 수 있는 개인이나 재정적, 사회적, 조직적, 정치적 요인에 정신을 차리고 이를 대비해서 보호하고 있다'(p.3)로 되어 있다.

긍정적인 효과를 갖기 위해 타인을 이해하는 것과 같이 많은 가치가 존재한다. 그 결과 자격과 그 변천은 섬김을 받는 사람들의 별개의 특징에 의존하고 있다. 상술된 두 가지 구체적인 목적이 있는데 심리사들은 ⓐ 자신의 일의 이익을 극대화하고 ⓑ 섬김을 받는 사람들에게 해를 막거나 최소화하려고 한다. 또 다른 가치는 과학적이고 전문적인 정보다.

원칙 B : 신의와 책임

신의와 책임은 미국심리학회 윤리 강령의 원칙 B에서 중심적인 영역이다. 예를 들기 위해, 이 원칙의 일부분은 다음과 같이 진술하고 있다.

> 심리사들은 일하는 사람들과 함께 신뢰 관계를 수립한다. 그들은 사회와 그들이 일하는 구체적인 공동체에 대한 직업적이고 과학적인 책임감을 알고 있다. 심리사들은 전문적인 행동 기준을 주장하고, 전문적인 역할과 의무를 명확하게 하며, 행동에 대한 저절한 책임감을 수용하고 그리고 결국은 착취나 해로 이어질 수 있는 이익의 갈등을 처리하려고 노력한다(p.3).

이런 원칙에서 몇 가지 목적은 명백하다. 그리고 학생들과 연구 참여자들, 환자들 그리고 의뢰인들의 이익에 도움을 더 주기 위해 이 원칙은 다른 전문가들과 상담하고 참고하고 협력하는 것을 포함한다. 심리사들을 위한 지침은 도움을 받고 있는 사회와 공동체에 대한 직업적이고 과학적인 책임을 알아야 한다는 것이다.

원칙 C : 정직

정직은 미국심리학회 윤리 강령 중 원칙 C의 강조점이다. 예를 들면, 이 원칙의 일부분은 '심리사들은 정확성과 진실 그리고 과학과 교수, 심리학 업무에서 진실함을 장려하려고 노력한다. 이런 활동을 하면서 심리사들은 몰래 도둑질하거나 속이거나 사기, 변명 혹은 의도적인 사실의 허위 진술에 관여해서는 안 된다'(p.3)로 되어 있다.

'정직' 원칙에서 몇 가지 목적은 명백하다. 그리고 이 목적은 학문과 교수 그리고 심리학 업무에서 정직을 추구하려는 노력을 포함한다. 심리학은 과학으로 간주되고 있다. 반영되어 있는 가치는 관계성의 신뢰를 증진시키기 위해 정직하고 솔직한 행동을 포함시킨다. 심리사들을 위한 지침은 약속을 지키고 불성실한 변명, 지혜 없거나 명료하지 않은 참여 그리고 이해 갈등을 피하는 것이다.

윤리 기준

1항 : 윤리적 문제 해결

미국심리학회 윤리 강령 1항의 가정은 윤리적 문제를 취급하고 해결하기 위해 조건에 맞는 방법론과 관련 있다. 심리사들이 윤리적 문제에 특징적인 조건에 맞는 방법론을 확인하기 때문에 자격에 대한 추정은 존재한다. 근거를 이루는 한 가지 원칙은 다른 심리사가 윤리적 기준을 지키고 윤리적 문제를 적절히 처리하도록 심리사들이 돕는다는 것이다. 윤리적 문제점들을 해결하기 위한 지침과 목적을 제공하기 위해 여덟 가지 작은 표제들이 다음과 같이 제공되고 있다.

1.01항 심리사들의 일을 오용함
1.02항 윤리학과 법률, 규정 혹은 다른 지배적인 법률적 권위 간의 갈등
1.03항 윤리학과 조직적 요구 간의 갈등
1.04항 윤리적 위반의 비공식적 해결
1.05항 윤리적 위반 보고하기
1.06항 윤리위원회와 공동 작업하기
1.07항 부적절한 불만
1.08항 원고와 피고에 대한 불공평한 차별

이 기준에 명백한 수제적 가치는 정보와 행위의 직접적인 의사 소통 및 윤리 조사와 처리 절차에 특징인 공동 노력이다. '나는 동료들이 수용할 수 있는 행위에 관여하는 것을 돕기 위해 그들과 직접 직면할 것을 믿는다. 그리고 나의 동료들 역시 직접적으로 직면할 것을 믿는다'는 것은 도움이 되는 문제를 해결한다는 오해된 관점을 반영하고 있다. 독자는 직접적 의사소통과 같은 가치는 신원 보증이라는 문화적 틀을 가진다는 것을 기억하고 있다. 이런 가치들은 가정에 영향을 주고 의사 결정뿐 아니라 정상적이고 적절한 행동을 정의하는 데 영향을 준다. 예를 들면, 직접적인 의사 소통을 효과적인 삶의 접근 방식으로 간주하는 문화적 관점에서 일을 하는 상담사는 직접적인 대면을 도움이 되는 전략만큼이나 정상적이고 적절하며 효과적인 것으로 받아들인다. 간접적인 의사 소통을 효과적인 삶의 접근 방식으로 받아들이는 문화적 관점으로부터 일하는 상담사는 직업적으로 간접적인 의사 소통의 장점을 강조하고 직접적인 의사 소통을 비정상적이고 부적절한 행동으로 간주한다. 문화적 맥락에서 일하려고 노력하는 윤리적 상담사들을 위한 중요한 하나의 질문은 이와 같다 : 나의 문화적이고 개인적

인 세계관과 가치 체계는 내가 윤리적 사고를 할 때 어떤 영향을 주는가?

2항 : 능력

미국심리학회 윤리 강령의 이 조항에서 가정은 교육과 연수 그리고 슈퍼비전과 같은 방법론을 통해 심리사들이 획득한 과학적이고 직업적인 지식은 문화적으로 정확하고 민감하며 적절하다는 것이며, 서비스 혹은 연구의 효과적인 수행을 촉진하는 가능성을 가진다는 것이다. 특별히 심리사들과 다른 대중들에게 봉사하는 것과 관련되기 때문에, 능력을 향상시키기 위해 교육과 연수를 하려고 하는 욕망과 동기 부여에 대한 추정이 존재한다. 이것의 기초가 되는 원칙은 심리사들이 그들의 자격(능력) 범위에서만 일한다는 것이다. 능력 있는 심리사로서 일하기 위한 지침과 목적을 제공하기 위해 여섯 가지 작은 표제를 제공하고 있다.

2.01항 능력의 범위
2.02항 비상 상황에서 서비스 제공하기
2.03항 능력 유지하기
2.04항 과학적이고 전문적인 판단력을 위한 근거
2.05항 타인에게 일의 위임
2.06항 개인적 문제와 갈등

이 기준의 주제적 가치에는 지식의 중요성 인식, 제공된 서비스의 질에 대한 다양성과 다문화주의 이해, 개인을 해악로부터 보호하는 것이 포함된다. 능력에 대해 오해될 가능성이 있는 관점을 반영하는 진술은 '과학적인 지식은 문화적으로 정확하고 민감하며 적절하다'는 것이다.

3항 : 인간 관계

미국심리학회 윤리 강령 중 3항은 심리사들이 자신의 일과 관련된 활동에서 인간 관계를 이해하고 평가한다는 가정을 제공한다. 심리사들이 인간 관계의 다양한 측면을 이해하고 존중할 때 능력과 전문직주의에 대한 가정은 존재한다. 심리사들은 나이 · 성 · 인종 · 민족 · 국적 · 종교 · 성적 지향성 · 불구 · 사회 경제적 지위 혹은 법에 의해 규정된 어떤 근거와 같은 문제와 관련된 사람들에게 해를 끼치지 않는 것이 지침이 되는 원칙이다. 가치는 차이점과 관계없이 서비스를 받는 사람들에게 권한을 부여하는 직업직 행위를 포함하고 일과 관련된 활동에서 심리사들의 객관성과 능력 그리고 효과성을 진척시키는 것을 포함하고 있다. '나는 인간 관계에서 개인주의의 진가를 인정하고 있으며, 다른 심리사들 역시 그렇게 해야만 한다'는 언급은 인간 관계의 오해 가능한 관점을 반영하고 있다. 열두 가지 작은 표제는 인간 관계를 윤리적으로 다루기 위한 가정과 추정, 지침이 되는 원칙 그리고 가치를 제공하고 있다.

3.01항 부당한 차별
3.02항 성희롱
3.03항 다른 골칫거리
3.04항 해악 회피
3.05항 복잡한 관계성
3.06항 이해 갈등
3.07항 서비스에 대한 제3자의 요구
3.08항 착취적인 관계성
3.09항 다른 전문가들과 협력
3.10항 정보를 제공받은 동의
3.11항 조직이나 조직을 통해 배달된 심리학적 서비스

3.12항 심리학적 서비스의 중지

4항 : 사생활과 비밀 엄수

미국심리학회 윤리 규정 중 4항은 심리사들이 사생활과 비밀 엄수에 유사한 가치를 부여하고 이것을 이해하고 있다는 가정을 제공한다. 타인들과 기밀 정보에 대해 토론하는 것은 적절하고 윤리적일 뿐 아니라 사생활 침해를 최소화하는 것이라는 가정이 존재한다. '사생활은 보편적인 가치다'는 사생활과 비밀 엄수에 대한 왜곡된 견해의 한 예다. 일곱 가지 작은 표제는 사생활과 비밀 엄수에 특징적인 윤리적 행동에 대한 추정과 지침을 제시하고 있다.

4.01항 비밀 엄수 유지하기
4.02항 비밀 엄수의 한계점 논의하기
4.03항 기록하기
4.04항 사생활 침해 최소화하기
4.05항 폭로
4.06항 자문
4.07항 교훈 혹은 다른 목적을 위한 기밀 정보의 사용

미국심리학회 윤리 규정의 작은 표제 각각은 사생활과 비밀 엄수와 관련하여 심리사들을 위한 지침이 되는 원칙을 제공하고 있다. 예를 들면 4.04.b항, 즉 '사생활 침해 최소화하기'에서 심리사를 위해 지침이 되는 원칙은 '심리사들은 과학적이거나 전문적인 목적을 위해서만 그리고 그런 일들과 명백하게 관련된 사람들에 대해서만 자신의 일에서 얻은 기밀 정보를 논의한다'(p.7)는 것이다.

5항 : 광고와 다른 성명서

미국심리학회 윤리 규정 5항은 심리사들이 광고를 하고 다른 공식적인 주장에 관여할 것이라는 가정을 다룬다. 잘못되거나 기만적인 주장이라는 추정이 5.01항, 즉 '거짓되거나 기만적인 진술 피하기'에 나타나 있다. 지침이 되는 원칙은 심리사들이 의식적으로 스스로에게 거짓 진술을 하지 않는다는 것이다. 여섯 가지 작은 표제는 광고를 하고 다른 공식적인 진술을 하면서 다음과 같이 윤리적 행위에 대한 가정과 지침을 제시하고 있다.

5.01항 거짓되거나 기만적인 진술 피하기
5.02항 타인에 의한 진술
5.03항 연수회와 비학위 수여 교육 프로그램 묘사
5.04항 매스컴 발표
5.05항 증명서(Testimonials)
5.06항 있는 그대로의 권유(In-Person Solicitation)

예를 들면 5.04항, 즉 매스컴 발표에 대한 지침 토론하기에는 다음과 같이 진술되어 있다.

> 심리사들이 인쇄물과 인터넷 혹은 다른 전자 매체를 통해 공식적인 조언이나 논평을 제공할 때, 그들은 그런 진술이 ① 적절한 심리학적 문헌과 업무와 일치되는 자신의 전문적 지식, 연수 혹은 경험에 근거를 두고 있으며, ② 그렇지 않다면 이 윤리 강령과 일치되며, ③ 수용자(환자)와 직업적 관계성이 확립되었다는 것을 표시하지 않는다는 것을 확인하기 위한 조치를 강구해야 한다(p.8).

5항에 내재된 주제적 가치는 직업적 행동(행동이 전문적 업무든 생산품이든 혹은 활동이든 간에)과 연수, 지식 혹은 경험과 관련된 정확한 정보를 소개(발표)하는 것이다. 광고 및 다른 공식적인 발표가 잘못 생각할 가능성이 있는 관점을 반영하는 진술은 '나는 공식적인 견해를 적절한 전문적 행위로 평가한다. 따라서 다른 사람들 역시 그렇게 평가할 것이다'로 되어 있다.

6항 : 기록 보존과 수수료

미국심리학회 윤리 강령 중 6항이 가정하는 것은 기록 보존은 ⓐ 서비스 공급을 쉽게 하고 ⓑ 연구 계획과 분석의 응답을 허용하고 ⓒ 제도적인 요구 사항을 충족하고 ⓓ 청구서 작성과 지불액의 정확성을 보증하며 ⓔ 법 준수를 보장하는 것과 같이 다양한 목적에 도움이 된다. 구체적인 추정은 기록 보존과 요금을 다루는 다음 일곱 개 항의 작은 표제에서 증언되고 있다.

6.01항 전문적이고 과학적인 일의 문서화와 기록 유지
6.02항 전문적이고 과학적인 일의 비밀 기록을 유지, 배포, 처분
6.03항 지급하지 않는 것에 내해 기록 보류(withhold)
6.04항 수수료와 재정 제도
6.05항 의뢰인 / 환자와 교환(barter)
6.06항 지불자(payors) / 기금공급원(sources)에 대한 보고의 정확성
6.07항 조회하기와 수수료

하위 표제 각각은 심리사들이 기록 보존과 수수료에 관한 윤리적 행동을 다룰 때, 그들에게 추정의 근거와 지침을 제공한다. 예를 들면, 심리사들을 위해 기록의 비밀 엄수와 지침을 주장하는 추정의 근거는 6.02a와 6.02b항에서 다음과 같이 취급되고 확인된다.

> 이런 기록들이 수기로 쓰였거나 자동으로 기록되었거나 다른 매개로 되어 있든 간에, 심리사들은 그들의 통제 아래에서 기록을 만들고 저장하고 접근하고 옮기고 처분하는 데 기밀성을 유지한다. 심리학적 서비스를 받는 사람들과 관련된 비밀 정보가 의뢰인들의 접근 동의도 없이 사람들이 이용할 수 데이터베이스 혹은 기록 체계로 입력된다면, 심리사들은 개인적으로 확인하는 것을 피하기 위해 암호나 다른 기술을 사용한다(p.9).

기록 보전과 수수료 부분에서 명백한 가치는 비밀 유지와 비밀 기록의 보호다. 기록 보전과 수수료 부분이 잘못 오해할 수 있는 관점을 반영하는 진술은 '나는 그것을 좋아한다. 따라서 너 역시 그것을 좋아해야만 한다'로 되어 있다. 이 진술에는 정확한 의사 전달과 문서화와 관련된 문화적인 장점이 내재해 있다. 독자는 의사 전달과 문서화는 문화적인 토대를 가지고 있어서 이것이 문화적 맥락에 놓이게 될 때 의사 전달과 문서화에 관한 이전의 사고는 최소한 두 가지 방식으로 진술될 수 있다는 것이 생각날 것이다. 한 가지 진술은 '내 문화에서는 손으로 쓴 문서화가 적당한 기록 보전'이며, 또 다른 진술은 '내 문화에서는 역사적인 구두 역사들이 적절한 기록 보전'이다.

7항 : 교육과 연수

미국상담학회 윤리 강령 중 7항의 기준은 심리사들이 가르치거나 연수받을 때 그들은 적절한 정보와 경험을 제시한다는 가정에 근거를 두고 있다. 일곱 개 작은 표제들이 추정의 근거와 지침 그리고 교육과 연수에 내재된 가치를 다음과 같이 따르면서 제시하고 있다.

> 7.01항 교육과 연수 프로그램 구상

7.02항 교육과 연수 프로그램 묘사
7.03항 교육에서의 정확성
7.04항 개인 정보에 대한 연수생의 폭로
7.05항 의무적인 개인 혹은 집단 치료
7.06항 연수생과 슈퍼비전을 받는 사람의 수행 평가하기
7.07항 연수생과 슈퍼비전을 받는 사람과 성적인 관계

처음 두 개의 항에 표현된 추정의 근거는 심리사들은 교육과 연수에서 '합리적 단계'를 가진다는 것이다. 그 진술 속에는 지침이 내재해 있다. 예를 들면 7.01항은 다음과 같이 말하고 있다.

> 교육과 연수 프로그램에 책임을 지는 심리사들은 적합한 지식과 적절한 경험을 제공하기 위해, 그리고 그 프로그램이 요구하는 면허증과 자격증 혹은 다른 목적을 위한 요구 사항을 충족시키기 위해 그 프로그램이 계획되어 있다는 것을 확신시키기 위한 합리적인 조치를 취한다.

서비스를 받는 사람들에게 프로그램 내용과 쉽게 이용할 수 있는 정보에 대해 현재도 이용할 수 있는 정확한 정보를 설명하는 것이 가치의 기준에 포함된다. '교육과 연수 자격에 대한 보편적인 지침이 존재한다'는 것은 심리사들에게 교육과 연수의 잘못 오해될 가능성이 있는 관점을 반영하고 있다.

8항 : 연구와 출판

미국심리학회 윤리 강령 중 8항은 많은 가정들을 강조한다. 그 중 하나가 연구에 관여하는 심리사들은 그들이 고용된 기관이나 조직으로부터 사전 승인을 얻는다는 것이다. 15개의 작

은 표제들은 연구와 출판에서 기대되는 윤리적 행위를 명확히 한다.

8.01항 기관의 승인
8.02항 정보를 제공받은 연구에 대한 동의
8.03항 연구에서 음성과 이미지 기록을 위해 정보를 제공받은 동의
8.04항 의뢰인/환자, 학생 그리고 예하의 연구 참가자
8.05항 정보를 제공받은 연구에 대한 동의 없이 하기
8.06항 연구 참가자에 대한 유인책 제공하기
8.07항 연구에서의 속임수
8.08항 확인 보고하기(Debriefing)
8.09항 인간적인 돌봄과 연구에서 동물 사용
8.10항 연구 결과 보고
8.11항 표절
8.12항 출판 크레디트(Publication Credits : 자료 제공자에 대한 치사)
8.13항 이중 출판(Duplicate Publication)
8.14항 검증을 위한 연구 자료 공유
8.15항 검열자(재심자)

각각의 작은 표제는 추정의 근거와 지침 그리고 윤리적 행동과 관련된 가치의 기준을 제공하고 있다. 예를 들면 8.04항에는 학생들과 예하의 연구 참가자들을 보호하는 추정의 근거가 존재한다. 심리사들을 위한 지침은 '심리사가 참가자로 의뢰인/환자와 학생 그리고 예하의 사람들과 함께 연구를 수행할 때, 그들은 연구 참가를 정중히 거절하거나 이를 철회하는 불리한 결과로부터 예기되는 참가자들을 보호하기 위한 조치를 취한다'(p.11)로 되어 있다. 예기되는 연구 참가자들을 위한 공정한 대안적 활동 가치가 존재한다. 연구와 출판이 가지는

오해 가능한 관점은 '나의 문화에서 연구에 동물을 사용하는 것은 적절하다. 그래서 이것은 보편적으로 적절하다'라고 할 수 있다.

9항 : 평가

미국심리학회 윤리 강령 주 9항은 평가를 구체적인 결과물의 중요한 요소라고 가정한다. 11개의 작은 표제들이 평가와 유사한 행동들이 본질적으로 윤리적인 것인지를 확인하기 위한 추정의 근거와 지침 그리고 가치의 기준을 다음과 같이 개략적으로 설명하고 있다.

9.01항 평가의 근거
9.02항 평가의 사용
9.03항 평가에서 정보를 제공받은 동의
9.04항 테스트 데이터 공개
9.05항 테스트 구성
9.06항 평가 결과 해석하기
9.07항 자격이 부여되지 않은 사람에 의한 평가
9.08항 쓸모없게 된 테스트와 시대에 뒤떨어진 테스트 결과
9.09항 테스트 기록과 해석 서비스
9.10항 평가 결과 설명하기
9.11항 테스트 보안 유지하기

'나의 세계관을 알고 있고, 평가와 권고, 보고, 의견 그리고 진단 혹은 평가 진술을 할 동안 이런 정보를 고려한다. 그리고 다른 심리사들도 그렇게 한다'는 것은 평가에 대한 오해될 가능성이 있는 관점을 설명하고 있다.

10항 : 치료

미국심리학회 윤리 강령 중 10항(기준 10)은 심리사들이 의뢰인들 / 환자들에게 다양한 종류의 치료를 제공할 때 구체적이고 보편적인 행동(신체적, 지적, 사회적 그리고 감정적인 행동)을 한다고 가정한다. 10가지 작은 표제들은 치료가 본질적으로 윤리적임을 보장하기 위한 추정의 근거와 지침 그리고 가치 기준을 다음과 같이 개략적으로 설명하고 있다.

10.01항 정보를 제공받은 치료에 대한 동의
10.02항 부부 혹은 가족을 수반하는 치료
10.03항 집단 치료
10.04항 타인들에 의해 도움을 받는 사람들에게 치료 제공하기
10.05항 현재 치료 의뢰인 / 환자와 성적인 친밀함
10.06항 현재 치료 고객 / 환자의 친척이나 중요한 다른 사람들과 성적인 친밀함.
10.07항 예전 성적인 파트너들과 함께 치료
10.08항 예전 치료 의뢰인 / 환자와 성적인 친밀함
10.09항 치료 중지
10.10항 치료 종료

작은 표제는 각각은 치료를 제공할 때 윤리적 행동과 관련된 추정의 근거, 지침 가치의 기준을 제공하고 있다. 예를 들면, 10.03항에서 심리사들은 문화적으로 '자기를 인식한다(self-aware)'는 한 가지 추정이 존재한다. '심리사들이 집단으로 편성된 몇몇 사람들에게 서비스를 제공할 때, 그들은 처음부터 모임의 역할과 책임, 비밀 유지의 한계를 설명한다'(p.15). 10항에 내재된 가치는 처음부터 '바로 지금 여기(here and now)'라는 서술이다. '나는 비서양적인 기술과 절차에 가치를 부여한

다. 그래서 다른 심리사들도 동일하게 가치를 부여한다'는 것은 치료에 대해 왜곡될 가능성이 있는 견해를 설명하고 있다.

윤리적 불만 처리하기

심리사들은 윤리적 불만을 어떻게 처리하기를 기대하는가? 이 질문은 미국심리학회 윤리 강령이 만들어진 배경을 정확하게 이해하는 하나의 대들보가 된다. 이 부분은 포괄적인 것이 아니라 단지 임의로 선정된 윤리 규범 조항들과 이 질문에 대한 답에 근거해서 윤리적 사고를 처리하는 것을 돕기 위한 시도다. 이 질문에 어떻게 대응하는 방식은 윤리적 불만을 처리하기 위한 윤리적 행동과 방법론의 구체적인 기준들을 정의하는 윤리 강령의 근거를 이루는 원칙과 목적에 대한 정확한 이해를 결정한다. 적절한 각성과 지식, 기술은 필수적인 가정과 주제적 가치 기준, 현실 해석, 윤리적 사고, 윤리적 의사 결정 그리고 윤리 강령이 깨어졌을 때 취하는 행동에 대한 이들의 계속적인 영향을 확인하는 데 중요하다.

미국심리학회 윤리 강령 중 기준 1(1항)은 '윤리적 문제 해결'로 지칭되고 있다. 비윤리적 불만을 제기하고 조사하고 해결하는 절차는 윤리 강령 중 여기에 묘사되어 있다. 윤리 강령을 어기게 되면 ⓐ 비난(reprimand) ⓑ 견책(censure) ⓒ 미국심리학회 회원 자격 폐지 ⓓ 다른 기관에 언급하기와 같은 조치가 포함된다. 미국심리학회 윤리 강령을 어기는 행동은 결국 다른 단체들, 즉 주의 심리학회, 다른 전문직 단체, 전문직 위원회, 주 혹은 연방 기관 그리고 공공 의료 비용 지불인 등에 의해 제재 조치가 부과된다는 것을 주목해야만 한다.

미국사회복지사협회

미국사회복지사협회(1966) 『윤리 강령』은 사회복지사의 전문적 행동을 안내하는 일단의 가치와 원칙 그리고 기준을 확인해주고 있다. 이 강령 안에는 강령이 하는 것과 하지 않는 것을 명확하게 밝혀주는 진술이 존재한다. 구체적으로 윤리 강령은 사회복지사들이 어떻게 행동하기를 기대하는지 규정하는 규칙을 제공하지는 않는다. 대신에 이것은 의사 결정과 행동을 쉽게 하기 위한 가치와 원칙 그리고 기준을 제공한다. 미국사회복지사협회는 정보를 제공받은 개인(학생 혹은 개업한 전문가)의 판단과 동료의 감도 과정에서 문제점에 대한 충분한 의사 소통을 강조하고 있다.

미국사회복지사협회 윤리 강령은 1996년에 미국사회복지사협회 대의원회(Delegate Assembly)에서 승인되었고 1999년에 대의원회에서 개정되었다. 전문은 다음과 같이 적혀 있다.

> 사회 복지 직업의 일차적인 임무는 인간 복지를 증진시키고 모든 사람들의 기본적인 인간 욕구를 충족시키는 것을 돕는 것이다. 특히 상처받기 쉽고 압제당하고 가난하게 사는 사람들의 필요와 자격을 부여하는 데 중점을 두고 있다. 역사적으로 중요하고 명확한 사회 복지의 특징은 사회적 맥락에서 개인 복지와 사회 복지에 직업의 중심점이 있다. 사회 복지에 근본적인 것은 살아가는 데 문제를 만들고 문제의 원인이 되고 문제를 처리하는 환경적인 힘에 주목하는 것이다.
>
> 사회복지사들은 의뢰인과 함께 그리고 의뢰인들을 위해 사회 정의와 사회 변화를 증진한다. '의뢰인들(clients)'은 개인과 가족, 집단, 조직 그리고 공동체를 언급하기 위해 포괄적으로 사용된다. 사회복지사들은 문화적이고 민족적인 다양성에 민감하며 차별과 압제, 가난 그리고 다른 형태의 사회적 불공평을 끝내려고 노력한다.

이런 활동들은 직접적인 일·공동체 조직·슈퍼비전·자문·관리·옹호·사회 정치적 행동·정책 개발과 이행 형태가 될 것이다. 사회복지사들은 자신의 필요를 처리하기 위한 사람들의 능력을 향상시키려고 노력한다. 또한 사회복지사들은 조직의 반응과 공동체 그리고 다른 사회 기관들이 개인의 필요와 사회적 문제에 반응하도록 조장하려고 노력한다(p.1).

미국사회복지사협회 전문을 검토할 때, 우리는 윤리 강령이 만들어진 근거에 대해 정확한 이해를 위한 단계를 시작하고 있다. 두 가지 질문이 그러한 근거를 이해하는 대들보로 도움이 된다. ⓐ 윤리적 행위를 위해 어떤 구체적인 지침이 사회복지사들에게 제공되고 있는가? ⓑ 사회복지사들은 윤리적 불만을 어떻게 처리하기를 기대하는가? 이런 질문들에 답하는 것은 윤리 강령의 근간을 이루는 원칙과 목적을 정확하게 이해하고 윤리적 불만을 처리하기 위해 윤리적 행동과 방법론에 대한 기준을 정의하는 것이다.

윤리적 행동을 위한 지침

사회복지사들의 윤리적 행동을 위한 어떤 구체적인 지침이 제공되고 있는가? 이 질문에 답하면서, 미국사회복지사협회(1996)의 『윤리 강령』은 사회복지사들을 위한 여섯 가지 원칙을 인지하고 있다. 중요한 목표는 ① 어려움을 당한 사람들을 돕고 사회 문제를 역점에 두고 다루기 ② 사회적 불공평에 도전하기 ③ 인간의 내재적인 존엄성과 가치 존중하기 ④ 인간 관계성의 중요성 인식하기 ⑤ 신뢰할 수 있는 방식으로 행동하기 ⑥ 그들의 능력 범위에서 전문적인 일을 수행하고 직업적 전문성을 발전시키고 향상시키기다(pp.2-4). 추가로, 미국사회복지사협회 윤리 강령의 원칙은 핵심적 가치와 이상에 대한 설명으로 시작된다. 다음의 내용은 핵심적 가치와 가정 그리고 원칙이라는 의미에서 원칙을 견본 추출한 것을 제공하고 있다.

윤리 원칙

윤리 원칙 1: 미국사회복지사협회 윤리 강령의 원칙 1에 사회복지사들은 다음과 같이 행동하도록 통지를 받는다.

> 사회복지사들은 사리사욕보다 타인에 대한 봉사를 향상시키다. 사회복지사들은 어려움을 당하는 사람들을 돕고 사회 문제를 중점적으로 다루기 위해 자신의 지식과 가치 그리고 기술을 이용한다. 사회복지사들은 중요한 금전적인 보답을 기대하지 않으면서(pro bono service) 자신의 전문적인 기술의 일부분을 자발적으로 제공하는 데 고무되어 있다(p.3).

윤리 원칙 1이 오해될 가능성이 있는 관점은 '내가 어떤 가치와 기술을 가지고 있는지 그리고 이것들이 나의 봉사에 어떻게 영향을 주는지 알고 있다. 따라서 다른 사회복지사들 역시 자신의 것을 잘 알고 있다'는 것이다. 사회복지사들을 위해 구제화된 일차적인 목표는 어려움에 처한 사람들을 돕고 사회 문제에 역점을 두고 다루는 것이다. 확인된 핵심적 가치는 봉사다. 원칙에는 사리사욕(이기심)보다 타인에 대한 봉사를 향상시키고 타인들이 자신의 사회 문제를 다루는 것을 돕기 위해 개인의 지식과 가치 그리고 기술을 이용하는 것을 포함한다. 사회복지사들은 자신의 가치와 기술을 알고 있다는 것이 가정된다.

윤리 원칙 2: 미국사회복지사협회 윤리 강령의 원칙 2는 다음과 같이 진술하면서 사회복지사들이 무엇을 할 것인지에 관한 정보를 제공하고 있다.

> 사회복지사들은 특히 상처받기 쉽고 압제당하는 개인과 집단과 함께 그리고 그들을 위해 사회적 변화를 추구한다. 사회 변화를 위한 사회복지사들의 노력은 주로 가난과 실업, 차별 그리고 사회적 불평등의 다른 형태들의 문제에 초점을 맞추고 있다. 이런 활동들은 탄압과 문화적이고 인종적 다양성에 대한 민감성과 이에 대한 지식을 장려하려고 한다. 사회복지사들은 필요한 정보, 서비스, 자원에 대한 접근, 기회의 평등 그리고 모든 사람들을 위한 의사 결정에 의미 있는 참여를 보장하려고 노력한다(p.3).

핵심적 가치는 사회 정의다. 사회복지사들이 열망하는 일차적인 목표는 가난과 실업 그리고 차별 같은 사회적 불평등 문제에 주목하는 것이다. 가정하는 것은 사회복지사들이 인종적 다양성뿐 아니라 압제와 문화적 다양성에 민감하고 이에 대한 지식을 장려하려고 한다는 것이다. '내가 봉사하는 모든 주민들의 존엄과 가치에 관심을 가지고 있다. 그래서 나의 동료들 역시 이것에 관심을 가져야만 한다'는 진술은 이런 원칙이 오해할 수 있는 관점의 예를 보여주고 있다.

윤리 원칙 3: 미국사회복지사협회의 윤리 원칙 3은 다음과 같이 진술되어 있다.

> 사회복지사들은 관심을 가지고 존경하는 방식으로 개인적 차이와 문화적이고 인종적 다양성을 생각하면서 각 사람을 대한다. 사회복지사들은 사회적으로 책임질 수 있는 의뢰인들의 자기 결정을 장려한다. 사회복지사들은 변하는 의뢰인들의 능력과 기회를 향상시키고 의뢰인의 필요를 우선적으로 다루기 위해 노력한다. 사회복

> 지사들은 의뢰인들과 더 넓은 사회에 대한 이중의 책임감을 인식하고 있다. 그들은 가치와 윤리적 원칙 그리고 그 직업의 윤리적 기준과 일관되면서 사회적으로 책임 있는 방식으로 의뢰인들의 이익과 더 넓은 사회의 이익 간의 갈등을 해결하려고 노력한다(pp.3-4).

핵심적인 가치는 사람의 존엄성과 가치다. 이 윤리 원칙에서 명백한 가정은 사회복지사들은 관심을 가지고 존경하는 방식에 대해 공통의 정의를 공유한다는 것이다. 사회복지사들이 열망하는 목표는 상세하게 의뢰인들과 사회에 대한 그들의 이중 책임을 개인이 인지하는 것이다.

윤리 기준

미국사회복지사협회 윤리 강령의 윤리 원칙 다음에 6개 분야에서 직업적인 지침과 책임감을 정의하는 윤리적 기준이 존재한다. 6개 분야는 ① 의뢰인들에 대한, ② 동료에 대한, ③ 전문적 업무 수행 환경에서, ④ 전문가로서, ⑤ 동업자들에게 그리고 ⑥ 더 넓은 사회에 대한 것이며, 각각에 대한 윤리 기준이 존재한다. 이런 지침과 책임감에 내재한 가치와 가정이 존재한다. 윤리적 행동에 대한 주제적 가치와 가정 그리고 지침과 함께 여섯 가지 윤리 기준 중 세 개의 윤리 기준이 뒤에 나온다.

의뢰인들에 대한 사회복지사들의 윤리적 책임 : 미국사회복지사협회의 윤리 기준은 의뢰인에 대한 윤리적 책임을 다루는 16가지 작은 표제들을 제공하고 있다. 이들 표제들은 ① 의뢰인에게 헌신 ② 자기 결정 ③ 정보를 제공받은 동의 ④ 능력 ⑤ 문화적 능력과 사회적 다양성 ⑥ 이해 갈등 ⑦ 사생활과 비밀엄수 ⑧ 기록에 대한 접근 ⑨ 성적인 관계 ⑩ 신체적 접촉 ⑪

성희롱 ⑫ 경멸적인 언어 ⑬ 서비스에 대한 보상 ⑭ 의사 결정 능력이 부족한 의뢰인 ⑮ 서비스의 중단 그리고 ⑯ 서비스의 종료다. 공간이 제한되어 있기 때문에 처음 두 가지 책임이 제시될 것이다. 각각의 책임과 함께 책임 있는 행동을 위한 가정과 가치 그리고 지침이 설명될 것이다.

미국사회복지사협회 윤리 강령 중 윤리 기준 1.01, 즉 '의뢰인에 대한 헌신'은 다음과 같이 적혀 있다.

> 사회복지사들의 일차적인 책임은 의뢰인의 복지를 증진시키는 것이다. 일반적으로 의뢰인들의 이익이 우선이다. 하지만 넓은 사회 혹은 구체적이고 법률적 의무에 대한 사회복지사들의 책임은 제한된 경우에서 의뢰인들에게 빚지고 있는 충성에 대신한다. 그리고 의뢰인에게는 그렇게 통지되어야만 한다(사회복지사는 의뢰인이 아이를 학대하거나 자신 혹은 타인을 해치기 위해 협박한 것은 법률에 의해 보고하도록 요구받고 있는 예를 들 수 있다)(p.5).

핵심적인 가치는 의뢰인의 복지를 증진시키는 것이다. 복지라는 단어를 읽는 모든 사람은 그것을 동일한 방식으로 정의한다는 가정이 존재한다. 사회복지사들이 핵심적 가치가 부자적이 되는 상황을 이해하는 것을 돕도록 지침은 제시되어 있다. 일례로 합법적인 권위에 아동 학대를 보고하는 것은 명령이다. 이런 윤리적 책임이 오해를 받을 가능성이 있는 관점은 '복지 개념이 무엇을 의미하는지 나는 이해한다. 그리고 나의 동료들은 유사한 이해를 하고 있다'는 것이다.

미국사회복지사협회 윤리 강령 중 윤리 기준 1.02항, 즉 '자기 결정'은 다음과 같이 적혀 있다.

> 사회복지사들은 자기 결정에 대한 의뢰인의 권리를 존중하며 격

려한다. 그리고 그들은 목표를 확인하고 명료하게 하기 위해 노력하면서 의뢰인들을 돕는다. 사회복지사들은 자신의 전문적 판단에 따라 의뢰인의 행동이나 잠재적인 행동이 심각하고 예측할 수 있으며, 자신이나 타인에게 즉각적인 위험을 줄 때 자기 결정에 대한 의뢰인의 권리를 제한할 수 있다(p.5).

자기 결정 속에 재현된 것으로 핵심적인 가치는 개인주의다. 모든 의뢰인은 집단 결정을 뜻하는 그 집단의 구성원으로 자신과 같이 삶에 대해 더 집단적으로 접근하기보다는 자기 결정에 가치를 부여한다는 가정이 존재한다. 자기 결정에 대한 의뢰인의 권리를 사회복지사들이 언제 제한할지 결정하는 것을 돕기 위한 지침은 제시되어 있다. 사회복지사가 의뢰인의 행동이 자신이나 타인에게 위험하다고 믿을 때 자기 결정에 대한 의뢰인의 권리는 제한되고 변경된다는 예가 있다. 1.02항의 오해될 수 있는 견해는 '나는 개인주의적인 관점에 가치를 부여한다. 그리고 당신 역시 그렇게 해야만 한다'는 내용이다.

미국사회복지사협회 윤리 강령 중 윤리 기준 1.05항, 즉 '문화적 능력과 사회적 다양성'은 다음과 같이 적혀 있다.

ⓐ 사회복지사들은 인간 행동과 사회 속의 문화와 그 기능을 이해하면서, 모든 문화에 존재하는 힘을 인식해야만 한다 ; ⓑ 사회복지사들은 의뢰인 문화의 지식 기초를 가지고 의뢰인의 문화와 사람들과 문화 집단 사이의 차이점에 민감한 서비스 규정에서 능력을 보여줄 수 있어야만 한다. 그리고 ⓒ 사회복지사들은 인종 · 민족 · 국적 · 피부색 · 성 · 성적 지향성 · 나이 · 결혼 상태 · 정치적 신념 · 종교 그리고 정신적이나 신체적 불구와 관련된 사회적 다양성과 압제와 관련된 교육을 얻고 이것들을 이해하려고 노력해야만 한다(p.6).

핵심적 가치는 문화적 능력이다. 현재와 미래의 사회복지사들은 문화와 사회적 다양성에 가치를 부여한다는 가정이 존재한다. 사회복지사들은 문화적으로 유능한 틀 안에서 전문적인 일에 종사하는 것을 돕기 위한 지침이 제공되고 있다. 예를 들면, 사회복지사들이 문화에 대한 충분한 지식 기반을 가지도록 만드는 지침이 존재한다. 1.05항이 잘못 오해할 가능성이 있는 관점은 '사람들 사이의 문화적 능력과 차이에 가치를 부여하고 이해한다. 나의 동료들은 유사한 가치와 이해를 공유한다'는 내용이다.

동료에 대한 사회복지사들의 윤리적 책임 : 미국사회복지사협회 윤리 강령 중 이 기준은 동료에 대한 윤리적 책임을 다루는 11개의 작은 표제를 제공한다. 이 표제들은 ① 존경 ② 비밀 엄수 ③ 학제 간 공동 연구 ④ 동료를 포함하는 논쟁 ⑤ 자문 ⑥ 서비스에 대한 자문하기 ⑦ 성적 관계 ⑧ 성희롱 ⑨ 동료들의 장애 ⑩ 동료들의 무능력 그리고 ⑪ 동료들의 비윤리적 행동으로 구성되어 있다. 동료와 관련된 책임 있는 행동을 위한 구체적인 가정과 가치 그리고 지침은 책임감의 작은 표제 각각에 수반되어 있다.

미국사회복지사협회 윤리 강령 중 2.01.a항, 즉 '존경'은 '사회복지사들은 존경을 갖고 동료들을 대해야 하며 동료들의 자질과 관점 그리고 의무를 정확하고 정당하게 표현해야만 한다'(p.10)라고 적혀 있다. 서로 공평하게 대하고 존경하는 명백한 가치가 존재한다. 하지만 사회복지사들은 존경과 정당한 대우에 대한 공통된 정의를 공유하고 있다는 가정이 전제된다. 존경과 정당한 대우에 대해 오해할 수 있는 관점은 '우리가 이야기할 때 동료들의 눈을 보면서 나는 그들을 존경한다. 그리고 그들은 동일한 방식으로 나를 보아야만 한다'는 것이다.

미국사회복지사협회 윤리 강령 중 2.02항, 즉 '비밀 엄수'는 '사회복지사들은 직업상 관계와 계약 관계 중 동료들과 공유하게 된 비밀 정보를 존중해야만 한다. 사회복지사들은 그런 동료들이 신뢰할 수 있을 정도로 존중해야 하는 사회복지사들의 의무와 그와 관련된 예외들을 이해하고 있다는 것을 확실히 보장해야만 한다'(p.11)고 진술하고 있다. 또다시 존경에 대한 강력한 가치가 존재하는 것처럼 보인다. 모든 사회복지사들은 동일한 방식으로 존경을 정의하고 존경을 보여주는 것과 관련해 공통적인 행동을 보여준다는 가정은 계속 유지되고 있다.

전문적 업무 환경에서 사회복지사들의 윤리적 책임 : 미국사회복지사협회 윤리 강령 중 이 기준은 열 가지 작은 표제들을 다음과 같이 제공하고 있다 : ① 슈퍼비전과 자문 ② 교육과 연수 ③ 수행 평가 ④ 의뢰인 기록 ⑤ 청구서 작성 ⑥ 의뢰인 이전 ⑦ 행정 관리 ⑧ 계속 교육과 직원 개발 ⑨ 고용주에 대한 헌신 ⑩ 노동 관리 논의.

미국사회복지사협회 윤리 강령 3.1.a항, 즉 '슈퍼비전과 자문'은 '슈퍼비전 혹은 자문을 제공하는 사회복지사들은 적절하게 슈퍼비전하거나 자문하기 위해 필요한 지식과 기술을 소유해야만 하며, 지식과 능력의 범위에서만 그렇게 해야 한다'(p.13)라고 진술하고 있다. 능력 있는 서비스라는 가치가 존재한다. 특히 이 항에는 구체적인 지침이나 기준이 자세하게 명시되어 있지 않기 때문에 사회복지사들은 슈퍼비전하거나 자문하기 위해 필요한 지식이나 기술이 무엇을 의미하는지 집단적으로 이해하고 있다는 가정이 있어야 한다. 하지만 이 항 다음에 바로 지침이 나온다. 예를 들면, 3.1.b항은 사회복지사들이 슈퍼비전이나 자문할 동안 명료하고 적절하며 문화적으로 민감한 범위를 정해야 한다고 그들에게 정보를 제공하고 있다. 3.1.c항은 사회복지사들이 슈퍼비전을 받는 사람들과 이 중 혹은 다양한 관계를 가져서는 안 된다는 지식을 제공하고 있다. '나의 문화적 가치와 세계관을 알고 있다. 그리고 나의 동료들도 그렇게 알고 있다. 따라서 슈퍼비전과 자문에서 우리는 이 정보를 적절하게 사용한다'는 말은 사회복지사들이 슈퍼비전과 자문할 때 오해할 수 있는 관점을 설명하고 있다.

윤리적 불만 처리하기

사회복지사들은 윤리적 불만을 어떻게 처리하지 않으면 안 되는가? 미국사회복지사협회 윤리 강령 중 2.11.1항, 즉 '동료들의 비윤리적 행위'는 '사회복지사들은 동료들의 비윤리적 행위를 단념시키고 막고 폭로하고 그리고 고치기 위한 적절한 조치를 취해야만 한다'(p.12)는 제안을 하고 있다. 모든 사회복지사들은 동료들의 비윤리적인 행위를 바로잡는 것에 가치를 둔다는 가정이 존재한다. 일차적인 가치는 동료들 사이에서 비윤리적인 행위를 폭로하거나 바로잡거나 단념시키는 것이다. 지침은 사회복지사가 비윤리적인 행위를 멈추게 하기 위한 적절한 조치를 취한다는 것을 구체적으로 명시하고 있다. 하지만 그 지침은 후에 기준이 될 때까지 그렇게 하는 방법에 관해서 구체적이지 않다. 예를 들면 2.11.d항은 '필요할 때, 한 동료가 비윤리적으로 행동했다고 믿는 사회복지사들은 적절한 공식적 채널(주의 면허증 발급 부서 혹은 단속하는 단체, 미국사회복지사조사위원회, 다른 전문적인 윤리위원회 등과 같은)을 통해서 조치를 취해야만 한다'(p.13)라고 진술하고 있다.

윤리적 사고에 대한 가정과 가치의 영향

인간은 문화적 지침(신념 · 가치 · 인생 경험)을 통해 세상을 보고 이해한다. 실제로, 문헌은 문화적 토대라는 맥락에서 연구하면서 사람들에게 더 잘 다다를 수 있다는 것을 보여준다(Pack-Brown et al., 1998 ; Pedersen, 1987). 상담사들과 예비 상담사들이 그들의 문화적 세계관을 도움을 주고 있는 활동 무대로 가지고 온다는 것은 중요하다. 즉, 각자는 그(녀)의 문화적 유산에 강력한 근거를 두고 있는 현실의 본질과 관련된 명백한 사고 방식이나 철학 체계를 이끌어내고 있다. 이런 세계관의 핵심에는 상담사 혹은 예비 상담사들이 현실의 의미와 실체에 관해 주장하는 가정과 신념 체계가 존재한다. 이 세계관은 ① 윤리 강령처럼 조직적인 방향에 대한 그(녀)의 접근 방식과 ② 윤리 강령을 해석하고 윤리적 사고에 관여하면서 현실을 구성하는 방법에 영향을 준다.

미국상담학회 윤리 강령은 현실의 본질에 관한 하나의 세계관 혹은 사고 방식 혹은 철학 체계를 가지고 있다. 앞에서 논의된 것처럼, 윤리 강령을 지배하고 있는 구체적인 가치나 신념, 가정 그리고 추정이 존재한다. 독자는 윤리 강령이 현지할 정도로 유럽 중심적인 세계관을 반영하고 있다고 많은 학자들이 보고한 것을 기억하고 있다. 따라서 상담사와 예비 상담사들은 자신이 읽고 있는 것과 해석하는 방법에 관해 미국상담학회 윤리 강령에 명시된 근거가 되는 원칙과 가정 그리고 가치 영향에 관한 지식을 가지고 있다는 것이 중요하다. 관점이나 미국상담학회 윤리 강령의 세계관이 없다면 두 가지 문화는 충돌할 것이다. 이 충돌의 결과 윤리적 행동을 실천하려는 사람은 강령을 자못 해석하거나 혼란에 빠지게 된다. 이런 혼란은 결국 윤리적 사고와 의사 결정에 영향을 준다. 다음의 중요한 사건은 이런 점의 예를 설명하고 있다. 미국상담학회 윤리 강령 A.2.a항 '차별 금지'는 '상담사들은 나이 · 피부색 · 문화 · 불구 · 민족 집단 · 성 · 인종 · 종교 · 성적 지향성 · 결혼 상태 혹은 사회 경제적 실태를 토대로 차별을 너그럽게 봐주거나 이를 시작해서는 안 된다'(p.2)고 진술하고 있다.

중요한 사건

빌리 브라운(Billy Brown)은 백인이며 유럽 출신의 미국인이자 능숙한 수준의 상담사로 미국 중서부 지역의 다양한 인종과 민족으로 구성된 도시에 위치한 센터에서 정신 건강 업무에 종사하고 있다. 정신 건강 센터에 있는 상담사들은 능숙한 수준에 있는 백인이며 유럽 출신의 미국인이 세력의 중심이며 일부는 박사급 수준에 있다. 몇 달 후 빌리는 그 진료소에 서비스를 요청하는 주민이 주로 백인 중산층이라는 사실을 인지하기 시작했다. 사회 경제적 지위(SES : Socioeconomic Status)가 낮은 백인들과 다른 인종적 배경을 가진 사람들은 정신 건강 센터에서는 최소한으로 표현되고 있다(연습 문제 1.2를 참조하라).

[연습 문제1.2]중요한 사건

[지시 사항] 여러분이 자문하는 사람이며, 빌리는 여러분에게 와서 그가 함께 일하는 주민들에게 더 잘 봉사하는 데 도움이 되는 윤리적 지침을 확인해달라고 도움을 요청했다. 여러분의 목표는 가능한 '문화의 충돌'을 감소시키면서 빌리가 자신의 세계관, 의뢰인의 세계관 그리고 그의 전문 직업 협회의 윤리 강령의 세계관의 영향에 관한 지식을 얻도록 돕는 것이다.

빌리의 자문가로서 다음의 질문이나 진술에 대해 답하시오.

1. 빌리와 함께 미국상담학회 윤리 강령을 검토하고 그의 상황과 관련된 두 가지 윤리 원칙을 확인하시오.

2. 미국상담학회 윤리 강령의 세계관에는 어떤 가치와 가정,추정이 공통적인가?
3. 빌리의 세계관에는 어떤 가치와 가정, 추정이 공통적인가?
4. 문화적인 렌즈를 통해 볼 때, 빌리의 의뢰인의 대부분은 어떤 가치와 가정, 추정에서 공통점을 갖는가?
5. 질문 2와 질문 3, 질문 4의 세계관에서 유사점과 차이점은 무엇인가?
6. 유사점과 차이점은 윤리 강령의 해석과 윤리적 사고, 윤리적 의사 결정에 어떻게 영향을 주는가?

가능성 있는 문화 충돌과 적절한 윤리적 사고에 따라 얻어지는 통찰력에 대해 논의하시오.

핵심 요점

본 장은 다문화적 맥락에서 윤리적 사고를 위한 토대 만들기에 영향을 주는 세 가지 중요한 요인을 중점적으로 다루고 있다. 첫째, 본 장은 세 가지 윤리 강령(미국상담학회, 미국심리학회, 미국사회복지사협회 윤리 강령)의 기초가 되는 원칙과 목표에 대한 간략한 검토를 제공하고 있다. 둘째, 본 장은 각 윤리 강령의 심도 깊은 검토를 위한 선구자로서 도움이 된다. 마지막으로, 1장은 개업한 전문가와 예비 전문가들이 문화적 맥락에서 윤리 강령을 고려해야 할 필요성을 연구하는 촉매제로 도움이 된다. 다음은 문화적 편견과 윤리 강령의 문화적 토대를 검토하는 과정과 관련된 강령들의 핵심 요점이다.

- 윤리 강령은 ⓐ 회원들에게 윤리적 책임을 명확하게 하고, ⓑ 윤리적 불만을 처리하기 위한 공통된 방법을 밝히며, ⓒ 비윤리적 행동을 바로잡기 위한 방법과 수단을 제공하면서 전문직 협회에게 권한을 부여하고 있다.
- 상담사와 심리사 그리고 사회복지사들은 ⓐ 우수한 전문적 업무를 유지하고, ⓑ 의뢰인을 보호하며, ⓒ 전문성을 향상시키기 위해 전문적 협회의 윤리 강령을 지킬 책임이 있다.

- 상담사와 심리사 그리고 사회복지사들은 윤리적 행동에 대한 구체적인 지침을 따르도록 요청되고 있다. 그리고 이 지침은 윤리적 사고에 대한 안내뿐 아니라 윤리 규범의 토대에 대한 정확한 이해를 위한 대들보 역할을 한다.
- 상담사와 심리사 그리고 사회복지사들은 윤리적 불만을 처리하기 위해 구체적인 방법론을 따르도록 요청되고 있다. 그리고 이 방법론은 계속해서 윤리적 사고에 영향을 준다.
- 윤리적 원칙의 해석, 윤리적으로 잘못된 행동을 결정하는 지시 그리고 윤리적 불만을 처리는 부분적으로 개인적이고/개인적이거나 직업적인 가정과 추정 그리고 문화적 맥락에 원인을 갖는 주제적 가치에 의해 자극을 받는다.
- 협회 윤리 강령의 문화적 맥락에 관한 설명은 그 강령에 내재된 주제적이며 문화적인 가치와 가정 그리고 추정에 대한 지식과 이에 대한 이해를 요구한다.

[제2장] 다문화적 맥락에서 윤리학에 관한 문헌 검토

우리는 모두 다문화적인 인간이다.
왜냐하면 우리의 자아와 정체성은 우리가 말하는 언어,
우리의 사회학적인 성, 우리의 민족적/인종적 배경 그리고
개인의 인생길과 인생 경험 속에 깊이 새겨 있기 때문이다.
— Ivey, Pedersen and Ivey(2001, p.1)

문화적으로 유능한 전문 직업 임상가나 예비 임상가들은 문화적 경험과 가치가 인간 행동을 떠받치고 있다고 알고 있다. 게다가 그들은 인간 행동이(그것인 인지적이든 정서적이든 신체적이든 정신적이든) 문화적 맥락 안에서 드러난다는 것을 이해하고 있다. 그들은 인간이 다차원적이며(예를 들면 나이·사회학적 성·인종·민족·성적 지향성 등) 이러한 차원들(더 일반적으로는 정체성으로 지칭된다)은 행동을 표현하는 데 중요한 역할을 한다는 것을 알고 있다. 예를 들면, 직업적인 윤리 강령을 읽고 해석할 때, 어떤 사람의 성 정체성이 그 사람의 민족적 정체성보다 그 강령을 해석하는 데 더 큰 역할을 할 것이다. 부분적으로 이런 역학들과 이것들이 어떻게 표현되는지는 정체성 발전과 인생 경험의 수준에 달려 있다.

문화적으로 유능한 상담사와 심리사 혹은 사회복지사는 윤리적 의사 결정이 이루어지는 맥락을 강조하는 데 익숙하다. 왜냐하면 지금이 다문화주의는 효과적인 윤리적 사고에서 중

요하기 때문이다. 하지만 ACA와 APA 그리고 NASW의 윤리 강령의 현존하는 원칙과 목표를 포함하는 문헌은 이런 전문직 협회들의 윤리적 지침과 기준들은 종종 모든 사람에게 지배적인 문화 가치 체제를 부과하는 것을 증진시키는 경향이 있음을 드러내고 있다. 이런 부과는 '서비스를 제공받는 사람들의 최대 이익으로' 표현되고 있다는 것은 중요하다. 본 장은 ACA와 APA 그리고 NASW의 윤리 강령을 더 깊게 연구하고 다문화적 맥락에서 윤리학을 다루고 있는 현존하는 문헌을 재검토하고 있다. 우리는 철학적 윤리라는 학문을 인식하면서 시작해서 윤리학의 중요한 4대 학파를 강조하고 있다. 중요한 4대 윤리학 학파는 절대주의와 상대주의, 지향주의, 결과주의다. 다음, 우리는 도움을 주는 직업들이 다문화적 맥락에서 윤리학을 어떻게 장려했는지에 대한 간략한 개관을 제공하고 있다. 다음으로 우리는 특히 직업적 사고와 행동을 지배하는 이전의 힘들 중에서 '제4의 힘'으로 상담하는 직업의 다문화적인 도움에 추가하여 검토하고 있다. 본 장은 1980년부터 현재까지 문헌에 대한 짧은 검토로 끝을 맺고 있다. 이런 검토는 제3장에서 제시되고 있는 윤리 강령과 관련된 탐구와 결과에 대한 더 깊은 토론을 위한 무대를 장치하고 있다.

철학적 윤리학 : 4대 주요 학파

다문화적 윤리학을 이해하고 알고 있다는 것은 수년 동안 철학자들의 집단 연구라는 역사적 맥락과 철학적 윤리학 위에 세워진 견실한 지식의 근거를 요구한다. 문헌에서 공통적으로 발견된 중요한 4대 윤리학 학파는 절대주의와 상대주의, 지향주의, 결과주의다. 각 학파는 역사적 맥락에서 다문화적 윤리학을 위치시키는 더 넓은 지식의 근본 원리 구성을 시작하기 위해 간략하게 언급될 것이다.

절대주의

절대주의는 인간의 행동에 관해서 단지 하나의 진실만이 존재한다는 근본적인 믿음을 주장하는 윤리학 학파다. 특히 문화적 맥락에서 행동을 설명하고 인식하고 이해하는 데 차이점이 많아도 최소화된다. 그래서 인간의 행동에 주의할 때, 인종중심주의(자신의 문화와 세계관을 타인의 문화와 세계관을 판단하기 위한 근본 원리로 사용하는 것)와 이에 따른 문제들은 소홀해지거나 생략되기나 무시된다. 행동의 증거를 평가할 필요가 생길 때 그리고 생긴다면, 평가 과정에 관여하는 사람들은 고정되고 변하지 않는 방식으로 문화들을 통해 동일한 평가기준을 적용시킨다. 절대주의 세계관의 산물은 문화적 맥락에서 행동이 최소화된다는 것이다. 비교 집단이 필요할 때 그 비교는 집단을 통해서 이루어질 것이다. 인간 행동과 관련된 동일한 측정과 전략 혹은 윤리 원칙은 집단을 통해 그리고 문화적 차이에 대한 존중 없이 동일한 방식으로 사용되고 있다.

[**사례**] 아프리카 중심적(집단적)이고 유럽 중심적인(개인적인) 렌즈를 통해 세상을 바라볼 때, 자아와 더 충분하게 사는 방법에 대한 개념은 서로 다르다. 독자는 아프리카 중심(Afrocentric)과 유럽 중심(Eurocentric)이 인종적 관점이 아니라 세계관을 반영하는 용어라는 점에 주목하도록 요구를 받는다. 절대주의적 윤리학파로부터 일하고 아프리카 중심적인 세계관을 품고 있는 상담사나 사회복지사 혹은 심리사는 자아가 집단(즉, 단체)의 구성원이고 개인이 하는 어떤 것이든 그 집단에 영향을 준다고 말한다. 그래서 개인이 더 충분히 인생을 살고 싶다면, 그 개인은 집단과 개인 모두에게 도움을 주면서 삶에 대해 집단

주의적인(collectivistic) 접근 방식을 채택하는 행동을 시작한다. 집단주의적 윤리학파로부터 일하고 유럽 중심의 관점을 품고 있는 상담사나 사회복지사 혹은 심리사는 자아가 개인이고 그 개인이 더 충분하게 인생을 살기 위해 그 사람은 개인의 발전과 성숙에 도움을 주며 삶에 대해서는 개인주의적 접근을 채택하고 개인적인 행동을 수정하는 행동을 시작한다.

상대주의

상대주의는 인간의 행동을 결정하는 데 하나 이상의 진리가 존재한다는 사상을 채택하는 윤리학파다. 다양한 행동의 현실이 인정된다. 이런 관점을 수용하는 사람들은 가치 판단을 강제하는 것을 피한다. 그들은 각각의 문화적 맥락과 이에 따른 행동이 타고난 권리로 다루어지도록 하는 것을 더 중요하게 생각한다. 상대주의는 두 가지 용어로 논의되고 있다. 기술적 상대주의와 규범적 상대주의다. 기술적 상대주의(descriptive relativism)란 서로 다른 사람들은 서로 다른 도덕 신념을 가진다는 근거에 기초를 두고 있다. 다른 도덕 신념은 이들이 어떻게 행동할지에 영향을 주고 문세를 정의한다. 이런 철학적 입장으로부터 일하는 사람들은 특정 문화적 맥락에서 인간 행동에 관한 신념이 유효한지 그렇지 않은지에 관해 분명한 입장을 취하지 않는다. 규범적 상대주의(Normative relativism)는 제각기 문화의 신념이 그 문화 내에서는 옳다는 토대에 근거를 두고 있다. 규범적 상대주의 학파에서 일하는 사람들은 외부에서부터 또 다른 문화의 가치와 신념 그리고 태도를 정당하게 판단하는 것은 불가능하다고 믿는다.

[**사례**] 아프리카 중심적이고 유럽 중심적인 세계관의 동일한 예를 들면서, 상대주의적 윤리학파를 지지하는 상담사나 사회

복지사 그리고 심리사들은 근본적인 세계관과 관계없이 인간의 행동을 결정하는 데에는 하나 이상의 진리가 존재한다고 말하곤 한다. 삶에 대해 아프리카 중심적인 접근 방식을 옹호하는 상담사나 사회복지사 혹은 심리사들은 삶에 대해 유럽 중심적인 접근 방식이 존재한다는 것을 인정하고 있다. 궁극적으로 세계관과 문화적 맥락 그리고 그에 따른 행동은 타고난 권리로 평가되고 인정된다.

지향주의

지향주의는 항상 마음에 두고 있는 생각을 지지하고 일부 현실의 특징이 존재한다는 깨달음을 지지하는 윤리학파다. 일부 도움이 되는 전문가들은 사실주의와 지향주의를 결부하여 생각한다. 지향주의 윤리학파를 신봉하는 상담사나 사회복지사, 심리사들은 도덕이라는 관념은 사람의 지향성 그리고 동기에 합목적적이고 특징적이라는 것을 믿고 있다.

[**사례**] 백인이며 유럽 출신의 미국 여성은 갓 태어난 아이를 양육하는 데 부모로서 자신들의 책임에 관해 남편과 의사 소통을 하려고 한다. 남편이 아내에게 "그것은 당신에게 달렸지. 하고 싶은 것이 무엇이든지 나는 좋아"라고 말한다. 아내는 남편에게 화를 내게 되었다. 왜냐하면 남편이 아내와 이야기하지 않고 부부의 도덕적 책임에 관한 자신의 감정을 공유하지 않으려고 하기 때문이다. 그녀가 믿기에 남편은 자신과 이야기하자는 요구를 합목적적으로 무시했으며, 아이에 대한 부모의 책임을 그녀에게 고의로 지우고 있다.

결과주의

결과주의는 인간 행동의 결과가 한 집단의 사람들이 어떤 행위를 바르거나 틀리다고 생각할지 결정한다는 믿음을 주장하는 윤리학파다. 행동 결과에 대한 평가는 중요한 수단인데, 그 수단에 의해 '온당한(correct)' 인간 행동의 이상이 결정된다. 때때로 결과주의는 공리주의와 관계된다. 공리주의(utilitarianism)는 인간 행동의 한 유형은 도덕적으로 중요하며 그 행동이란 한 집단의 사람들을 위해 최대 다수의 유용함(예를 들면, 쾌락 · 행복 · 이상 · 선호도)을 만들어내는 것이라고 주장하고 있다.

[**사례**] 석면은 발암성이 있는 것으로 알려져 있다(일반적으로 그 영향은 노출된 후 20년 후에 시작된다). 제거하는 것은 비용이 많이 들고 시간이 걸린다. 석면이 초등학교부터 제거될 것을 요구해야만 하는가? 대부분의 사람들은 비용이 들더라도 그렇게 요구해야만 한다고 동의한다. 나이가 지긋한 사람들이(그들 중 많은 사람들은 공정된 수입이 있다) 개인 가정에서 석면을 제거하도록 요구받아야만 하는가?

다문화적 맥락에서 윤리학 장려하기

다문화적 맥락에서 윤리학을 장려한다는 생각은 많은 질문을 만들어내고 있다. 예를 들면, 어떤 논거들이 윤리적 사고를 장려하는가? 이런 논거들은 일반적으로 외부의 단일한 문화적 관점에서 윤리학을 장려하고 있는가? 특히, 노력들 문화적 의도성과 관련될 때, 어떤 노력들이 윤리 강령의 작성을 강조하였는가? 정신 건강 전문가들(상담사와 심리사 그리고 사회복지사들)은 윤리학에 관한 문헌과 다문화주의가 역사적으로 어떻게 윤리 강령과 기준 그리고 지침의 창조와 해석에 영향을 주었는지를 이해하도록 도전을 받고 있는가? 그러한 이해는 윤리적 사고, 특히 문화적 맥락에서 윤리적 사고를 발전시키는 또 다른 대들보를 제공하고 있다.

윤리학과 윤리적 사고 그리고 윤리적 의사 결정을 위한 하나의 가장 가시적이고 강력한 매개는 정규 교육 체계다. 지역과 주 그리고 국가 수준에서 정규 교육 체계 이외로 제공되는 훈련과 연수회라는 전문적인 계발 매개가 정규 교육 체계 다음이다. 세 번째 입장은 리더십의 그것이다. 즉, 그 직업에서 리더십은 회의와 위원회에 앉아서 전문적인 리더십 역할을 맡으면서 그 직업의 비전과 미래적 방향에 대해 결정한다. 다문화적 맥락에서 윤리학을 인지하는 기본적인 행동을 적응하는 것과 관련된 인지와 지식 그리고 기술 발전의 많은 부분은 그 직업에 대한 전반적인 해석과 직접적인 의사 결정을 상려하는 입장에 있는 교육자와 훈련사 그리고 지도자들의 문화적 능력에 달려 있다.

전문직 협회의 많은 교육자와 훈련사 그리고 지도자들이 문화적으로 능력 있고 의도적으로 도움이라는 생각을 지지하고 있을지라도, 전문직 협회와 전문가들은 회의를 통해 다문화적 맥락에서 일하며 문화적으로 적절한 행동에 대한 책무성을 지고 있다고 확신시키기 위해 취해진 노력들은 비판 없이 수용되지는 않고 있다 다문화적 맥락에서 일하는 것에 대해 애를 쓰는 것을 보여주는 비판과 토론 그리고 노력은 명백한데, 특히 전문 저널에 수록된 논문들에서 명백하다. 1987년에 『상담 교육과 슈퍼비전(*Counselor Education and Supervision*)』은 특별한 다문화적 훈련의 필요성을 중점적으로 취급하면서 상담 교육 프로그램에서 다문화 상담을 포함하는 것의 타당성을 특징으로 하는 질의 · 응답을 강조하였다. 리요드(Lloyd)(1987)는 "집단 간의 차이점을 강조하고 극단적으로 단순한 관점의 문화적 특질과 특성 그리고 신념을 가르치려고 시도하는 다문화적 상담 접근 방식은 교사 교육이나 상담사 교육의 일부가

되어야만 하는 교수의 표본인 것처럼 보이지 않는다"(pp.166-177)고 진술했다. 많은 학자들은 반박했다. 예를 들면, 아이비(Ivey)(1987)는 리요드의 논평에 대응하면서 그의 미시적 훈련 개념이 문화적으로 문맹은 모든 주민들에게 효과적인 서비스 전달을 장려하는 것에는 충분하지 못했다고 인식하는 것으로부터 전개되었다고 들추어내었다. 그의 일은 결국 효과적이 도움의 핵심으로서 문화적인 지향성을 인식하는 것이 되도록 했다. 리요드에 대한 그의 반박은, '상담사들 앞에 있는 독특한 인간을 이해하는 데 첫 단계는 다양한 문화적 내용을 이해하는 것이다'(p.170)였다. 파커(Parker)(1987)와 같은 다른 사람들은 다문화적 상담사 연수 개발에 대한 리요드의 인식에 의문을 제기했다. 파커는 문화적으로 서로 다른 의뢰인들(즉, 문화적으로 상담사들과 다른 의뢰인들)과 함께 일할 때 상담사의 유연성을 요구하면서 '다문화 상담에 대한 접근법에서 유사점과 차이점 양쪽 모두 확인할'(p.180) 필요성을 강조했다.

전문직 협회 역시 다문화적 맥락에서 어떻게 일할 것인지와 어느 쪽을 결정하는 방법을 찾고 있다. 노력하는 분야는 누가 가장 다문화의 문제점과 다양성의 문제점들을 가장 잘 다루며 다문화 상담 분야가 발전할 때 누가 연구를 가장 잘 수행하는가라는 생각과 관련이 있다. 많은 협회 지도자들은 누가 다문화주의와 다양성을 가장 잘 연구할 수 있는가에 관해서 논의했었다. 1990년에 조셉 폰테로토(Joseph Ponterotto)는 한 심포지엄을 조직했다. 이 심포지엄은 미국심리학회 대표적 회의(총회) 기간 동안 개최되었고, 주제는 '다문화 상담에서 미국 백인 연구자 : 중요성과 도전'이었다. 그 심포지엄의 목적은 초문화적인 연구로 백인 연구자들이 관여된 역사를 검토하고 유색 인종 연구자들이 어떻게 백인 연구자들의 관여에 대해 어떻게 생각했는지 조사하는 것이었다. 미오(Mio)와 이와마사(Iwamasa)는 1993년 『상담심리사(*The Counseling Psychologist*)』 4월판에서 1990년의 미국심리학회 심포지엄에서 발제한 사람을 강조하면서 그에 대한 반응을 제공하였다. 미오와 이와마사는 다문화적 맥락에서 상담과 도움의 타당함을 장려하려고 시도한 유색 인종과 백인들을 위한 심포지엄에서 다음과 같이 배울 수 있는 네 가지 교훈을 발견하였다.

1. 백인 연구자들을 분개하게 하는 것은 많은 유색 연구자들 사이에서 존재한다. 한 예로 몇몇 유색 연구자들은 자신의 연구 개념과 방법론은 일반 사회가 중요하고 경험론적으로 건전한 것으로 간주하지 않는다고 믿고 있다. 하지만 달변가면서 흑인 심리사인 토마스 파햄(Thomas Parham)(1993) 박사는 이런 분개가 주어진 것이지 종료 시점으로 간주되는 것이 아니라고 주장했다.
2. 심포지엄에 참석한 백인 연구자들은 많은 유색 인종 사람들의 경험으로 억압에 대한 개인적 이해를 쉽게 하기 위해 심포지엄 동안 경험된 개인적인 불편함을 사용하였다.
3. 유색인들은 해결의 일부분이 되려고 노력하는 백인 연구자들의 선한 의도를 인식하도록 요구받았다.
4. 백인 연구자들과 유색 연구자들 모두 함께 발표하기 위한 공동 집단을 발견하기 위해 더 열심히 노력하려는 도덕적인 책임을 가지고 있다.

비난이 명백하다는 것이 예정되어 있고 지속되고 있을지라도, 문화적으로 의도적이고 윤리적인 행동을 옹호하는 사람들은 전문가들과 예비 전문가들에게 다음과 같은 것을 지속적으로 요구하고 있다. ⓐ 문화적인 차이점 인식하기('자신'과 서비스를 제공받는 사람들 양쪽 모두에게서) ⓑ 서비스를 제공받는 다양하고 다문화적인 주민들의 세계관과 가치 그리고 인생 경험에 대한 지식 소유하기 ⓒ 이런 의뢰인들이 도움이 되는 활동 무대로 가져오는 차이점(들)과 관계없이 모든 의뢰인들에게 문화적으로 적절한 서비스를 제공하는 기술 제시하기다 (Arredondo 등, 1996 ; Herlihy & Corey, 1996 ; Pack-Brown & Williams, 2000 ; Pedersen, 1987). 문화적 고의성은 윤리적 정신 건강 업무에 근본적인 행동을 도울 것을 명령한다. 전문적 협회들이 다문화적 맥락에서 윤리학에 관한 메시지를 전언하는 방식들은 정신 건강 직업과 그 직업의 (현재와 미래의) 전문가들의 업무를 지도하는 행동과 도덕 원칙의 규칙을 이해하는 데 중요하다.

다문화적 맥락에서 윤리학을 적용하는 것을 옹호하는 많은 사람들은 중요한 사건들을 통해 동일한 윤리적 딜레마에 접근하는 윤리적 사고가 네 가지 근본적인 방식으로 이루어지고 있다고 주장한다. 그 방식은 ⓐ 결과 ⓑ 지향성 ⓒ 상대적 의미 ⓓ 절대적인 의미다. 이런 사고 방식은 고전 윤리 이론에 가치를 부여하고 있으며 윤리적 결정이 모든 사람에게 하나의 문화 체계(예를 들면, 백인이며 유럽 출신의 미국인 중산층의 문화)를 적용하기보다 이루어지고 있는 맥락(즉, 다문화주의와 문화적 지향성)을 더 강조한다.

상담사와 심리사 그리고 사회복지사들은 본질적으로 다양하고 다문화적이 된다. 실제로 자아(self)와 정체성(identify) 그리고 세계관(worldview)이라는 의미는 우리의 개인적이고 집단적인 삶의 경로와 경험뿐 아니라 우리의 언어와 사회적인 성 그리고 민족적이고 인종적인 배경의 부산물이라는 것은 상식적인 지식이다. 따라서 전문가들과 예비 전문가들을 돕는 행동은 문화적 맥락에서 학습되며 드러나고 있다. 결과적으로 이런 전문가들은 자신의 문화적 경험을 훈련과 교육 환경뿐 아니라 개인적이고 전문적인 삶으로 끌어들이고 있다.

다양성과 다문화주의가 상담사와 심리사 그리고 사회복지사들의 교육자와 훈련가들이 생각하고, 타인들을 감지하고, 진단하고, 적절하게 돕는 방법론을 결정하고 그리고 다양하고 다문화적인 의뢰인들과 의사 소통하는 방법들 속으로 어떻게 끼워져 있는지는 중요하다. 만약 이들이 주의 깊고 지향적이며 그리고 적당하게 훈련받지 않았다면, 이들은 세계관과 자신의 문화 가치 체계에서 혹은 이들이 수용하고 있는 교육과 연수라는 문학적 예습으로부터 교육을 받을 것이다. 예를 들면, 전문적 모임에서 우리는 일부 경험 있는 동료들이 문화적 맥락에서부터 윤리학을 고려하는 필요성에 대해 의문을 제기하고 있다는 것을 들었다. '사람들은 사람들이다. 따라서 우리가 인간의 본질을 이해한다면, 우리는 윤리적으로 행동하기 위해 타인을 가장 잘 교육시키는 방법을 알 것이다'와 같은 언급들이 표현되어 있다. 윤리적 훈련과 사고에서 다문화주의와 다양성의 중요성을 주장하는 교육자들과 훈련사들은 윤리적 행동은 개인주의적인 인생 접근법에 의존하고 있다는 자신들의 믿음을 공유하고 있다. 예를 들면, 비밀 엄수에 관한 논의할 때, 사람들은 사생활의 중요성을 표현하고 이 가치를 모두에게 부여한다. 실제로 일부 문화가 집단적인 삶의 접근 방식을 높은 존경을 가지고 주장하고 개인 사생활에 가치를 덜 부여할 때, 어떤 경우에서 어느 정도까지 그런 행동을 시작하는 사람들은 이기적인 것으로 간주된다. Corey, Corey & Callanan(1993)은 다음과 같이 주장하고 있다.

윤리학은 개인이나 집단이 채택한 도덕적 원칙이며, 이것은 올바른 행동을 위한 규칙을 제공하는 것이 목적이다. 도덕은 광범위한 맥락이나 종교적 기준에 근거를 둔 행동에 대한 평가를 포함한다. 따라서 한 사회에서 도덕적이라고 평가된 행동은 문화적으로 다양화된 사회에서 상담사들과 의뢰인들의 도덕적 딜레마에 대한 정확하고 동일한 답이 될 수 없다(p.3).

윤리 강령은 해석을 요구하는 방식으로 규칙과 원칙을 겸비하고 있다. 다문화주의와 다양성이 우리의 삶에 영향을 주고 있기 때문에, (현재와 미래의) 상담사와 심리사 그리고 사회복지사를 훈련시키고 교육시키는 사람들은 다문화주의와 다양성이 자신이 소속한 전문직 협회의 윤리 강령에 특징적인 기준과 원칙을 해석하는 데 어떻게 영향을 주는지 이해하는 것이 중요하다. 하지만 문화와 문화적 능력 그리고 다양성과 관련된 기본적인 언어를 이해하는 것이 그 개념들과 훈련과 교육에 대한 개념의 영향을 이해하기 위한 임무에서 중요하다.

연습 문제 2.1은 다문화주의와 다양성이 윤리적 사고와 교육에 미치는 영향을 이해할 때 교육자와 훈련사 그리고 지도자들이 개인의 능력을 평가하는 데 도움을 주는 것으로 추천되고 있다. 목록을 철저히 연구하여 여러분의 성격이 교육자 혹은 훈련사로서 여러분이 누구인지, 어떻게 영향을 주는지에 관해 생각해보라. 그리고 이런 특징들이 여러분의 교수 훈련에 잠재적으로 어떻게 영향을 주는지에 관해서도 생각해보라.

1980년 이래, 많은 사람들이 다문화주의 사회와 다양한 사회를 위해 정신 건강 전문가를 준비시키는 것의 중요성을 문제시하고 연구하고 자세히 조사하였다. 학생들이 상담사와 심리사 그리고 사회복지사가 되도록 준비하는 것을 돕기 위해 많은 교과 과정이 개발되었고, 이들의 훈련을 향상시키고 문화적으로 민감한 사고와 행동을 개발하는 과정을 손쉽게 하고 있다. 어떤 경우에 문화적으로 유능한 전문 직업과 사고를 촉진하기 위한 교과 과정이 개발되었다. 불행하게도 학생들 그리고 궁극적으로는 전문 임상가들의 발전에 근거한 이런 훈련과 교육의 영향에 대한 평가는 거의 이루어지지 않고 있다.

[연습문제2.1]문화적으로 지향적이고 유능한 교육자들과 훈련사들
문화적으로 유능함을 갖춘 교육자들과 훈련사들은 문화적으로 지향적인 교육과 훈련, 특히 윤리적 판단과 관련한 것들을 촉진하는 데 필요한 구체적인 기술을 소유하고 있다. 슈와 슈(Sue and Sue)(1999)는 문화적으로 유능한 자격을 갖춘 상담사들을 위한 특징 목록을 개발했다. 이 목록은 교육자들(훈련사들)이 학생들(훈련생들) 사이에 윤리적 사고에 특징적인 문화적 지향성을 장려하는 사람들로서 그 효과성을 결정하는 데 도움을 주기 위해 수정되었다. 여러분 개인의 문화적 배경과 인생 경험 그리고 가치가 이런 평가에 대한 여러분의 반응을 지시할 것이라는 점을 주목하시오. 여러분은 학생들이 스스로 평가하는 데 도움을 주기 위해 이런 평가 도구를 사용하기로 결정할 수도 있다. [지시 사항] 다음을 근거로 스스로를 평가하시오. 평가 크기 1 = 아주 좋음, 2 = 좋음, 3 = 꽤(그만하면) 좋음(fairly well), 4 = 좋지 않음을 사용하시오. 각 번호 앞에 선 위에 여러분의 평가를 적으시오. 일단 여러분이 이 형식을 완성했다면, 일과 변화를 필요로 하는 기술을 표현한 영역에 동그라미를 하시오. 여러분의 강력하고 유용한 기술을 표현하는 영역을 강조하시오. [기 술] 문화적으로 지향적이며 능숙한 교육자이자 훈련사로서 나는 다음을 한다. _________ 1. 윤리적 사고와 이해를 촉진하기 위해 다양한 언어적이고 비언어적 돕는/가르치는 행위를 시작한다. _________ 2. 다양한 방법이나 접근 방식을 돕는/가르치는 것에 적용하고 나의 돕는/가르치는 스타일과 접근 방식이 문화적 영역임을 인정한다. _________ 3. 나의 돕는/가르치는 스타일이 윤리 강령을 해석하는 데 문화의 영향력에 대해 언제 제한적이고 적절하지 않을 가능성이 있는지 확인한다. _________ 4. 윤리 강령이 인종 차별 혹은 타인에 대한 편견과 같이 '주의(ism)'에서 유래한지 여부를 결정하기 위해 내가 돕고/가르치는 사람들을 돕는다.

_________ 5. 내가 돕는/가르치는 사람들이 윤리 강령을 연구하고 해석할 때 억압과 성 차별, 이성 차별, 엘리트주의, 인종 차별 그리고 다른 '주의'의 문제에 대한 민감성을 지속적으로 발전시킨다.

_________ 6. 적절할 때 전문직 협회 지도자(예를 들면, 다문화상담개발협회 등)와 같은 다문화적 전문가들과 자문하려고 한다.

_________ 7. 내가 소속된 전문직 협회가 주장하는 문화적 능력과 이런 능력이 어떻게 윤리적 사고와 의사 결정에 적용되는지 연수와 전문적 식견을 가지다.

_________ 8. 내가 속한 직업의 윤리 강령을 검토하고 해석하면서 선입관과 편견 그리고 차별적인 맥락을 줄이는 데 관심을 가지고 일을 한다.

_________ 9. 문화적, 개인적, 종교적 신념과 정체성 개발의 문제에서 나의 한계점이 도움을 요구하는 특징이나 상황을 인식한다.

_________ 10. 나 자신과 다른 배경으로부터의 교육가, 행정가 그리고 직원과 직업적 관계성을 발전시키고 다문화적 차이점과 유사성, 선호도 그리고 다문화적 맥락에서 윤리적 사고에 가능성 있는 여향과 관련한 대화를 지속한다.

다문화적 상담 : 상담의 제4의 힘

북아메리카 사회는 역사적으로 다양하고 다문화적일지라도, 그 사회는 현재 다문화와 다양성의 혼합이라는 관점에서 더 명백한 변화를 경험하고 있다. 사람들 사이의 차이점을 취급하는 도움을 제공할 때 상담사와 심리사 그리고 사회복지사를 교육하는 데 가장 도움이 되는 모델이 본질적으로 부족하다고 문헌은 주장하고 있다. 하지만 다양한 정도로 이런 돕는 직업은 서비스를 제공받는 사람들의 삶의 질을 향상시키는 데 필요한 구체적인 규칙과 가치 그리고 지침을 강조하는 자세를 취하고 있다. 과거 규칙과 가치 그리고 상담, 심리학과 사회 복지를 위한 지침은 하나의 문화적 전제로부터 다문화적인 전제로 이동하고 있다. 과거의 규칙과 가치 그리고 지침은 불협화음의 감소를 조장하고 차이를 강조하지 않고 있다. 새로운 규칙과 가치 그리고 지침은 유사성과 애매함에 대한 새로운 평가뿐 아니라 차이에 대한 평가를 장려하고 있다.

예를 들면, 상담 직업은 사람들 사이의 유사성과 차이점 모두의 가치와 인간 본성, 문제 해결 그리고 사고에 양쪽 요인들의 계속되는 영향을 인식하는 것에 관여하고 있다. 문헌의 많은 저자들은 다문화적인 관점에서부터 도움을 주는 것은 본래 하나의 힘이라고 주장한다. 일부는 다문화적인 상담을 '제4의 힘(fourth force)'으로 지칭한다(Ivey et al., 1997 ; Pack-Brown et al., 1998 ; Pedersen, 1998). 당드레아(D'Andrea)와 다니엘(Daniels) 그리고 헥(Heck)(1991)은 1990년대 상담사 교육에 대한 다문화적 상담의 영향이 1950년대와 1960년대에 의뢰인 중심적인 운동의 영향만큼 유력하고 포괄적일 것이라고 예측하였다(p.143).

페데르센(1998)은 다문화주의에 관해 우리의 지식을 구성하는 아홉 가지 문제점들과 타인을 돕는 직업에 대한 다문화주의의 영향을 검토하고 있다. 그는 다문화주의가 심리학에서 제4의 힘이라기보다 남을 돕는 직업의 '제4의 측면'으로서 더 잘 알려지고 있다고 주장한다. 그 차체로서 다문화적 특징은 인생 경험이 입체적이며 다문화주의가 이런 측면에서 중요한 역할을 수행하고 있다는 것을 이해하는 데 도움이 된다. 페데르센은 우리가 다음의 것을 알고 있다고 주장하고 있다.

1. 중대한 변화가 도움을 주는 직업에서 일어나고 있다. 그리고 전문가로서 우리는 변화의 본질에 대해서는 의견이 다르다.
2. 다문화주의는 대부분의 문화에서 실용적인 힘이 되고 있으며 동등한 세계적 관점에서 지속적으로 나타나고 있다.
3. 일부 전문가들은 압제[예를 들면, 역인종차별주의(reverse racism)]를 합리화하기 위해 다문화주의를 사용한다. 결과적으로 다문화주의는 좋지 않은 평판을 받고 있다.

4. 다문화주의를 제4의 힘으로 기술하는 것은 시기상조다. 하지만 다문화주의가 상담과 심리학 그리고 사회 복지에 강력한 영향을 주고 있음을 안다는 것은 아주 중요하다.
5. 북미에서 다문화주의는 삶에 대한 개인주의적 접근 방식에 근거를 두고 있다. 삶에 대한 집단주의적 접근 방식을 인식하고 이해하는 것 여기저기에 그 자체로 노력이 필요하다.
6. 집단에서 인종적이고 민족적인 차이점은 나이와 사회적인 성과 같은 문제 여기저기에 문화와 같이 작용한다.
7. 같은 인종, 같은 민족인 사람들 사이에 문화적인 유사성은 세대 간의 유사성을 훨씬 뛰어넘는다.
8. 다문화주의는 우리의 사고 처리 방식뿐 아니라 사고 방식의 내용을 바꾼다.
9. 문화가 우리 사고의 중앙에 위치하게 되면, 문화는 전통적인 이론의 의미심장함을 향상시킬 것이다. 우리의 사고 중심에 문화를 위치시키는 것의 실용적인 산물은 문화적인 도움이 제4의 힘(a fourth force)이라기보다 제4의 차원(a fourth dimension)으로 간주된다는 것이다.

다문화주의에 몰두하는 것과 관련된 혜택이 있다. 정규 교육과 연수(훈련) 프로그램은 상담사와 심리사 그리고 사회복지사에게 다문화주의와 봉사를 받는 사람들에게 더 효과적인 도움 서비스를 제공하는 것에 관한 그 영향을 다루는 구체적인 교과 과정을 가지각색으로 제공한다는 것이 하나의 혜택이다. 그뿐 아니라 다문화주의 훈련을 수용하는 것은 윤리적 행동으로 간주되는 것이며, 그런 교육과 훈련이 없다면 이런 연습은 그 자체로 비윤리적 행동이라고 비난받을 위험에 처한다. 또 다른 혜택은 현존하는 교과 과정이 도움을 주는 직업, 전문가들 그리고 서비스를 받는 사람들에 관한 다문화주의와 다양성의 현실을 계획적으로 다루기 시작하고 있다는 점이다. 하지만 다문화적 맥락에서 문화적 민감성과 지향성, 능력 그리고 궁극적으로 윤리적 사고를 촉진시키는 데 무엇이 효과적인지를 확인하기 위해 충분하지 못한 연구가 이루어지고 있다는 것이 딜레마다. 결과적으로 문화적으로 계획적이고 윤리적인 교육자와 훈련가, 전문직 임상가 그리고 연구자가 되기를 열망하는 사람들은 어떤 종류의 훈련이 다른 훈련보다 더 효과적인지 정확하게 알기 위해 노력하고 있다. 이런 노력은 다음과 같은 질문을 제기한다. ⓐ 어떤 절차와 어떤 내용이 윤리적 사고를 조장하는가? ⓑ 이런 절차와 내용은 다문화적 맥락에서 윤리학에 어떻게 적용되고 있는가?

ACA, APA, NASW : 1980년에서 현재까지

어떤 절차와 내용이 윤리적 사고를 조장하며 이런 절차와 내용이 다문화적 맥락에서 어떻게 윤리하에 적용되는가에 대한 적절한 대답을 결정하면서 사람들, 인간적이기 위한 욕망, 모든 사람을 동일한 것으로 볼 필요성 그리고 자민족중심주의에 대한 개인적 관심에 의해(즉, 무기력한 지점까지) 압도당하고 있는 것에 관한 경고가 조언되고 있다. 여러분이 확고한 다문화적이며 다양한 기반 위에 있을 때 사람들을 전체로서 쉽게 인식할 수 있음을 기억하는 것은 중요한다. 즉, 여러분은 전체 사람을 구성하는 차이점과 유사점을 편안하게 보는 것이다. 여러분이 이해하는 것처럼, 일부 사람들은 문화적이고 개인적으로 자신들과 함께 하는 차이점과 유사점을 여러분들이 보고 개인적으로 평가하기를 원하고 있다. 여러분은 차이점과 유사점 모두가 개인의 인생과 인생 경험에 가지고 오는 힘을 평가한다. 동시에 여러분은 차이점과 유사점이 인생에서 개인의 고통과 노력 그리고 장애물에 주는 기여를 인식하고 있다.

'가만히 멈춰 서서(Stand still)' 모든 사람을 보고 경험하라. 사람들의 차이점과 유사점을 보라. 차이점과 유사점이 어떻게 사람들에게 도움을 주고 사람들을 방해하는지 살펴보라. 도움을 주는 전문가로서 여러분에게 속한 이해력을 깨뜨려라. 여러분이 사람들의 유사성을 볼 때만 그들이 평가를 받을 수 있다고 말하고 믿는 이해력을 깨뜨려라. 문화적 배경과 인생 경험에서 생기는 차이점의 미와 가치를 인식하지 못하도록 막는 족쇄를 없애버려라. 모든 사람들을 동일한 것으로 보려는 여러분의 야망이 암(사회적인 병폐)이 되도록 해서는 안 된다.

미국상담학회와 미국심리학회, 미국사회복지사협회의 교육자, 훈련사, 연구자 그리고 학생들은 현재 다문화적 맥락에서 윤리적 사고를 향상시키기 위해 필요한 절차와 방법과 관련된 질문과 논쟁을 하고 있다. 그들이 하는 일의 핵심에는 차이점과 유사점이 사람들의 삶에서 어떻게 작용하는지를 보고, 사람들 속에 있는 차이점과 유사점과 관련된 개인의 이해와 억압을 깨뜨리면서 결과적으로 밀접한 관계성에 도움을 주고 그리고 그들 자신의 '암(cancer)'을 지속적으로 취급하고 있다. 이런 노력과 더불어 근본적인 신보에 영향을 주는 결과가 나타난다. 하나의 노력은 언어와 관련되어 있다. 전문직 협회의 구성원들은 그들이 말하는 것을 서술하기 위한 적절한 언어를 사용하려고 노력한다. 예를 들면, 문화와 문화적 능력 그리고 다문화적이라는 용어는 교육자, 임상의, 연구가들 사이에서 어려움을 나타내는 개념들이다. 전문가들 사이와 전문직 협회에서 용어에 대한 많은 정의가 존재한다는 점에서 그렇다.

우리는 문화를 전통적인 사상과 관련된 가치를 의미하며 행동의 소산물이라고 정의한다. 문화는 학습되고 공유되며 한 세대에서 다음 세대로 전달되는 것이다. 마지막으로 문화는 삶을 조직적으로 구성하고 생활 방식에 대한 해석을 장려한다. 토마스 파햄은 흔히 문화를 한 집단의 사람들이 채택한 삶에 대한 독특한 관례라고 지칭하고 있다. 예를 들면, 존경은 모든 문화에 공통적인 가치다. 하지만 존경을 보여주는 문화적인 관례들은 존재한다. 백인이며 유럽 출신의 미국인 중산 계급 사회에서 존경은 직접적으로 눈을 마주치는 것이라고 묘사되고 있다. 눈을 직접 마주친다는 것은 사람과 상호 작용할 동안 나이에 관계없이 그 사람의 눈을 직접적으로 바라보는 것이다. 라틴 아메리카 문화에서, 나이에 따른 존경은 간접적인 시선 맞추기를 통해 보여주고 있다. 나이가 더 든 사람에 대해 젊은 사람이 존경을 보여주는 방법은 사람과 상호 작용할 동안 간접적인 시선 맞추기를 하는 것이다.

문화적 능력(cultural competence)은 흔히 전문직 임상가들과 예비 임상가들에 대한 노력을 제시하고 있다. 문화적 능력의 실무적인 정의는 가장 광의적 맥락에서 효과적으로 초문화적인 서비스를 제공하는 능력이다. 크로스(Cross)(1988)에 따르면, 문화적 능력이란 일단의 일치하는 행동과 태도, 시스템 혹은 기관 안 혹은 초문화적인 상황에서 더 효과적으로 작용하기 위한 수단을 제공하는 전문가들 사이의 정책이다. 전문직 협회는 문화적 능력이라는 개념을 채택해서 다문화적이고 다양한 주민들과 함께 민감하고 적절한 일을 하기 위해 필요한 구체적인 능력을 인지였다. 다문화상담개발협회(AMCD : The Association for Multicultural Counseling and Development)는 다양한 주민들과 효과적인 일에 대한 지침을 제공하는 일단의 능력을 채택하였다. 다문화상담개발협회 능력에 포함된 요인들은 인식과 지식, 용어 정의 그리고 인종적 정체성 개발과 기술이다. 이런 요인에 동반되는 것은 전문가들이 자신의 일에서 문화적 능력을 드러낼 때 그들이 열망하는 구체적인 행동과 태도다.

역사적으로 다문화라는 용어는 인종이나 민족성에 따라 사람들 사이에 존재하는 차이점을 의미한다. 하지만 시간이 흐름에 따라 다문화에 대한 현대적 정의는 나이와 사회 경제적 실태, 성적 지향성, 사회학적 성, 인종 그리고 민족에 따른 개인들 사이에 존재하는 차이점이 되었다. 그래서 오늘날 많은 사람들은 다문화와 다양성을 동의어로 믿고 있다. 하지만 이 두 의미를 하나로 인식하는 것이 권할 만한지에 관해서는 정신건강 전문가들 사이에도 격렬한 논쟁이 있다. 과감하게 다문화는 인종과 민족을 의미하고 다양성은 사회적 성, 사회 경제적 실태, 성적 지향성 등과 같은 모든 다른 차이점을 의미한다고 주장하는 사람들이 많다. 언어에 대한 이런 논쟁에서 나타나는 중요한 문제점은 특정 용어가 사용될 때 의미하는 것에 대한 혼동이다. 전문직 협회가 다문화라는 용어를 사용할 때 사람들은 인종과 민족, 사회적 성 혹은 성적 지향성을 말하는가? 전문직 협회가 다양성이라는 용어를 사용할 때 사람들은 인종과 민족보다는 사람들의 차이점에 대해서 말하는가? 이런 혼란은 정확한 의사 소통과 사고에 영향을 준다. 예를 들면, 다문화라는 용어가 사용된 윤리 강령을 읽거나 해석할 때 그 강령은 인종과 민족을 언급하는가? 혹은 인종과 민족, 사회적 성, 사회 경제적 지위, 성적 지향성, 나이 등과 같은 모든 차이점을 언급하는가?

1980년대에 벌써 전문직 협회들은 언어와 개념 그리고 이에 따른 윤리적 행동에 대한 적용을 해결하려고 노력하기 시작했다. 미국상담학회와 미국심리학회 그리고 미국사회복지사협회는 문화적 관점에서 윤리적 기준과 문제들을 취급할 필요성을 인식하였다. 실제로, 초문화적인 연수를 위한 기준의 밑그림을 그리는 데 주의를 기울이기 위한 위원회와 분과위원회가 구성되었다. 많은 전문직 협회들은 개정된 기준을 인정하고 그들의 전문지에 이를 출판하였다. 다음에서 미국상담학회와 미국심리학회 그리고 미국사회복지사협회의 윤리 강령에 관하여 다문화적 맥락에서 윤리학과 관련되어 통용되는 문헌을 검토하고 있다. 두 가지 질문이 이런 검토를 위한 동기 부여를 하고 있다. 첫째 질문은 미국상담학회와 미국심리학회 그리고 미국사회복지사협회 윤리 강령이 단일 문화적인(monocultural) 관점에서 주로 만들어졌는가(예를 들면, 유럽 중심적인 세계관) 하는 것이다. 둘째 질문은 상담사와 심리사 그리고 사회복지사는 자신이 속한 전문직 협회의 윤리 강령을 문화적으로 적절하게 해석하고 있으며 그에 따라 문화적 맥락에서 유능하게 실천하고 있는가다. 직업적 행동, 의무 면제 그리고 도덕적 딜레마의 해결에 대한 구체적인 지침이 제시될 것이다.

미국상담학회 윤리 강령

1995년의 미국상담학회 『윤리 강령과 실천 기준』 서문은 상담사가 초문화적인 접근 방식을 채택하는 것을 명확하게 서술하고 있다. 차별 금지 그리고 다문화적 능력과 관련된 구체적인 기준은 윤리 강령을 통해 잘 엮여 있다. 흥미롭게도 미국상담학회 윤리 강령의 1995년판에 앞서 많은 다문화 전문가들은 그 강령이 다문화적 맥락에서 윤리학을 다루기에는 적절하지 않기 때문에 진지한 수정의 필요하다고 깨달았다. 하지만 많은 사람들은 수정 과정의 시작이 1995년 개정판으로 시작되었다고 믿고 있다. 이 과정은 서문으로 시작되었고 더 구체적인 진술을 포함하고 있다. 구체적인 진술은 ⓐ 윤리 실천의 통합적 일부분으로 다문화주의와 다양성에 대한 미국상담학회의 참여와 ⓑ 다양성과 다원주의가 사회적 현실임을 미국상담학회가 인정하는 것이다. 오늘날 많은 저자들은 미국상담학회의 1995년 윤리 강령을 읽고 해석하고 그 강령을 가르치면서, 궁극적으로 다문화적 맥락에서 윤리 개념과 행동에 결실을 내도록 요구되는 적절한 기술을 적용하는 것을 결정하는 사람들의 참여 혹은 능력에 의문을 제기하고 있다.

많은 상담 전문가들과 상담 학생들은 윤리 강령이 파악되는 다양한 많은 방식에 대한 애매함과 관심을 보여주고 있다. 예를 들면, 지난 10년 이상 동안 미국상담학회 윤리 강령을 검토하고 해석하는 과정에 관여한 상담 학생들의 공통적인 목소리는 "윤리 강령에 관해 생각하고 해석할 때 수업 시간에 너무 많은 사람이 너무 다양한 방식으로 반응하기 때문에, 미국상담학회 윤리 강령을 검토하는 것은 중요했다"고 말했다. 학생들은 이런 교육적 노력에 대한 자신들의 인정을 공유하고 있기 때문에, 많은 사람들은 학생들이 ⓐ 미국상담학회 『윤리 강령과 실천 기준』의 '액면 가치'를 넘어서는 볼 수 없었고/없었거나 ⓑ '실제 상황'에 윤리 강령을 적용시키는 어려움을 가지고 있었음을 털어놓았다. 즉, 전문적 사고를 통제하는 데 미국상담학회 『윤리 강령과 실천 기준』을 사용하는 것이 중요한 도구라고 많은 사람들은 믿고 있을지라도, 그들이 윤리 강령을 검토하고 해석할 때 그들은 개인의 문화적 배경과 경험으로부터 (의식적이든 무의식적이든) 나오는 개인적인 해석을 통해 흔히 그렇게 한다.

미국상담학회(1995) 『윤리 강령과 실천 기준』의 8개 주요 항 중 7개 항에 직접적으로 취급하고 있는 것이 다문화적 요소와 다양성의 요소다.

A항	상담 관계
A.2항	다양성 존중하기
A.2.a항	차별 금지
A.2.b항	차이점 존중하기
A.5항	개인적 필요와 가치
A.5.b항	개인적 가치
A.6항	이중 관계
A.6.a항	가능할 때 피하라
B항	비밀 준수
B.1항	사생활에 대한 권리
C항	전문적 책임
C.2항	전문적 능력
C.2.a항	능력의 범위
C.2.f항	계속 교육
D항	다른 전문직과의 관계
D.1항	고용주와 고용인의 관계
D.1.g항	전문적인 업무
D.1.i항	차별
E항	평가와 판단 그리고 해석
E.2항	테스트를 이용하고 해석 능력
E.2.a항	능력의 한계
E.3항	정보를 제공받은 동의
E.3.a항	의뢰인에게 설명
E.5항	정신질환의 적절한 진단
E.5.b항	문화적 민감성
E.6항	테스트 선택
E.6.b항	문화적으로 다양한 주민들
E.8항	테스트에서의 다양성
F항	교수와 훈련 그리고 슈퍼비전
F.1항	상담 교육자와 훈련사

F.1.a항	교사와 전문 개업의로서 교육자
F.2항	상담 교육과 훈련 프로그램
F.2.i항	프로그램의 다양성
G항	연구와 출판
G.1항	연구 책임
G.1.a항	인간 실험 대상자 사용
G.1.f항	다양성

미국심리학회 윤리 강령

1980년대 동안, 미국심리학회는 상담심리사들이 제공한 문화적으로 적절한 서비스를 위한 준비 부족에 대해 깊은 관심을 경험하였다. 이런 관심을 다루기 위해, 미국심리학회의 교육훈련 부문위원회 17명(the Education and Training Committee of Division 17)은 1980년 9월 상담심리학회 상담심리학실행위원회 부문(Division of Counseling Psychology Executive Committee)에 정책방침서(position paper)를 제출했는데 그 제목은 '초문화적인 상담 능력(Cross-Cultural Counseling Competencies)'이었다. 그 문서는 1982년 심리학회 공식 전문지인 『상담심리사(*The Counseling Psychologist*)』에 출판될 정도로 잘 수용되었다. 이 출판은 초문화적인 상담 능력에 대한 이론적 근거를 제공하였고 신념/태도, 지식 그리고 기능이라는 작은 표제 아래에서 문화적으로 능숙한 기능을 가진 상담심리사의 특징을 기술하였다. 그 논문 이후 구체적인 미국심리학회 소집단들은 상담심리사들이 제공하는 문화적으로 지향적이며 윤리적인 일의 질을 향상시키고 장려하기 위해 수년 동안 일했다.

다문화적 요소와 다양성의 요소는 미국심리학회 모임인 대의원회가 1992년 8월에 채택한 미국심리학회의 『심리사의 윤리 원칙과 행위 강령』 속에 심리사들을 위해 제안된 여섯 가지 일반 원칙 중 네 가지 원칙에 직접적으로 취급되어 있다.

원칙 A　능력(competence)
원칙 B　정직(integrity)
원칙 C　전문적이고 과학적인 책임
원칙 D　사람들의 권리와 존엄성에 대한 존경

다문화적 요소와 다양성 요소는 1992년의 윤리 강령에서 심리사들을 위해 제안된 여덟 가지 윤리 기준 중 네 가지 기준에 직접적으로 취급되어 있다.

1.0　보편적 기준
1.04　능력의 범위(1.04a항 포함)
1.08　인간의 차이점
1.09　다인 존경하기
1.10　차별 금지
1.11　성희롱(11.11.1항과 11.11.b항 포함)
1.12　다른 괴롭힘
1.13　개인적 문제와 갈등(1.13.a항, 1.13.b항, 1.13.c항 포함)
1.15　심리사의 영향력 오용
1.17　복잡한 관계
1.18　(환자 혹은 의뢰인과) 교환하기
2.0　평가와 판단 혹은 간섭
2.04　전반적 주민 그리고 구체적 주민과 함께 판단 사용 (2.04c항 포함)
2.05　판단 결과 해석하기
3.0　판단 결과 설명하기
4.0　치료
4.05　현재의 환자나 의뢰인과의 성적인 친밀함

7.0 토론 활동(forensic activities)
7.01 전문직주의

다문화적 요소와 다양성의 요소는 미국심리학회의의 『심리사의 윤리 원칙과 행위 강령』 2002년판에 다섯 가지 일반 원칙 중 두 가지 원칙에 직접적으로 취급되어 있다.

원칙 D 정의
원칙 E 사람들의 권리와 존엄성에 대한 존경

다문화적 요소와 다양성 요소는 심리사들이 제안한 열 가지 윤리 기준 중 세 가지에 명확하게 취급되어 있다.

2.0 능력
2.01 능력의 범위(2.01.b)
3.0 인간 관계
3.01 부당한 차별
3.02 성희롱
3.03 다른 괴롭힘
9.0 판단
9.02 판단의 개발과 사용(9.02.b, 9.02.c, 9.02.d, 9.02.e)
9.06 판단 결과 해석하기

미국사회복지사협회 윤리 강령

미국사회복지사협회 『윤리 강령(*Code of Ethics*)』은 1996년에 미국사회복지사협회 대의원회에서 승인되었고 1999년에 미국사회복지사협회 대의원회에서 개정되었다. 전문은 사회복지사들의 근본적인 사명이 인간의 복지를 증진시키고 모든 사람들의 기본적인 인간적 필요를 충족시키는 것을 돕는 것이라고 명료하게 진술하고 있다. 특히 상처입기 쉽거나 압제당하거나 가난하게 살고 있는 사람들의 필요와 능력을 부여하는 데 중심을 두고 있다. 사회복지사들은 의뢰인의 차이점과 유사점에 관계없이 모는 의뢰인의 이익 측면에서 사회 정의와 사회 변화를 향상시킬 책임을 부여받고 있다. 더 중요한 것은, 그 전문은 명확하게 다양성과 다문화주의에 관한 지침을 분명히 말하고 있다. 사회복지사들은 문화적이고 인종적 다양성에 민감하다는 점에서 그러하다. 게다가 그들은 차별과 가난 그리고 우리의 사회적 불의의 다른 형태를 끝내려고 노력하고 있다. 이런 가치들은 미국사회복지사협회 기준을 통해 잘 엮여 있다.

미국사회복지사협회(1996)는 여섯 가지 원칙과 사회복지사를 위한 동반 가치들을 제공하고 있다. 그 원칙들을 따라 바로 여섯 가지 윤리 기준과 동반되는 작은 제목이 존재한다. 여섯 가지 미국사회복지사협회의 원칙 중 두 가지 원칙이 다문화적 요소와 다양성 요소를 포함하고 있다.

- 사회복지사들은 사회적 불의에 도전한다(사람의 존엄성과 가치를 귀중하게 생각한다).
- 사회복지사들은 사람의 이익과 위엄 그리고 가치를 존중한다(인간 관계의 중요성에 가치를 둔다).

여섯 가지 윤리 기준 중 네 가지가 직접적으로 다문화주의 요인과 다양한 요인을 직접적으로 취급하고 있다.

1.0 의뢰인에 대한 사회복지사들의 윤리적 책임
1.03 정보를 제공받은 승낙(1.03.b항 포함)
1.05 문화적 능력과 사회적 다양성(1.05.a, 1.05.b, 1.05.c항 포함)

1.06 권익 갈등(1.06.c항 포함)
1.09 성적인 관계(1.09.1, 1.09.b, 1.09.c항 포함)
1.10 신체적 접촉
1.11 성희롱
1.15 서비스 중단
2.0 동료에 대한 사회복지사의 윤리적 책임
2.01 존경(2.01.b항 포함)
2.03 학제적인 공동 연구(2.03.a항 포함)
2.08 성희롱
4.0 전문가로서 사회복지사의 윤리적 책임
4.02 차별
6.0 더 넓은 사회에 대한 사회복지사의 책임
6.01 사회 복지
6.04 사회적 행위와 정치적 행위(6.04a, 6.04b, 6.04c, 6.04d항 포함)

미국상담학회와 미국심리학회 그리고 미국사회복지사협회의 전문을 검토해보면서, 각 전문직 협회는 회원들이 윤리적인 방식으로 행동할 때 문화의 중요성을 언급하고 이를 인식하고 있다는 점은 명백하다. 각 협회의 전문은 회원들이 윤리적 결정을 하고 윤리적 행위에 관여할 때 존중해야 되는 강령과 원칙 그리고 가치를 구체적으로 설명하고 있다. 하지만 각 협회는 강령의 특정 항에서만 문화의 중요성과 함축된 의미에 관한 정보를 직접적으로 설명하는 것처럼 보인다. 이것은 구체화되지 않은 영역에 문화를 포함시키고 그에 따른 해석을 그 강령을 읽는 독자들에게 맡기는 것이다. 그런 현실은 위험하며 거기에서 전문가들과 예비 전문가들은 교육과 훈련 그리고 서비스 제공과 연구 설계, 이행 그리고 해석과 같은 분야에서 문화의 중요성에 대한 다양한 입장을 견지하고 있다. 더 중요한 것은 이런 현실이 위험한데, 왜냐하면 인구학 연구는 2030년까지 소수 민족 출신들이 북미 주민의 대다수를 차지할 것이라고 보고 있기 때문이다. 이런 과제가 주어졌기 때문에 상담사와 심리사 그리고 사회복지사는 자신과 문화적으로 다르거나 성적 선택, 교육적 훈련과 슈퍼비전, 심리적이고 감정적인 성숙, 정신과 같은 개인의 삶에 영향을 주는 차이점과 관계하는 의뢰인들과 환자들을 상담하거나 그들에게 도움을 제공하는 입장에 있게 될 것이라는 점은 가능성이 높다.

중대한 사건

톰프슨(Thompson) 박사는 독신이며 20대 후반의 아프리카계 미국 남성 심리사다. 그는 동부에 있는 백인들의 작은 대학 공동체에서 전문적인 업무를 보고 있다. 이 공동체에 있는 비교적 몇 명 되지 않는 아프리카계 미국인 대부분은 서로 알고 있고, 같은 교회에 다니면서 서로 교제한다(연습 문제 2.2 참고하라).

[연습 문제2.2]중대한 사건
중대한 사건을 읽은 뒤, 여러분의 전문직 협회의 윤리 강령 관점에서 다음의 질문에 답을 하시오. 1. 어떤 윤리적 원칙과 윤리 지침 혹은 윤리 기준이 이 중대한 사건에 적용되는가? 2. 윤리적 관점에서 가능성 있는 다문화적인 고려 사항과 다양성의 고려 사항은 무엇인가? 3. 질문 1에서 지적되고 있는 윤리 원칙과 윤리 지침 혹은 윤리 기준이 오해할 수 있는 가능성이 있는 관점은 무엇인가?

핵심 요점

본 장에서는 다음의 세 가지 관련 주제에 초점을 맞추면서 다문화적 맥락에서 윤리학 문헌에 대한 간략한 검토를 제공하였다. 세 가지 관련 주제는 ⓐ 도덕과 윤리 강령에 대한 다양한 방향 설정 ⓑ 역사적 관점 ⓒ 선택된 전문 직업의 업무와 연구에 관련된 다문화적 방향 설정의 교차점에 관한 연구와 저술이다. 다문화적 맥락에서 윤리학과 관련된 문헌 검토와 관련된 핵심 요점은 다음과 같은 것을 포함하고 있다.

- 문화적으로 유능한 상담사와 심리사 그리고 사회복지사는 문화적 경험과 가치가 인간 행동을 떠받치고 있다는 것을 이해하고 인정한다.
- 문화적으로 유능한 상담사와 심리사 그리고 사회복지사는 인간 행동이 문화적 맥락에서 드러난다고 인식하고 인정한다.
- 문화적으로 유능한 상담사와 심리사 그리고 사회복지사는 인간의 다양한 차원과 그에 따른 역할을 이해한다. 그리고 다양한 인간의 측면은 인지적, 정서적, 신체적, 정신적 행동에서 역할한다.
- 상담사와 심리사 그리고 사회복지사는 다문화 윤리학이 철학자들과 철학적 윤리학의 집단 연구라는 역사적 맥락에 기반을 둔 확고한 지식 기반을 요구하고 있다는 것을 이해하고 인정해야만 한다.
- 4대 중요 윤리학학파는 역사적 맥락에서 다문화적 윤리학의 위치를 설정했다. 4대 중요 윤리학학파는 절대주의, 상대주의, 지향주의, 결과주의다.
- 상담과 심리학 그리고 사회 복지에서 교육자와 훈련사, 지도자는 다문화적 맥락에서 윤리학에 대한 인식에 정확하게 기여하고 이를 장려하기 위해 문화적으로 능력이 있어야만 한다.
- 점점 증가하고 있는 많은 상담사와 심리사 그리고 사회복지사는 다문화적 관점에서 돕는 것이 도움을 제공하는 직업에서는 중요한 힘이라고 주장하고 있다.
- 확실한 다문화적 기반과 다양성의 기반에서 일하는 상담사와 심

리사 그리고 사회복지사는 사람들의 전체로서 개방적으로 인식하고 인간의 차이점과 유사점 모두에 대해 편안해 한다.

- 언어(예를 들면, 다문화와 다양성)와 내재하는 의미 그리고 윤리적 행동에 이것을 적용하는 것은 역사적으로 상담사와 심리사 그리고 사회복지사에게 도전되었고 계속 도전되고 있다.
- 미국상담학회와 미국심리학회 그리고 미국사회복지사협회의 윤리 강령이 다문화적 요소와 다양성의 요소를 직접적으로 취급하고 있을지라도, 윤리 강령이 지각되고 있는 다양한 많은 방식에 대한 애매함과 걱정은 하나의 중요한 요소였고 계속 그렇게 되고 있다.

[제3장]
윤리 강령 : 다문화적 탐구와 함의

문화적으로 능숙한 상담사들은
인종과 문화, 민족 등이 어떻게 개성 형성과
직업 선택, 심리학적 장애 표시, 도움 추구 행동
그리고 상담 접근 방법의 적절함이나 부적절함에
영향을 주고 있는지를 이해한다.
— 아레돈도(Arredondo) 등(1996, p.21)

다문화적 맥락에서 윤리학의 개념과 관련된 비판적 질문은 이것이다. 즉, 이 질문은 문화적 맥락과 이에 따른 함의에 관하여 완전히 연구되지 않은 ACA와 APA 그리고 NASW의 윤리 강령에는 중요한 항들을 확인할 수 있는 영역들이 존재하는가다. 이 질문에 대한 대답으로, 일부 다문화 전문가들은 전문 직업들(상담사와 심리사, 사회복지사)이 문화적으로 다양한 의뢰인들과 함께 일하면서 비윤리적이고 해로운 작업을 사용함으로써 문화적 중압감에 관여하고 있다고 비난했다(Ibrahim & Arredondo, 1986 ; Sue, 1995). 과거에 전문적 조직들은 범위가 다문화적인 윤리적 지침을 채택하는 것과 관련된 일에는 소홀했었다. 다문화주의 옹호자들은 그런 기준을 빠뜨리거나 문화적 자각을 실제적 업무로 해석하지 못하는 것은 용서할 수 없는 것이며 낮은 우선 순위와 문화적 다양성에 참여가 부족하다는 강력한 진술을 기술하고 있다는 것을 믿는다(Casas,

1984 ; Ibrahim & Arredondo, 1986). 일부 다문화 전문가들은 주요 전문직 협회 중 어느 곳도 충분한 초문화적인 일을 정의하는 데 도움이 되는 기준을 개발하거나 수용하지 못했다고 주장한다. 대신, 이들 전문가(specialist)들이 주장하는 것은 전문직들과 전문직 예비자들에게는 자신들이 가지고 있는 것을 초과하는 전문적 자격을 요청하는 것을 경계시키고 자신의 능력 한계를 인정하는 전문직 윤리 강령만이 남겨져 있다는 것이다. 아직 일부 사람들은 ⓐ 그들의 개인적 문화가 그들의 직업 철학과 행동에 어떻게 영향을 주는지 검토하고 ⓑ 그들의 일상 생활에 젖어든 문화적 선동들을 학생들이 더 많이 배우도록 강조할 필요가 있다고 주장한다.

본 장에서는 다문화적 맥락과 이에 따른 함의에 관해서 미국상담학회와 미국심리학회 그리고 미국사회복지사협회의 윤리 강령에서 충분히 연구되지 않은 분야에 기여하게 되는 세 가지 요인들에 관하여 논의할 것이다. 첫째 요인은 문화적 능력이다. 둘째 요인은 문화적 편견이다. 셋째 요인은 세계관 분석이다. 각 요인은 미국상담학회와 미국심리학회 그리고 미국사회복지사협회 회원들의 윤리적 책임을 정의하는 원칙을 제공하기 위해 독립적으로 제시될 것이다. 이번 장은 독자가 다문화적인 함의에 특징적인 그(녀)의 윤리 강령을 연구하는 것을 돕기 위해 의도된 하나의 중대 사건으로 결론을 맺고 있다.

문화적 능력

대부분의 문헌은 문화가 사람들의 삶을 통제하고 현신의 모습을 규정짓는다는 것에 동의한다. 동시에 사람들은 문화가 자신의 삶이나 타인들의 삶에서 갖는 역할을 알거나 알지 못하고 있다는 것에도 많은 문헌은 의견 일치를 보이고 있다. 그래서 삶과 현실에 대한 문화의 영향을 알고 이해하는 사람의 수준이 있기 때문에 상담사와 심리사 그리고 사회복지사는 문화의 깊은 영향을 인식하거나 인식하지 않을 수 있다. 전문가와 예비 전문가 그리고 전문직 협회가 자신이 봉사하는 사람들의 최고 이익을 위해 진심으로 일하기 원한다면 그들은 문화에 관한 지식이나 이를 인식하는 것 없이 그렇게 할 수 없다는 것이 하나의 결론이다. 또 다른 결론은 전문가와 예비 전문가 그리고 전문직 협회가 자신이 봉사하는 사람들의 최고 이익을 위해 행동하려고 노력하기 때문에, 그들은 문화적으로 의도된 돕는 서비스, 가치 그리고 지침을 시작하려고 노력한다는 것이다. 즉, 그들은 어떤 돕는 행위와 지침이 봉사하는 사람들에게 적절한지 결정하기 때문에, 그들은 우발적인 방식보다는 목적에 부합하는 방식으로 행동하고 예측할 수 있기 위해 노력할 것이다.

그것이 교육적이고 연수 업무든 슈퍼비전 모델이거나 연구 계획이거나 윤리 강령 개발이든 간에, 계획적으로 돕는 전문가나 예비 전문가 그리고 전문직 협회는 효과적인 서비스 제공을 위해 많은 실현 가능한 수단을 가지고 있다. Ivey, Pedersen & Ivey(2001)은 의도적으로 돕는 행동을 융통성 있고 창조적이며 지속적으로 감시하는 것이자 개인과 집단과 가족에게 효과적인 기술과 전략이라는 목록을 지속적으로 세우는 것으로 정의했다. 지향성(intentionality)은 문화적 맥락까지 확대될 수 있으며, 그 결과 문화적 지향성은 다문화적이고 다양한 배경을 가진 다양한 종류의 사람들과 함께 일하는 전문가와 예비 전문가 그리고 전문직 협회의 능력이 된다. 하지만 문화적 지향성은 단일 문화적인 토대보다는 다문화적 토대에 기초를 두고 있다는 점이 결정적으로 중요하다.

합목적적 의사 결정 : 문화적 지향성과 문화적 능력 고양하기

우연적인 입장보다는 합목적적인 입장에서 상담하거나 도움을 준다는 것은 도움을 주는 직업이 자신의 결정을 하기 위해 도움을 받는 사람들을 단지 도와주기보다는 도움을 받는 사람들을 위해 혹은 그들과 함께 결정하는 일에 중점을 두어야 함을 요구하고 있다. 합목적적인 접근 방식으로 일하는 조력자(helper)는 효과적이고 문화적으로 적절하게 문제 해결을 도우려고 노력한다. 문제 해결을 처리할 동안 그 조력자는 ⓐ 의뢰인을 대상으로 일하고 있을 동안과 ⓑ 도움을 주는 영역 외부로부터 수집되고 의뢰인으로부터 직접 획득한 자료를 보충하도록 요구된 체계적인 정보에 근거를 두고 훌륭한 결정을 하려고 노력한다.

페데르센(Pedersen)과 헤르난데츠(Hernandez)(1997)는 합목적적인 의사 결정을 결정적인 면담이라고 지칭하면서 효과적이고 결정력 있는 면담을 장려하기 위해 다음과 같이 네 가지 지침을 제공하고 있다.

1. 결정적인 면담은 해결이나 필요한 결정이 필요한 문제와 더불어 시작된다.
2. 문제 혹은 결정과 관련된 자료가 수집되었다.
3. 유망한 대안적인 해결책이나 결정이 확인되고 우선 순위에서 좁혀진다.
4. 최상의 우선 순위가 되는 것으로 결정된 해결책이나 결정은 실제 상황에서 이행된다.

합목적적인 도움을 시작할 때 문화적 폐쇄성(cultural encapsulation)을 조심하라는 주의를 충고 받는다. "우리는 모두 인간이다" 그리고 "나는 차이점을 보지 않고 단지 그 사람만 본다"는 말은 삶에 대해 매우 긍정적이고 조심스럽게 도움을 주는 논평이자 접근 방식이라고 흔히 생각될지라도, 이 말은 그것을 말하는 사람이 자아 준거적 기준(self-referenced criterion)으로 일하고 있음을 암시하고 있다. 자아 준거적 기준을 가지고 일한다는 것은 문화적 보호다. 문화적으로 유능한 상담사와 심리사 그리고 사회복지사는 사람들에게 명백한 차이점과 유사점 모두 인정한다. 그들은 타인들도 자신들과 같으며 따라서 동일한 기준에 의해 판단할 수 있다는 가정을 하는 것은 쓸모없으며 비윤리적인 행동임을 알고 있다.

페데르센과 헤르멘데츠(1997)는 ⓐ 문화적 맥락에서 결정적인 면담에 적절히 관여하고 ⓑ 의뢰인의 문화적 맥락에 대한 조력자의 이해를 향상시키기 위해 필요한 인식과 지식 그리고 기술을 증대시키기 위한 지침을 제시하고 있다. 그것에 의해서 조력자의 윤리적 의사 결정이 용이하게 된다. 상담사와 심리사, 사회복지사는 다음의 특징을 증대하도록 권장받고 있다.

1. 개인이 문화적으로 학습하고 기초가 되는 일반적으로 검토되지 않은 가정에 대한 다문화적인 자각
2. 문화적 지식과 정보, 무엇보다도 의뢰인의 문화적 맥락에 대한 정확한 이해와 의뢰인에 대해 그 맥락이 갖는 의미에 대한 이해
3. 정확한 시점에 정확한 방식으로 적절한 변화를 위한 기술

전문직 협회들은 윤리 강령과 윤리 기준 그리고 윤리 원칙을 재검토하거나 개정하는 사람들의 의식을 증대할 것을 요구받고 있다. 결국 이런 사람들은 더 확대된 사회의 다문화적 및 다양성의 현실과 그 윤리 강령이 어떻게 기록되었는지에 대한

함축적 의미를 인식하고 존중하기 때문이다. 게다가 전문가들과 예비 전문가들은 (신체적, 심리적, 정서적으로) 더 열심히 일할 것을 요구받고 있다. 이들은 다문화주의와 다양성의 가치와 재능을 인식하고 이해하며 존중하는 방식으로 전문직 협회의 윤리 기준과 원칙을 가장 잘 적용하는 방법에 대한 자신의 의식을 증대하기 위해 그렇게 요구받고 있다. 윤리적으로 고려할 사항에 대한 틀이 문화적 능력을 요구하고 있다.

문화적 편견에 의한 가정

정신 건강에서 문화적인 폐쇄성은 오래 전부터 고려되었다. 미국자문정신건강학회(the National Advisory Mental Health Council : NAMHC)의 기초행동과학특별전문위원회(the Basic Behavioral Science Task Force)는 정신 건강 서비스를 통해 문화적 폐쇄성의 다섯 가지 위험한 범위를 다음과 같이 요약하고 있다.

1. 인류학적이고 초문화적인 연구에 따르면, 정신병의 진단과 치료는 문화적 신념에 의해 영향을 받고 있다.
2. 문화는 그 세계에 의미를 제공하며, 정신병을 진단할 때 그 의미는 문화들을 통해서 다르다.
3. 연구는 개인들이 증상을 표현하는 방식에서 차이점은 개인의 문화적 맥락에 의해 영향을 받는다는 개념을 지지한다.
4. 문화에 근거한 진단은 다수 문화에 특징인 진단 영역에 따라 다양하다.
5. 의뢰인에 대한 제공자의 문화적 윤곽은 제공자는 널리 퍼져 있는 다수 문화의 회원이며 의뢰인은 널리 퍼져 있는 소수 문화의 회원이라는 점이다.

미국자문정신건강학회 보고서에 따르면, 정신 건강 공급자들의 기준이 정신 건강 서비스의 기준이 되는 업무인 것처럼 이들은 안주되어 있다. 이런 현실이 주어져 있기 때문에 보호된 제공자들의 서비스가 서로 다른 문화적 배경으로부터의 의뢰인들의 이익을 위해 어떻게 사용될 수 있는지 하는 문제는 중요한 것이 된다.

문화적으로 유능한 전문가들과 직업은 그들과 다른 사람들에 관해 필요한 지식을 가지고 있다. 비판적으로 중요한 차이라는 분야는 주제적인 문화 가치와 관련된다. 문화적으로 유능한 전문가들과 그들의 전문직 협회들은 개인적이고 집단적인 문화적 가치를 알고 있다. 그들은 이런 가치들이 어떻게 인간 행동과 문제 해결, 의사 결정 그리고 삶에 대한 전반적인 해석에 관한 그들의 가정에 어떻게 영향을 주는지 알고 있다. 문화적으로 유능한 전문가들과 전문직 협회가 그들의 문화적 능력을 보여주는 한 가지 방식은 그들의 주제를 형성하는 개인적 가치와 전문가의 문화적 가치가 그들이 봉사하는 사람들의 주제적 문화 가치와 어떻게 상호 작용하는지에 대한 문화적으로 정확하고 적절한 이해를 통한 것이다. 다음은 이런 인식과 지식을 촉진하기 위한 일련의 질문들이다.

1. 나의 주요한 개인적 문화적 가치는 무엇인가?
2. 내가 속한 전문직 협회의 주제를 형성하는 문화적 가치는 무엇인가?
3. 나의 주제를 형성하는 개인적이고 문화적 가치와 내가 봉사하는 사람들의 가치 사이의 불일치 때문에 내가 비윤리적 행동을 조성하거나 촉진하고 있는 것이 가능한가?
4. 협회의 주제를 형성하는 문화적 가치와 협회 회원이 봉사하는 사람들의 주제를 형성하는 문화적 가치 사이의 불일치 때문에

협회가 비윤리적인 행동을 조성하거나 촉진하고 있는 것이 가능한가?

5. 상담사와 심리사 혹은 사회복지사로서, 나는 내가 속한 전문직 협회의 '지침과 가치'에 일치되게 행동하여 스스로를 보호하면서 내가 봉사하는 사람들의 잠재적 능력을 제한하는 데 기여하는 원인이 되고 있는 것을 걱정해야만 하는가?
6. 나 자신을 보호하면서, 내가 전문직 협회와 우리가 봉사하는 다문화적이고 다양한 주민들이 신봉하는 가치에서 문화적인 불일치를 인지할 때, 나의 협회와 내가 봉사하는 사람들에 대한 나의 윤리적 책임은 무엇인가?

범위에서 다문화적인 지침과 가치를 채택하고 다문화적인 인식을 전문적인 업무의 실천으로 정확하게 바꿀 수 있는 것은 문화적으로 적절한 훈련과 경험 그리고 연구로부터 나오는 기술을 요한다. 다문화적 맥락에서 윤리적 사고를 촉진하는 데 요구되는 하나의 기술은 직업적인 윤리 강령뿐 아니라 그 강령을 해석하는 사람 속에 내재된 기본적인 가정을 확인하는 것이다. 「상담에서 문화적인 편견의 열 가지 가정(Ten Frequent Assumptions of Cultural Bias in Counseling)」이라는 논문에서, 페데르센(1987)은 정신 건강 제공자들이 배우게 되고 그리고 배울 수 없는 상담에서 문화적 편견의 구체적인 가정을 확인하고 있다. 페데르센은 전통 사회의 구성원으로 태어나지 않은, 즉 유럽 출신의 미국 사회 출신이 아닌 사람에 대한 습관적인 인정을 제거하고 이들에 대한 전통적인 돕는 접근 방식과 생각하기를 사용할 것을 요구하고 있다. 문화적으로 편견을 가진 가정의 힘에 관해 논의하면서, 페데르센(1988)은 "이런 가정들은 일반적으로 너무 맹목적이고 당연한 것으로 간주되고 있어서, 이것들은 올바른 사고, 즉 정직한 동료들에 의해서 비판받지 않는다. 이런 검토되지 않은 가정의 결과물이 제도화된 인종차별주의, 연령 차별, 성 차별 그리고 문화적 편견의 다른 예들이다"(p.39)고 진술했다. 다음의 것은 문화적으로 편견을 가진 열 가지 가정들이며, 페데르센은 이것들이 일관성 있게 상담사들을 교육시키면서 다문화 상담과 개발에 관한 문헌에 나타남을 발견했다.

가정 1 : '정상적(Normal)'인 행동이라는 공약수

사람들은 '정상적' 행동이라는 공약수를 함께 가지면서 흔히 '정상적'이라는 그들의 묘사가 보편적이라고 생각한다. 정상적인 행동이라고 간주되는 것에 대한 사람들의 묘사는 행동 유형이 적절하다는 것을 의미하며, 그런 유형의 행동이 비판받는다면 그것은 '정상'으로부터의 일탈을 의미한다. 예를 들면, 유럽계 미국 문화에서 존경을 나타내는 한 가지 방식은 대화할 때 직접적인 시선 접촉을 유지하는 것이다. 직접적인 시선 접촉이 명확하지 않다면, 간접적인 시선 접촉에 대한 해석은 여러분이 서로 영향을 주는 사람에게는 경멸되거나 비정상적인 행동이 된다. 다른 한편으로, 아시아계 미국인으로 자신을 동일시하고 전통적인 아시아적 신념과 가치를 주장하는 그런 사람처럼 또 다른 문화로부터의 전문가 혹은 의뢰인과 의사 소통할 때 간접적인 시선 접촉은 존경스러운 것으로 간주되고 직접적인 시선 접촉은 무례한 것으로 간주된다. 양쪽 사례에서 도움을 주는 전문가가 문화를 통한 정상적인 행동의 문화적 정의를 모른다면, 그(녀)는 전문가의 문화적 규범과 다른 행동을 '비정상적인' 것으로 정당화해서 설명하기 쉽다. 결론은 뒤틀린 관점(즉, 존경은 유럽계 미국인의 시간에서는 직접적인 시선 접촉으로 보이는 것이거나, 아시아계 미국인의 시각에서는 간접적인 시선 접촉이 존경을 표시하는 것이다)으로부터 정상적인 상태를 보호하는 것이다.

가정 2 : 개인주의의 강조

개인주의는 사회의 기본적인 기초 요소다. 많은 윤리 강령들은 개인에게 개인주의라는 개념을 부과하고 있다. 강령들은 윤리적 사고와 의사 결정이 흔히 삶에 대한 개인주의적 접근방식(개인적 가치에 대한 강조)으로부터 조장되기 위해서 개인에게 중점을 두는 것을 옹호한다. 많은 문화들은 삶에 대한 집단주의저(주, 가족괴 같은 집단) 접근 방식을 주장하고 있다는 것은 중요하다.

가정 3 : 문제의 정의 강조

전문가들과 예비 전문가들은 자신의 직업이 하문적 분야에서 갖는 한계에 의해 제한되는 구조에서부터 문제를 규정하는 경향이 있다. 전문적 정체성(예를 들면, 상담사와 심리사 그리고 사회복지사)들은 구별되는 경향이 있다. 그리고 학문적 훈련에 근거를 두는 인위적인 한계들이 만들어지고, 다문화적 맥락에서 적절한 윤리적 사고를 방해하는 가정들의 발생이 초래된다. 실제로 전문가와 전문직 협회의 구조를 뒷받침하는 인위적인 한계들 중 하나 혹은 어떤 것이 의뢰인들의 문제점을 방해하는 것만은 아니다. 하지만 다문화적이며 다양한 의뢰인에게 최고의 이익으로 도움을 주려고 하는 전문가와 예비 전문가는 쌍방의 의뢰인들(예를 들면, 질문과 통찰을 서로 교환한다)의 이익을 위해 '지향적으로' 서로에게 상호 작용을 한다.

상담사들에 대한 문화적으로 편견 있는 가정들의 영향에 관해 논의하면서, 페데르센(1987)은 "미국에서 상담사들이 상담에 대한 설명에 스스로 부과한 한계들은 문화적으로 학습된 것이며 한 문화에서 또 다른 문화로 이동될 때는 반드시 재학습되어야만 한다"(p.18)고 진술했다.

가정 4 : 추상적 언어에 의존

다른 사람들은 전문적이고 개인적인 추상 개념들이 제시되고/제시되거나 검토될 때 이 개념들이 의미하는 방식으로 이것들을 이해할 것이다. 문화적 배경과 가치, 신념 그리고 인생 경험에 관계없이 개업한 전문가들과 개업 전문가들의 미국상담학회와 미국심리학회 그리고 미국사회복지사협회의 예비 개업 전문가들은 윤리 강령과 실천 기준을 만든 사람들이 이 강령과 기준이 이해되기를 의도한 방식으로 전문 단어나 추상적인 개념을 이해할 것이라는 가정이 존재한다. 추상적 개념들이 어떻게 인식되고 해석되는지 결정하기 위해 많은 요인들이 고려되어야만 한다. 한 가지 요인은 그 윤리 강령을 검토하고 해석하는 사람들의 맥락(context)이다. 고급의 사람들 혹은 고급 문화(High-context people, cultures)는 의미를 분별하기 위해 하나의 배경에 대한 언급을 필요로 한다. 저급의 사람들 혹은 저급 문화(Low-context people, cultures)는 추상적인 개념이 의미를 가지고 있으며 이 의미를 하나의 배경에서 또 다른 배경으로 이동한다고 가정한다. 예를 들면, 존경에 대한 추상적 개념은 문화마다, 배경마다 다양하다.

가정 5 : 자립에 대한 지나친 강조

많은 정신 건강 전문가들과 예비 전문가들은 한 개인이 또 다른 개인을 의존해서는 안 된다고 믿고 있다. 자립은 귀중하지만 의존은 귀중하지 않거나 심지어 바람직하지 않다고 이들은 생각할 정도다. 개인은 타인을 의존해서는 안 되고 타인이 개인을 의존하도록 해서도 안 된다는 가정은 전문직 윤리 강령을 통해서 직간접적으로 위협을 받고 있다. 하지만 많은 문화들은 의존을 강조하고 있으며 성공적인 관계 향상과 인생 경험을 위해 의존이 선선하고 필요하다고 옹호하고 있다. 예를 들면, '나는 존재한다. 왜냐하면 우리가 존재하기 때문이다. 우리가 존재한다. 그러므로 나는 존재한다(I am because we are, we are therefore I am)'는 설득력 있는 아프리카 속담이 존재한다. 이 말은 많은 아프리카계 미국인들에게 의식 혹은 무의식적인 동기 부여의 좋은 예시가 되고 있으며, 이들은 협동과 집단 행동에 대한 가치에 의해 추구되는 자신들의 삶을 살기를 열망한다. 역사적으로 아프리카계 미국인 공동체에서 가족은 인접하고 확대된 가족으로 구성하도록 흔히 요청되고 있다. '확대된(extended)'이란 의미는 공동체 구성원(예를 들면, 친구와 이웃)뿐 아니라 생물학적 구성원(예를 들면, 사촌과 조부모)을 의미한다.

가정 6 : 의뢰인 지지 체계의 무시

많은 정신 건강 전문가들과 예비 전문가들 사이에 공통된 인식이 하나 존재한다. 교회와 가족 그리고 조직과 같은 자연적 지지 체계(natural support system)는 전문직 협회와 그 회원들에 의해 제공되는 서비스만큼 중요하지 않다는 인식이다. 이런 인식 때문에, 전문가들과 예비 전문가들은 자연적 지지 체계를 흔히 경시하고 있다. 그들이 조심하지 않는다면 상호 관계된 주민들(즉, 의뢰인, 개인 혹은 개인들의 집단)에게 최고의 정신 건강 서비스를 제공하기 위해 그들은 자연적 지지 체계와 협력적인 관계를 발전시키는 것 대신 1970년대부터 쇼스트램(Shostram)이라는 개념을 사용하게 된다. 이 개념은 흔히 공식적인 맥락에서 전문적 상담을 통해 얻어지는 '우정의 획득(purchase of friendship)'을 말한다(Pedersen, 1987, p.21). 페데르센(1987)은 "개인의 건강은 많은 방식에서 그 개인을 둘러싼 지원단(supporting unit)의 건강과 관계있다. 상담사는 상담에 대한 효과적인 처리 계획에서 의뢰인의 자연적 지지 체계에 대한 고려를 포함할 필요가 있다"(p.21)고 확고하게 진술하고 있다.

가정 7 : 단일선적 관점에 대한 의존

세계를 이해하기 위한 도구로 직선적인 사고와 인간 관계를 사용하는 것은 결과적으로 더 넓은 사회가 관계성을 어떻게 생각하고 정의하는가에 대해서 단일 문화적인 관점이 되도록 한다. 직선적 사고에서 중요한 한 가지 요인은 특정 구조와 관련하여 적절한 것과 적절하지 않은 것을 묘사하는 수단에 대한 의존이다. 실제로 많은 소수 민족 주민들은 경험적 절차 혹은 단일선적이 아닌 사고를 통해 증명된 객관적인 척도보다는 믿음이나 몇 가지 실석인 척노에 효과싱을 인징하고 있다. 문화적 편견에 대해 논의하면서 페데르센(1987)은 다음과 같이 주장하고 있다.

> 만약 한 번의 테스트, 책 한 권 혹은 개념이 그 내용 측면에서 정확하게 번역된다면 번역된 그 도구는 효과적이고 적절할 것이라고 가정하는 데서 상담은 흔히 실수한다. 결과적으로 번역할 때 상담을 위한 메시지의 내용과 그 메시지가 표현되고 있는 사고 방식 양쪽 모두 바꾸는 것이 중요하다. 상담사들은 메시지의 내용이 문화적으로 적절한지 확인하는 데 상당한 시간을 사용할지라도, 이들은 번역된 메시지 이면에 그 구조를 이루고 있는 사고 방식을 개작

하는 데에는 거의 시간을 사용하지 않고 있다(p.22).

페데르센(1988)은 상담사들과 심리사들이 다른 문화를 가진 의뢰인들을 연구 대상으로 삼을 때 그들이 "번역된 메시지 이면에 그 구조를 이루고 있는 사고 방식"(p.43)을 면밀하게 검토할 필요가 있다고 주장하였다. 예를 들면, 한 상담사가 의뢰인이 스트레스를 줄이는 것을 도우면서 단일선적 관점(linear perspective)을 채택하는 중재를 제공하고 있다. 상담사는 의뢰인에게 "스트레스를 받을 때 음악을 듣는다면 스트레스를 덜 느낄 것이다"라고 말한다. 그 의뢰인은 이런 생각을 이해할 수 없습니다. 왜냐하면 그것이 그 의뢰인의 문화적 신념의 일부분이기 때문이다. 즉, 그 의뢰인은 모든 것이 서로 밀접하게 관계있음을 주장하는 문화로부터의 출신자다. 음악을 듣고, 가족들과 함께 일하고 명상하는 것이 스트레스를 조장하고 감소하는 것에 어떻게 공동으로 작용하는지 보여주는 것이 그 의뢰인에게 더 적절한 조정될 것이다.

가정 8 : 체계(system)가 아니라 개인주의 바꾸기

이런 가정의 배경에 있는 사고는 잘 들어맞기 위해서 의뢰인이 변해야 한다는 것이다. 상담사들은 상담이 언제 더 적극적이어야 하며 체제와 조화시키기 위해 개인을 바꾸려고 노력하는 것보다 개인과 조화시키기 위해 체제를 바꾸어야만 하는지 인식할 필요가 있다. 상담사들은 의뢰인의 최대 이익과 주변 사회 제도의 최대 이익 사이를 구별해야만 한다. 상담사들에게 사회 제도(관습)를 위반할 위험이 있음에도 불구하고 의뢰인의 최대 이익을 보호할 것을 요구하는 의뢰인에게는 윤리적 의무가 존재한다. 이런 가정은 직접적이거나 교환한 압제로부터 고통당한 사람들과 함께 일할 때 특별히 해가 된다.

가정 9 : 역사 무시

도움을 주는 많은 전문가들은 “의뢰인의 개인사에 귀를 기울이는 것이 지성적으로 처리하는 일종의 관습이며 시간 낭비다”라고 믿는다. 다른 사람들은 동시대의 사건을 이해하기 위해 역사를 다루는 것은 중요하다고 믿는다. 많은 문화 속에서, 상담사들이 의뢰인의 역사적 배경과 그(녀)의 현재 행동을 명백하게 이해하기 위해서 과거와 현재 역사의 연결은 필요하다. 역사를 소홀히 할 때 우리는 중요한 자료와 도움이 되는 행동을 잃게 된다. 예를 들면, 역사를 통해 우리는 의뢰인이 그 문제를 취급할 때 효과적이었던 것과 그렇지 못했던 것에 대한 감각을 얻을 수 있다. 한 개인의 문제는 내면화된 과거의 교훈에 의해 직접적으로 영향을 받을 수 있다는 점을 기억하라.

가정 10 : 문화적 안주의 위험

“도움을 주는 전문가들은 이미 모든 가정들을 알고 있다”와 같은 진술은 아마도 이런 도움을 주는 전문가들은 편견을 믿지 않고 폐쇄하는 것처럼 보이는 것을 뜻한다. 그들은 자신의 편견이나 폐쇄된 행동을 바꿀 책임이 전혀 없다. 이것은 결국 정확하지 않는 가정으로 귀결되기 때문이다. 초문화적 상담은 다양한 문화들로부터의 다른 사람들의 대조되는 가정들과 우리 가정들을 통합하고 대조되는 가정들을 조정하려는 시도를 한다. 이런 것은 흔히 조력자(도움을 주는 사람)의 삶을 끌어들이면서 동시에 조력자들을 문화적으로 규정된 현실에 더 가까이 접근시킨다. 페데르센(1987)은 “상담에서 초문화적 자각을 위한 일차적인 논거는 상담사들이 다른 사람들과 어떻게 관계되어야 하는지에 대한 윤리적 명령과 거의 관계가 없고 국제적이며 전문적 활동으로서 상담의 정확성 및 효과성과 더 많은 관계가 있다"(p.23)고 말했다. 연습 문제 3.1과 3.2는 문화적으로 편견이 있는 가정들을 판단하고 문화적 맥락에서 윤리적 사고를 장려하기 위한 기술을 발전시키는 데 사용될 수 있는 구체적 단계를 제공하고 있다.

[연습 문제3.1]문화적으로 편견이 있는 가정들 판단하기

[다문화적 맥락에서 윤리학 : 예비적 여정]
지시 사항 : 여러분이 경험했거나 목격했던 실제 상황으로부터 정보를 적용하는 사례 시나리오를 발전시키시오. 여러분의 시나리오에 있는 등장인물들이 만들어내는 문화적으로 편견이 있는 가정들의 가능성을 판단할 동안 여러분이 문화적으로 의도된 조치를 취하는 데 아래의 지침을 따르시오.

[1단계] 도움을 주는 전문가가 비윤리적 행동을 보여준다고 믿도록 하는 상황을 나타내는 간략하지만 현실적인 사례 시나리오를 만드시오. 여러분의 처음 시나리오에 다음을 포함시키시오.
1. 관련된 사람들의 전문적(직업적) 정체성
1.1. 윤리 강령을 읽고 해석하는 사람과 비윤리적 행동을 비난하는 사람의 문화적 정체성(다문화적 측면과 다양성의 측면)
1.2. 비윤리적 행동에 관여하는 것을 비난하는 사람의 문화적 정체성(다문화적 측면과 다양성의 측면)
2. 비윤리적 행동을 보여주고 있다고 믿는 전문가의 행동, 즉 그 사람은 무엇을 했는가? 비윤리적 행동을 취급하는(정확한 용어를 기억할 수 없다면 그 강령의 본질을 공유하는) 윤리 강령은 방정식 문제 2에서 확인되었다.

[2단계] 여러분의 시나리오를 검토하고 다음 측면에 특징적인 문화적으로 편견을 가진 가정을 확인하시오.
1. 윤리 강령 : 문화적으로 편견의 가능성이 있는 가정(들)
2. 그 강령을 읽고 해석하는 사람 : 문화적으로 편견의 가능성이 있는 가정(들)

3. 비윤리적 행동을 보여줄 가능성이 있는 사람 : 문화적으로 편견의 가능성이 있는 가정(들)

[3단계] 문화적으로 편견이 있는 가정의 영향에 특징인 함축적 의미의 영향을 고려하면서 1단계의 시나리오를 검토하시오.

[4단계] 다문화적 맥락에서 제시된 윤리적 행동의 더 정확한 재현을 나타내기 위해 1단계에서 확인된 윤리 강령을 다시 작성하시오.

일단 문화적으로 편견이 있는 가정들을 판단하는 기술이 개발되었다면, 윤리적 행동과 문화적 유능한 행동을 이루기 위한 다음 단계는 문화적 편견을 줄이는 방법을 확인하는 것이다. [연습 문제 3.2]는 문화적 편견을 줄이는 예들을 제공하면서 독자가 그(녀) 자신의 개인적 전략을 형성하도록 격려하고 있다.

[연습문제3.2]문화적으로 편견이 있는 가정들

[문화적 편견1] 사람들은 모두 '정상적인' 행동에 대한 공통된 기준을 함께하고 흔히 그들이 설명하는 것의 보편성을 가정한다.
문화적 편견을 줄이는 방법 : 문화는 '정상적인' 행동의 정의에 영향을 주고, 서비스를 제공받는 사람들의 문화적 맥락에서 정의된 것으로써 적절하고 '정상적인' 행동을 해서한다는 것을 인정하시오.
문화적 편견을 줄이기 위한 개인적 방법 창조하기 : "상담사, 사회복지사 혹은 심리사로서 나는 …."

[문화적 편견2] 개인들이 사회의 기초 요소다.
문화적 편견을 줄이는 방법 : 삶에 대한 개인주의적이거나 집단주의적인 접근 방식 양쪽 모두의 효과성은 다문화적인 도움을 주는 토대와 관련되어 있기 때문에 이것을 인정하시오.
문화적 편견을 줄이기 위한 개인적 방법 창조하기 : "상담사, 사회복지사 혹은 심리사로서 나는 …."

[문화적 편견3] 문제점들은 학문적 훈련 영역에 의해 제공된 틀에 제한되어 있고 이 틀로부터 정의된다.

문화적 편견을 줄이는 방법 : 문제점들은 상호 전문성의 영역뿐 아니라 학문적 훈련 영역에 의해 방해를 받고 있다는 것을 인정하시오. 상담사와 심리사, 사회복지사는 상호 의뢰인들의 이익을 위해 의도적으로 서로 공조하고 상호 작용을 한다.
문화적 편견을 줄이기 위한 개인적 방법 창조하기 : "상담사, 사회복지사 혹은 심리사로서 나는…."

[문화적 편견4] 다른 사람들은 우리가 사용하는 추상 용어가 이해되거나 검토되기를 원하는 방식으로 우리의 추상적 개념을 이해할 것이다.
문화적 편견을 줄이는 방법 : 개인의 추상적 개념과 전문가의 추상적 개념이 어떻게 인식되고 해석되는지 결정지으시오. 그렇게 하는 한 방법은 추상적 개념을 전달하고 수용하는 그 사람의 배경을 결정짓는 것이다.
문화적 편견을 줄이기 위한 개인적 방법 창조하기 : "상담사, 사회복지사 혹은 심리사로서 나는…."

[문화적 편견5] 자립은 가치 있지만 의존은 바람직하지 않다. 즉, 한 개인이 인생에서 성공하기를 원한다면 그(녀)는 또 다른 개인을 의존하도록 권유받지 않는다.
문화적 편견을 줄이는 방법 : 그들이 도움을 주는 사람들의 삶을 의존하고 사람들의 삶에서 자립의 문화적이고 개인적인 적절함과 효과성을 결정하시오.
문화적 편견을 줄이기 위한 개인적 방법 창조하기 : "상담사, 사회복지사 혹은 심리사로서 나는…."

[문화적 편견6] 자연적 지지 체계(예를 들면, 교회와 가족 그리고 조직)는 심리 치료에서 발전된 관계성 그리고 우정만큼 가치 있지 않다. 따라서 이런 자연적 지지 체계는 흔히 간과되고 있다.
문화적 편견을 줄이는 방법 : 효과적인 치료 계획에서 자연적 지지 체계에 대한 고려를 포함하시오.
문화적 편견을 줄이기 위한 개인적 방법 창조하기 : "상담사, 사회복지사 혹은 심리사로서 나는…."

[문화적 편견7] 우리는 우리 주위 세계에 대한 이해를 촉진시키기 위해 직설적인 사고(각각의 원인은 하나의 결과를 가지며, 각각의 결과는 하나의 원인과 결합되어 있다)를 의존한다. 이런 종류의 사고는 흔히 대상의 중요성에 의해 통제되는 사고가 된다(예를 들면, 적절하고 부적절한 행동을 묘사하기 위한 순단).
문화적 편견을 줄이는 방법 : '번역된 메시지 이면에 있는 기초를 이루는 사고 방식'을 정확하게 고려하시오. ⓐ 메시지의 내용이 문화적으로 적절하고 ⓑ 번역된 메시

지 이면에 있는 기초를 이루는 사고 방식은 그 사고가 세워진 문화적 토대에 적용되는지 확인하기 위해 노력하시오.
문화적 편견을 줄이기 위한 개인적 방법 창조하기 : "상담사, 사회복지사 혹은 심리사로서 나는…."

[문화적 편견8] 개인을 변화시키는 것이 체제를 변화시키는 것보다 더 중요하다. 이 말은 의뢰인이 더 풍성한 삶을 살기 위해 기존 체제에 적응하기 위한 하나의 신념이나 가치다.
문화적 편견을 줄이는 방법 : '도움을 받는 사람들의 최대 이익'과 '서비스를 제공하는 사회 기관의 최대 이익'을 구별하시오.
문화적 편견을 줄이기 위한 개인적 방법 창조하기 : "상담사, 사회복지사 혹은 심리사로서 나는…."

[문화적 편견9] 역사 소홀. 많은 정신 건강 전문가들은 역사에 귀 기울이는 것이 지적으로 일을 처리하는 하나의 관습이자 시간 낭비라고 믿는다. 다른 한편에서 다른 전문가들은 역사는 현대의 사건을 이해하는 데 중요하다고 믿는다.
문화적 편견을 줄이는 방법 : 한 사람의 문제 그리고 논쟁점이 과거의 내면화된 교훈에 의해 직접적으로 영향을 받을 수 있다는 것을 인정하시오. 역사적 맥락과 개인의 행동을 더 명확하게 이해하기 위한 도구로써 과거와 현재 사이의 전후 관계를 사용하시오.
문화적 편견을 줄이기 위한 개인적 방법 창조하기 : "상담사, 사회복지사 혹은 심리사로서 나는…."

[문화적 편견10] 문화적 안주의 위험성. 대부분의 정신 건강 전문가들은 그들의 모든 가정들을 알고 있다. 그들은 자신의 편견들을 믿지 않고, 편견을 바꾸는 데 책임도 지지 않으며 흔히 폐쇄된 행동에 관여한다.
문화적 편견을 줄이는 방법 : 서로 다른 문화로부터 사람들의 대조되는 가정들 중 개인의 가정을 조정하고 개인의 가정과 다른 문화로부터 개인의 대조되는 가정을 통합하시오.
문화적 편견을 줄이기 위한 개인적 방법 창조하기 : "상담사, 사회복지사 혹은 심리사로서 나는…."

세계관 분석

세계관은 개인이 세상을 인식하는 방식이자 세상과 그(녀)

의 관계로 정의된다. 정신 건강 전문가들과 그들이 봉사하는 사람들은 동일한 문화적 배경의 사람들과 그들 세계관의 많은 측면을 공유하고 있다. 결과적으로 문화를 연구하고 이해하는 것과 세계관을 연구하고 이해하는 것 사이에는 영향력 있는 평행선이 존재한다. 상담사와 심리사 그리고 사회복지사는 타인의 세계관을 이해하기 전에, 그들은 자신의 세계관을 이해할 필요가 있다. 사람들이 전문직 협회의 윤리 강령을 이해하는 원칙과 지침 그리고 가치를 읽고 해석하기 때문에 이러한 이해는 결정적으로 중요하다. 조력자들과 그들의 도움을 받는 피조력자의 다양한 세계관은 효과적인 다문화적 도움과 윤리 강령에 대한 정확한 독법과 해석에 장애물을 제공할 수 있다.

이런 평행선에 대한 평가가 주어져 있으므로, 정신 건강 전문가들은 세계관이 윤리 강령의 정확한 해석에 어떻게 영향을 주는지 인식하는 데 더 좋은 위치에 놓여 있다. 그 분야에서 다양성과 다문화주의의 영향을 이해하려고 노력하는 예비 개업 상담사들과 개업 상담사들이 제기하는 하나의 공통된 질문은 다음과 같다. 즉, 그 질문은 존재하는 수많은 문화들의 모든 가치와 신념 그리고 사람의 경험에 관해 내가 어떻게 알 수 있는가다.

모든 가치와 신념 그리고 삶의 경험을 이해한다는 것은 비현실적인 목적이다. 좀더 합리적인 목적은 문화를 연구하는 형식을 이해하는 것이다. 이 분야에서 문화에 대한 강조가 비교적 새로운 것(30년쯤 되었음)이라는 전에서 이런 질문이 상담사와 심리사 그리고 사회복지사에게도 새로울지라도 문화는 새로운 개념이 아니다. 인류학자들은 많은 세월 동안 문화를 연구해왔다. 그들의 일은 특히 다문화적 맥락에서 윤리학을 보려고 노력하는 전문가들과 예비전문가들로 상담사와 사회복지사 그리고 심리사의 성장과 발전을 용이하게 하기 위한 형식을 제공해오고 있다. 많은 인류학적 문화 연구자들 중에서, 클럭혼(Kluckholhn)과 스트로트벡(Strodtbeck)의 문화를 조망하는 영역에 관한 1961년의 연구 결과물은 전문가들과 전문직 협회들 사이에서 문화적 능력과 감성을 촉진하기 위해 일하는 정신 건강 전문가들(예를 들면, 아이브라힘 1987 ; Pedersen, 1988 ; Sue & Sue, 1999)에게 도움이 되고 있다. 클럭혼과 스트로트벡은 문화를 조망하기 위한 다섯 가지 기본 영역을 다음과 같이 요약하였다.

1. 사람들이 인간의 본성을 어떻게 보고 있다(나쁘게, 좋게 혹은 나쁘면서 좋게).
2. 자연과 사람의 관계(통제하는, 종속되는 혹은 조화를 이루면서 사는 것에 대해 존경을 갖는다).
3. 문화적 집단의 일시적이거나 시간 지향(과거와 현재, 미래 혹은 이들 관점의 혼합).
4. 사람들이 인간의 활동에 관해서 무엇을 믿는다(행동하는 것, 존재하는 것 혹은 되어가면서 존재하는 것).
5. 사람들의 다른 사람들과의 단일선적 관계, 병렬적 관계, 개인주의적 관계.

다문화적 맥락이라는 입장 안에 있는 윤리학으로부터 일하면서, 윤리 강령을 해석하고 이행하기에 앞서 윤리적 지침과 원칙 그리고 가치를 문화적 통합체로 평가하는 것이 필요하다. 특정 강령에 내재하고 있는 세계관과 신념, 가치 그리고 관점을 평가하는 한 가지 방법은 아이브라힘(Ibrahim)과 칸(Kahn)의 세계관 평가 척도(Scale to Assess Worldview : SAWV)에 의해 성취될 수 있다. 세계관 평가 척도는 클럭혼의 다섯 가지 존재에 관한 영역에 기초하고 있다. 다섯 가지 영역을 사용한다는 것은 상담사와 심리사 그리고 사회복지사들이 윤리 강령에 내재된 문화적 가치와 가정들을 이해하고 이런 강령들이 인지적이고 사회적인 인식과 세계와의 상호 작용이 어떻게 관련되는지 이해하는 것을 돕는다. 또한 세계관 평가 척도는 강령에 내재할 수도 있는 잠재적인 문제점과 논쟁점을 명확하게 할 수 있다. 따라서 강령을 읽고 해석하는 사람들은 다양한 문화라는 관점에 더 조화되는 해석을 더 공식화할 수 있다. 게다가 그 강령들을 기록하고 개정하는 사람들은 다문화적 맥락에서 윤리적 사고에 더 의미가 있는 윤리 규정을 공식화할 수 있다.

특정 윤리 규범의 원칙과 목적 혹은 윤리적이거나 비윤리적인 행동을 결정하기 위한 지침과 그것이 함축하는 세계관을 확인하기 위해 다음과 같은 많은 단계를 거친다.

1. 윤리 강령이 기록될 때 그 규범의 세계관을 평가하라.
2. 윤리 강령을 검토하고 해석하는 독자 개인의 세계관을 평가하라.
3. 전문가의 행동에 의문을 제기할 수 있는 전문가의 세계관을 평가하라.
4. 이런 세 가지 세계관이 윤리적 행동과 비윤리적 행동에 특징인 의사 결정에 어떻게 영향을 주는지 결정하라.

다음의 예는 윤리 강령의 세계관을 평가하기 위한 아이브라힘과 칸의 모델을 사용하는 방법을 설명하고 있다. 이런 설명을 위해 1996년에 미국사회복지사협회 대의원회가 인준했고 1999년에 대의원회에서 개정된 미국사회복지사협회 윤리 강령(Code of Ethics of the National Association of Social Workers)이 무작위로 선정되었다. "사회복지사들은 사회적 불의를 바꾼다"는 윤리 원칙이 선택되었다. 이 원칙은 존엄성의 가치와 사람의 가치를 다음과 같이 강조하고 있다.

> 사회복지사들은 특별히 쉽게 상처받고 압제당하는 개인들과 그런 집단 사람들과 함께 그리고 이들을 위해 사회 변화를 추구한다. 사회복지사들의 사회 변화를 위한 노력은 주로 가난과 실직, 차별 그리고 다른 형태의 사회적 불의에 초점이 맞추어져 있다. 이런 활동들은 압제와 문화적이며 인종적 다양성에 대한 민감성과 이에 대한 지식을 촉진하려고 시도한다. 사회복지사들은 필요한 정보와 서비스 그리고 자료에 대한 접근, 기회 평등 그리고 모든 사람을 위해 의사 결정을 하는 데 의미 있는 참여를 보장하려고 노력하고 있다(p.3).

아이브라힘과 칸의 모델을 사용하는 강령의 세계관을 평가하는 첫째 단계는 다섯 가지 일련의 질문을 하는 것이다. 각각의 질문이 독립적으로 제시되어 있으며 해당 질문에 가능한 답변이 제공되어 있다. 그 답변은 독자의 입장에서 가능한 문화적으로 민감하고 정확하기 위해 계획적인 노력을 수반한다는 점을 기억하기 바란다.

[질문1] 이 원칙에서 나타나는 인간 본성의 특징은 무언인가? 인간의 본성이 선한 것, 악한 것 혹은 선하면서 동시에 악한 것으로 인식되는가?

[답변] 이 원칙에 함축된 의미는 인간의 본성의 특징을 선하면서 동시에 악하다는 것이다. 사람들은 악한 것이나 악한 사람에게 상처를 받기 쉽고 억압을 당한다. 사람들은 선하다. 선함에 대한 한 가지 예는 사회복지사들이 사회적 변화를 추구하고 모든 사람들을 위해 삶의 더 나은 질을 향상시킨다는 것이다.

[질문2] 사람들 사이의 관계성의 양상은 어떠한가? 사람들의 관계성이 직선적이거나 평행하거나 개인주의적인가?

[답변] 이 원칙에 함축된 의미는 사회복지사들이 개인과 사람들의 집단과 함께 그리고 이들을 위해서 일한다는 점에서는 방계적인 양상이다.

[질문3] 자연 환경과 사람들과 본성의 관계성은 어떠한가?
[답변] 이 원칙에 함축된 의미는 특히 그 체계가 사회적 불의를 억압하고 조장한다면 인간의 본성에 대한 통제다. 또 다른 문화적 관점은 사람들이 본성과 조화롭게 살려고 노력한다는 것이다. 특히 그 체계가 이미 압제에 대한 민감함과 소홀함을 조장한다면 그렇다.

[질문4] 시간 정향(time orientation), 즉 인간의 삶에서 시간적인 중심이란 무엇인가? 인간의 삶은 과거와 현재, 미래 혹은 세 가지 시제의 혼합에 초점을 맞추고 있는가?
[답변] 이 원칙에 함축된 의미는 목적이 사회 변화와 서비스를 제공받는 사람들의 미래의 더 낳음을 추구한다는 점에서 현재와 미래 시간 중심이다.

[질문5] 활동 정향(activity orientation), 즉 인간의 활동(자기 표현)의 양상은 무엇인가? 인간의 활동(자기 표현)은 행동하는 것인가(doing), 존재하는 것인가(being) 혹은 되어가면서 존재하는 것인가?
[답변] 이 원칙에 함축된 의미는 '행동하는 활동(doing activity)' 지향적이다. 사회복지사들은 추구하고 장려하고 책임지려는 등의 노력을 한다.

전문직 협회 윤리 강령의 세계관이 평가된 후, 다음 단계는 그 강령을 해석하는 사람의 세계관을 평가하는 것이다. 동일한 다섯 가지 단계가 그 윤리 강령을 검토하고 해석하는 개인 문화의 전형인 질문과 답변으로 이루어져 있다. 그 예는 다음과 같다.

[질문1] 나의 세계관에 나타난 인간 본성이라는 특징을 문화적이고 개인적으로 어떻게 정의하는가? 나는 종종 인간의 본성을 선하거나 악하거나 혹은 양쪽 모두라고 생각하는가?
[대답] 종종 상황에 따라 나는 문화적이고 개인적으로 인간의 본성을 선하면서 동시에 악하다고 간주한다.

[질문2] 나는 문화적이고 개인적으로 사람들의 관계성을 어떻게 정의하는가? 나의 세계관에서 볼 때 사람들의 관계성이 직선적이거나 평행하거나 개인주의적인가?
[대답] 종종 상황에 따라 인간관계가 개인주의적이라고 나는 믿는다. 즉, 사람들은 자신의 행동에 책임지고, 선택을 하고 삶에서 그들에게 최고인 것에 관해 결정한다. 만약 그들이 성공하려고 한다면 그들은 자신의 행동에 기반을 두고 그렇게 한다.

[질문3] 나는 문화적이고 개인적으로 자연 환경을 어떻게 정의하는가? 나의 세계에서 사람과 본성의 관계가 통제받고 있거나 지배하고 있는지 혹은 조화를 이루는가?
[대답] 종종 상황에 따라 나는 사람들이 자신의 삶을 통제할 필요가 있다고 믿는다. 사람들은 개인적이고 문화적으로 성공을 보장하기 위해 그들이 할 필요가 있는 것을 확인할 필요가 있다.

[질문4] 나는 문화적이고 개인적으로 시간 정향, 즉 시간에 인간의 삶의 초점을 두는 것을 어떻게 정의하는가? 인간의 삶은 과거와 현재, 미래 혹은 세 가지 시제의 혼합에 초점을 맞추고 있는가?
[대답] 종종 상황에 따라 나는 미래가 가장 중요하다고 믿는다. 인생에서 성공하기 위해 우리는 미래를 준비해야만 한다. 우리는 돈을 저축하고 계획을 세우고 목표를 설정하는 방식으로 그렇게 하고 있다. 우리가 오늘 하는 결정들은 우리가 내일 되기 원하는 것에 기초를 두고 있다.

[질문5] 나는 문화적이고 개인적으로 활동 정향, 즉 인간 활동(자기 표현)의 양상을 어떻게 정의하는가? 인간 활동(자기 표현)은 행동하는 것인가(doing) 존재하는 것인가(being) 혹은 되고 있는 것인가(being-in-becoming)'?
[대답] 종종 상황에 따라 사람들은 그들이 이룬 것에 의해 정의된다고 나는 믿는다. 그러므로 사람들은 열심히 일하고 생산할 필요가 있다.

전문직 협회의 윤리 강령을 검토하고 해석하는 사람의 세계관을 평가한 후, 다음 단계는 윤리적 행동이 문제가 되는 전문가의 세계관을 평가하는 것이다. 여기에는 신중함이 필요하다. 즉, ⓐ 그 사람은 자신을 문화적으로 어떻게 정체성을 확립할 것인지 조사하고, ⓑ 확인된 문화의 주제적 가치와 관련된 문헌을 재검토하거나 공식화된 정보를 획득하고, ⓒ 개인이 그(녀)의 주제적 문화 가치를 어떻게 인정하거나 거절할지 결정하기 위해 일을 해야만 할 것이다. 그러한 지식과 이해가 얻어진 후, 동일한 다섯 가지 단계로 이루어지는데, 각 단계는 윤리적 행위에 의문을 제기하는 개인 문화에 전형적인 질문과 답변이 있다.

[질문1] 문화가 도움을 주는 전문가의 세계관에서 나타나는 인간 본성이라는 특징의 정의에 어떻게 영향을 주는가? 문화적으로 인간의 본성은 선하거나 악하거나 양쪽 모두인가?
[대답] 사람이 문화적으로 자기 동일시를 어떻게 할 것인지 확인하고, 그 문화의 주제적 가치를 재검토하고 그리고 개인이 문화적 가치를 어떻게 수용할지 혹은 거부할지 결정한 뒤 상황에 따라 전문가는 종종 문화적이고 개인적으로 인간의 본성을 악하다고 간주하는 것은 명백하다.

[질문2] 문화가 사람들의 관계성의 정의에 어떻게 영향을 주는가? 문화적으로 관계성은 직선적이거나 평행하거나 개인주의적인가?
[대답] 사람이 문화적으로 자기 동일시를 어떻게 할 것인지 확인하고, 그 문화의 주제적 가치를 재검토하고 그리고 개인이 문화적 가치를 어떻게 수용할지 혹은 거부할지 결정한 뒤 상황에 따라 전문가는 종종 문화적이고 개인적으로 인간의 관계성을 평행적(collateral)이라고 간주하는 것은 명백하다.

[질문3] 문화가 자연 환경의 정의에 어떻게 영향을 주는가? 문화적으로 자연 환경에 대한 사람들의 관계가 통제받고 있는지 혹은 지배하고 있는지 혹은 조화를 이루는가?
[대답] 사람이 문화적으로 자기 동일시를 어떻게 할 것인지 확인하고, 그 문화의 주제적 가치를 재검토하고 그리고 개인이 문화적 가치를 어떻게 수용할지 혹은 거부할지 결정한 뒤 상황에 따라 전문가는 종종 문화적이고 개인적으로 본성을 사람들에게 '종속되는(subjugated to)' 것으로 간주한다는 것은 명백하다.

[질문4] 문화가 시간 정향, 즉 시간에 인간의 삶의 초점을 두는 것에 어떻게 영향을 주는가? 인간의 삶은 과거와 현재, 미래 혹은 세 가지 시제의 혼합에 초점을 맞추고 있는가?
[대답] 사람이 문화적으로 자기 동일시를 어떻게 할 것인지 확인하고, 그 문화의 주제적 가치를 재검토하고 그리고 개인이 문화적 가치를 어떻게 수용할지 혹은 거부할

지 결정한 뒤 상황에 따라 전문가는 종종 문화적이고 개인적으로 인간의 삶을 과거에 초점을 맞추고 있는 것으로 간주한다는 것은 명백하다. 과거에 발생했던 것이 현재와 미래에 사람이 어떻게 생각하고 행동하는지 결정한다.

[질문5] 문화가 활동 정향, 즉 인간 활동(자기 표현)의 양상의 정의에 어떻게 영향을 주는가? 인간 활동(자기 표현)은 행동하는 것인가(doing), 존재하는 것인가(being) 혹은 되고 있는 것인가(being-in-becoming)?
[대답] 사람이 문화적으로 자기 동일시를 어떻게 할 것인지 확인하고, 그 문화의 주제적 가치를 재검토하고 그리고 개인이 문화적 가치를 어떻게 수용할지 혹은 거부할지 결정한 뒤 상황에 따라 전문가는 종종 문화적이고 개인적으로 자기 표현을 존재하는 것에 오로지 근거를 두는 것으로 생각한다는 것은 명백하다. 즉, 인간은 태어났고 그리고 존재하기 때문에 중요하다. 인간은 자신의 가치를 증명하기 위해 더 많은 어떤 것을 할 필요가 없다.

평가 절차 후 중요한 정보가 [표3.1]에 포함되어 있다. [표3.1], 즉 '세계관 평가 : 윤리적 의사 결정을 향상시키는 3중 초점의 관점(Worldview Assessment : A Trifocal Perspective Promoting Ethical Decision Making)'은 사람들이 세상을 어떻게 해석하는지에 영향을 주는 세계관과 문화에서의 차이점들과 유사점들, 세계와 이것들과의 관계성 그리고 다문화적 맥락의 윤리학에서 효과적으로 결정하는 것에 대한 잠재적인 상애물을 반영한다.

[표3.1] 세계관 평가 : 윤리적 의사 결정을 향상시키는 3중 초점의 관점

영 역	윤리 강령	강령의 독자	해당 되는 전문가	논평 : 유사점과 차이점
인간 본성 관계성 자연 환경 시간 정향 활동 정향				

중대한 사건

30대 초반의 멕시코계 미국인 여성인 마르타(Marta)는 그녀의 성폭행 관련 심리 치료를 위해 몇 달 동안 50대 백인 여성 치료사인 틴스달(Tinsdale) 박사를 만나고 있다. 틴스달 박사는 여성 폭력 상담 전문가이자 이들이 살고 있는 시골 지역에 이 분야에서 유일한 개업 상담사다. 마르타는 그녀의 절친한 친구 중에서 몇몇 멕시코계 미국인 여성들이 다양한 종류의 신체적인 성 폭행을 경험했다는 지식을 틴스달 박사와 함께 공유했다. 마르타의 친구들은 마르타가 틴스달 박사와의 상담을 통해 더 큰 자존감에 대한 여정에 의해 고무되었다. 그들은 틴스달 박사가 그들, 마르타와 다른 라틴계 여성들이 참가할 수 있는 여성 성 폭행 생존자 집단에 도움을 주기를 원한다. 틴스달 박사는 생존자 집단 구성원들을 조사하기 시작하면서 차별 금지에 대해 관심을 가지고 있다(연습 문제 3.3을 참조하라).

[연습문제3.3] 중대한 사건
중대한 사건을 읽은 후 다음을 완성하시오. 1. 여러분이 믿기에 중대한 사건에 적용되는 여러분이 속한 전문직 협회의 윤리 강령 중 대표적인 하나의 윤리 원칙이나 지침 혹은 기준을 확인해보시오. 2. ⓐ[질문1]에서 선택된 윤리 원칙이나 지침 혹은 기준 ⓑ여러분의 세계관 ⓒ 중대한 사건 속에 있는 임상의(clinician)의 세계관에 내재된 주제적이며 문화적 가치를 확인하면서 [표3.1]을 완성하시오. 여러분의 통찰력은 무엇인가? 다문화적 맥락에서 윤리적 행동에 내포된 의미는 무엇인가?

핵심 요점

본 장은 다문화적 맥락과 이에 따른 함축된 의미와 관련하여 충분하게 연구되지 않은 미국상담학회와 미국심리학회 그리고 미국사회복지사협회의 윤리 강령 영역에 공헌하고 있는 세 가지 요인(문화적 능력, 문화적 편견, 세계관 분석)에 초점을 맞추었다. 다문화적 맥락에서 윤리적 사고를 실천하려고 하는 상담사와 심리사 그리고 사회복지사들은 다음의 질문을 하고 이에 대한 대답을 하도록 요청받고 있다. 다문화적 맥락과 이에 따른 함축된 의미와 관련해서 충분하게 연구되지 않은 내가 속한 협회의 윤리 강령에서 중요한 항목을 확인하는 것과 관련된 영역이 존재하는가?

윤리 강령에 관한 다문화적 연구와 함축된 의미와 관련된 핵심 요점은 다음과 같다.

- 몇몇 다문화 전문가들은 상담과 심리학 그리고 사회 복지가 문화적으로 '서로 다른' 의뢰인들과 함께 일하면서 비윤리적이고 해로운 일을 함으로써 문화적인 압제에 관여하고 있다고 믿고 있다.
- 문화는 사람들의 삶을 통제하고 현실을 정의한다고 많은 사람들이 동의하면서도, 많은 사람들은 상담사와 심리사, 사회복지사들이 자신의 삶과 타인의 삶 그리고 도움을 주는 직업에서 문화의 역할을 알고 있거나 모르고 있다는 것에도 동의한다.
- 전문가들과 전문직 협회들은 문화의 영향력에 대한 고려하지 않고도 '의뢰인의 최선의 이익을 위해' 일할 때 결과는 나타난다. 의뢰인들, 조력자들, 전문직 협회들 간의 문화적 가치와 세계관 사이의 상호 작용에 대한 인식과 지식이 부족하기 때문에 '그 의뢰인의 최선의 이익을 위해 적절하게 행동하는 것'이 불가능하다는 것은 하나의 교훈이다.
- 적절한 문화적 인식, 지식과 기술이 없다면 상담사와 심리사 그리고 사회복지사들은 우연적인 방식보다 합목적적인 방식으로 행동하고 기대하는 자신의 능력이 제어를 당한다.
- 상담사와 심리사 그리고 사회복지사들은 문화적 안주(즉, 인간의 차이점과 유사점 모두 인식하는 것이 아니라 모든 사람은 인간이라

는 진실에만 초점을 맞추는 것)를 경계하도록 주의받고 있다.

- 문화적으로 지향적이고 능력 있는 상담사와 심리사, 사회복지사들은 인간의 행동, 문제 해결, 의사 결정, 삶에 대한 해석에 관한 가정에 개인적이고 전문적인 가치들이 주는 영향을 알고 있다.
- 페데르센(1987)은 상담사와 심리사 그리고 사회복지사들이 문화적 맥락에서 자신의 윤리적 사고를 검토하기 위해 사용하는 문화적으로 편견이 있는 열 가지 가정을 확인하였다.
- 세계관과 문화 간의 유사점은 너무 강력하다. 전문직 협회의 윤리 강령을 강조하는 원칙과 지침, 가치를 정확하게 읽고 해석하기 위해 상담사와 심리사 그리고 사회복지사들은 자신의 세계관을 이해해야만 한다.

제 II 부

[개 관]

이 책의 제Ⅱ부를 위한 하나의 지침이 있다면, 그것은 바로 모든 것을 의문시하는 것이다. 윤리 강령이 존재하게 된 것은 특정한 문화적 환경 안의 특정한 맥락에서 생겨나는 관심사들과 지침들의 결과다. 이렇게 해서 생겨난 강령은 결과적으로 규범화된다. 흔히 최초 윤리 강령의 밑바탕에 깔려 있는 근본적인 가정들에 기초하여 차후 수정이 이루어진다. 실제 세계에서의 직업적, 법적, 시민적 변화는 부적절하다고 판명된 경험들에 의해 촉진된다. 하지만 근본적인 가정들은 차츰 배경으로 물러나게 되고, 윤리 강령에서의 개별적 측면들의 적절성에 대한 검토를 신중하게 하는 경우가 드물어진다.

많은 저자들은 윤리 강령의 기초는 중요한 도덕 원리들이어야 한다고 주장한다. 특히 이러한 저자들은 선행과 유해 금지, 자율성, 공정성, 성실 같은 원리들이 중요하다고 주장한다. 『도덕적 의사 결정에 대한 안내』에서 맥도널드(MacDonald)(2001)는 도덕성을 "사회적 상황에서 인간 행위를 조절하기 위한 규칙의 공유된 체계"로 정의한다. 인간 행위는 다음과 같은 적어도 두 가지 요인들이 제시된다면 정당화될 수 있다는 점이 중요하다. ⓐ 다른 사람들이 어떤 행동을 합리적인 것으로 본다. ⓑ 어떤 행위에 대한 반대보다는 지지 속에 더 좋은 이유들이 있다. 맥도널드에 따르면, 도덕성은 단지 희박한 경우에 상담이 필요한 별개의, 특별한 영역이 아니다. 그보다 도덕적 이슈들은 항상 우리를 둘러싸고 있다. 사실상 도덕 이론은 합리성을 우리의 도덕적 숙고로 이끌어 들이려고 노력한다. 도덕적 의사 결정을 위한 공식이 존재하지 않지만, 도덕적 의사 결정은 수많은 요소들을 수반한다. 예를 들어 도덕적 의사 결정에 관여할 때 우리는 다음과 같은 지식을 가져야만 한다.

1. 관련된 구체적인 도덕적 영역
2. 관련된 당사자들
3. 관련된 당사자들의 관계
4. 이슈(들)에 내재된 가치들
5. 그 이슈(들)에 내재된 구체적인 혜택 및(혹은) 부담들
6. 법적 혹은 기관의 규칙들

오포토우(Opotow)(1990)는 도덕적 배제(moral exclusion)를 논의하면서 도덕적 배제의 범위에 영향을 미치는 두 가지 중요한 요인을 구체화한다. 첫 번째는 직장과 돈을 위한 경쟁과 전쟁을 포함하는 '충돌(conflict)'이다. 두 번째는 인간 관계에 대한 개인적 지각이 비유사성(나 혹은 우리와 같지 않다는 측면), 비공통적 목표들, 신념에서의 차이와 같은 사실들에 의해 영향받는다는 측면에서의 '비연결성(unconnectedness)'이다. 오포토우(1990)의 글에서 코서(Coser)(1956), 레벤탈(Leventhal)(1979) 그리고 스타웁(Staub)(1987)은 이러한 요인들이 집단적

울타리를 강화하고 정보 처리 전략을 변화시키며 정의(justice)의 규칙에 관련된 선택을 바꾼다고 주장한다.

이러한 도덕 원리들이 다문화적 맥락에서 어느 정도 관련되어 있는가는 개인적인 상담 전문가들, 그리고 윤리 강령을 개발하고 유지해야 하는 책임을 가진 전문직 협회들을 위한 중요한 질문이다. 이 질문으로부터 수많은 부가적인 질문이 나온다. 중요한 도덕 원리들이 어떻게 문화적 범위에서 확인되는가? 이러한 원리들은 보편적인 것인가? 그 원리들이 서로 다른 실천가나 의뢰인 및(혹은) 문화에 의해 다르게 평가되는가? 능력에 관한 이슈는 중요한 도덕 원리들이 현실적으로 충족되기 위해 필요한 조건을 제공하는 방식으로 상담을 실행해나가는 토대다. 이론적 혹은 실천적 지향에 관계없이 단지 실천을 통해 능력은 그 혹은 그녀가 해로운 행위를 하는 것을 피할 수 있고(=유해 금지), 의뢰인에게 개인적인 선택을 할 수 있는 조건을 제공하며(=자율성), 상담사와 의뢰인에 의해 동의된 관계를 위한 기대 수준을 충족시킬 수 있는 환경에서(=성실), 의뢰인의 특유한 상황과 배경 그리고 문화를 인식하는 방식으로(=공정성) 의뢰인을 위해 긍정적인 결과가 나올 수 있도록 돕는 것이다(=선행). 능력은 도덕적 윤리적 실천을 위한 기초다.

이 책의 제Ⅱ부는 인식과 지식, 기술이라는 문화적 능력의 세 영역 모형을 옹호하는 AMCD에 의해 승인된 『다문화적 상담 능력의 작동』(아렌돈도 등, 1996)에 기초한 것이다. 제4장은 다문화적 상담 능력에 대한 AMCD의 세 영역 모형을 개관한다. 일반적으로 차이의 개념과 문화적 영향의 확산, 정서적 지식, 문화적 편견 그리고 윤리적인 다문화적 틀 개발 등이 이 장에서 논의된다.

다문화적 능력에 대한 AMCD 모형 개관에 이어, 제5장과

제6장에서는 다문화적 능력의 구체화된 영역에 초점을 맞춘다. 각 장은 ⓐ능력 있게 실천하는 것과 ⓑ해당 장의 주제를 ACA와 APA 그리고 NASW의 윤리 강령에 적용하는 것에 초점을 맞춘다. 이 논의는 전문가적인 것보다 인격적인 것을 강조한다. 인격적인 것과 관련된 중요한 이슈들은 ⓐ차이 ⓑ'자아'와 문화적 가정들 ⓒ문화적 영향의 확산 등의 영향을 포함한다. 제5장은 ACA와 APA 그리고 NASW의 윤리 강령을 사용하면서 인식(즉, 첫 번째 영역)의 적용과 함께 결론을 맺는다. 제6장은 지식과 기술이라는 두 번째, 세 번째 영역에 대한 심도 있는 논의를 제공한다. 이 장에서의 중요한 이슈에는 다문화적 맥락에서 조력자가 되는 것, 의뢰인의 문화적 틀에서 윤리적으로 일하기 위해 상담 이론과 학습된 기술을 적용하는 것, '인식에서 행위로 나아감'을 돕기 위해 행동 계획을 개발하는 것, 그리고 문화적 맥락에서 윤리적 의사 결정을 하는 것 등이 포함된다.

[제4장]
다문화적 맥락에서 사고하라

의뢰인들이 상담을 위해 방문할 경우,
그들은 자신들의 상담사에게 많은 신뢰와 믿음을 쏟는다.
의존, 자기 폭로, 상처받기 쉬움, 고통 경감과 안전한
환경에서의 문제 해결에 대한 기대 등을 포괄하는
치료적 관계에서 상담사의 역할은 능력 있는
서비스를 제공하는 의무에 충실하려는 것이다.
— 렘리 & 헐리히(Remley & Herlihy)(2001, p.135)

상담사와 사회복지사, 심리학자들과 같은 정신 건강 전문가들은 능력 범위에서 역할을 수행하고, 자신의 능력의 한계를 평가하며, 그에 따라 수행하도록 요구받는다. 여기서 능력은 전문직 수행이라는 직물 전체가 누벼진 상태다. 예를 들어, 증명이든 면허든 자격 증명, 즉 직업 집단에 의해 정신 건강 전문가로서의 확인은 구체적인 역할 수행과 개인의 능력 평가에 대한 권한을 부여하는 것이다. 훈련은 능력을 요구하는 직업적 기술의 다른 영역이다. 능력 있는 트레이너는 공식적 교육과 슈퍼비전 경험, 주와 국가 수준의 직업 자격 증명 그리고 적절한 직업적 경험을 가진 사람으로 간주된다. 비록 직업에서 신참자이지만, 학생들조차 유능하고 졸업에 앞서 구체적인 능력들을 보여줄 것으로 기대된다.

문화적 능력은 전문가들이 유능하게 역할을 수행하고, 그들

의 능력의 한계를 평가하며, 그에 따라 수행하도록 권한을 부여하는 데 대단히 중요한 영역이다. 전문직 협회에서 수많은 전문가들과 지도자들은 다문화주의와 다양성을 인식하는 것이 문화적 능력과 윤리적 실천을 위한 필수 조건이라는 점에 동의한다. 어떤 개업자나 교육자, 연구자 혹은 학생이 문화적으로 다양한 의뢰인들과 훈련 과정에 있는 예비 전문가들과 함께 일할 수 있도록 교육받지 않고 무능하다면, 사실상 많은 사람들은 그가 문화적으로 다양한 사람들에게 봉사를 제공하더라도 비윤리적으로 실천하게 될 가능성이 있다고 말할 것이다. 그러나 문화적으로 능력 있는 맥락에서 일한다는 생각은 특히 '인간이라면 다 같은 인간이고, 능력 있는 전문가가 된다는 것은 당신이 모든 사람을 존중하고 동일하게 대한다는 것이다'는 점을 믿는 사람에게 흔히 혼란을 준다.

능력은 정신 건강 전문가에게 최소한의 기준이다. 전문가와 예비 전문가가 능력 있는 방식으로 실행하는 데 요구되는 필수적인 인식과 지식, 기술들을 이해하고 주의 깊게 설명하기 위하여 전문직 협회의 도움을 받는다. 다문화적이고 다양한 사회에서 일하는 데 필요한 능력은 중요하다. 본 장은 문화적 맥락에서 능력을 제시하고 논의한다. 첫째, 능력을 형성하는 토대는 AMCD에 의해 개발된 다문화적 능력으로 이루어진다. 다음으로, 능력의 개발을 촉진하기 위해 하나의 다문화적 틀이 제공되고, 여기서는 ⓐ 윤리적 사고에서의 차이 개념 ⓑ 윤리적 사고에서 문화적 영향의 확산 ⓒ 윤리적 사고에서 정서적 지식의 영향을 언급한다. 본장은 결론적으로 ACA와 APA 그리고 NASW의 윤리 강령에서 능력에 대한 구체화된 관점을 제시한다.

문화적 맥락에서의 능력

모든 직업에서 윤리적 책임의 핵심은 의뢰인 혹은 사회에 단지 해를 끼치지 않는 것이다. 윤리적 책임의 측면에서 ACA와 APA, NASW에 소속된 구성원들은 도움을 제공하는 전문가와 전문가의 도움을 받는 사람들 사이에 존재하는 개인적이며 문화적인 차이점과 유사점에 대한 인식이 요구된다는 생각을 차츰 더 받아들이고 있다. 사실상 윤리적 행위에서 우리는 인종과 문화, 성 등을 반영한 차이점과 유사점을 정확하게 보기 위해 다문화와 다양성 '렌즈'를 개발할 필요가 있다는 공통된 인식을 갖고 있다. 문화적 토대를 갖는 가치를 제대로 청취할 수 있도록 돕는 다문화적 '청취 보조 도구'의 개발도 똑같이 중요하다. 이러한 가치들은 옳고 그름의 형태로 들리는 것이 아니라 단지 문화적 토대를 갖는 것으로 들리는 것이다. 이러한 이슈들이 능력과 어떻게 관련되는가는 매우 중요하다. 다문화와 다양성의 렌즈와 청취 보조 도구의 개발은 능력에 대한 정의와 적용에 토대를 둔다. 그리고 상담자와 사회복지사 혹은 심리학자들이 다문화적이고 다양한 모든 사람들에 대해 모든 것을 알 수 있기를 기대하는 것은 비현실적이다. 그러나 문화적 맥락에서 실천하는 것은 적어도 그러한 전문가들과 예비 전문가들이 도움을 받는 사람들의 문화적 세계관과 삶의 경험에 근거해서 도움 제공의 토대를 형성해야 한다는 점이다. 도움을 받는 사람들의 세계관과 삶의 경험들의 영향 그리고 이러한 사람들에 대한 지배 문화의 영향은 이론적 토대를 형성할 때 매우 중요하다. 도움 제공에 대한 이러한 3중 초점적 관점을 더욱 잘 나타내기 위해 [그림4.1]이 제공된다.

각 원은 다문화적 사회에서 삶의 본질을 획득하는 세계관과 삶의 경험, 가치들의 특별한 차원을 나타낸다. 각 원은 다차원

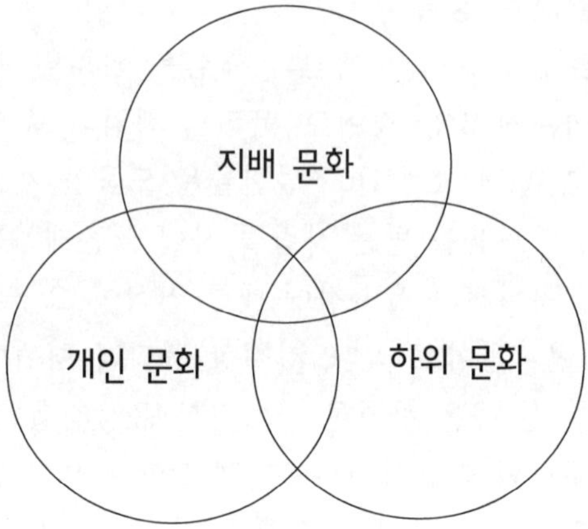

[그림4.1] 상호 뒤얽힘의 3중 초점을 통한 관점

적이다. 각 원은 그것 안에 다중적 원을 갖는다. 그러나 어떤 점에서 그 원은 중첩되고, 삶의 실재들(realities)은 3자 구성의 세계에서 살아가는 개인들과 개인들이 속한 집단에서 명백해진다는 것이 뒤얽힘의 핵심이다.

첫 번째 원은 지배 문화를 나타낸다. 지배는 인종과 민족성, 성, 사회 경제적 지위, 성(性)적 지향성과 같은 다양한 형태 위에서 만들어질 수 있다. 지배에 대한 구체적이고 공통적인 가치들과 세계관 그리고 삶의 경험들이 첫 번째 원에 있다. 예를 들어, 민족성(유럽계 미국인)과 인종(백인)의 형태를 취한다면, 민족적 관점에서의 주요 가치들은 개인주의와 경쟁을 포함한다. 유럽계 백인 미국인의 관점으로부터 공통된 삶의 경험은 특권(즉, 지배 문화에서 자연적 멤버십 때문에 주어지는 일반적인 혜택들)을 포함한다. 다시 말해, 미국과 같이 인종주의적 사회에서 백인의(인종적) 그리고 유럽계 미국인(민족적)의 배경을 가진 사람이 갖는 특권은 일반적으로 ⓐ 직업과 관련된 사회적 위치(예를 들어, 상담사와 사회복지사, 심리학자들의 대부분은 유럽계 백인 미국인들이다) 그리고 ⓑ 잡지와 텔레비전 같은 미디어에 자주 등장하는 인물들을 통해 명백하게 드러난다.

두 번째 원은 지배 문화에서 살아가면서 도움을 받고 있는 사람들의 하위 문화(즉, 문화적 유산)를 나타낸다. 예를 들어, 어떤 의뢰인은 중국계 미국인일 수 있다. 이 사람은 중국 문화가 반영된 하위 문화적 가치들과 삶의 경험들 그리고 세계관을 갖는다. 중국계 미국인으로서 공통된 중국적 가치들은 관계에 대한 의존과 가속에 대한 감사를 포함한다. 공통된 삶의 경험은 ⓐ 유럽계 백인 미국인의 지배 문화에서 '전형적인 소수집단'의 구성원으로 (신체적 특징에 기초하여) 인식되는 것 그리고 ⓑ 수학과 과학과 같은 영역에서 뛰어날 것으로 기대되는 것 등과 같은 개인적 집단적 차원을 포함한다.

세 번째 원은 도움을 받는 사람들의 개인 문화를 나타낸다. 이 사람은 지배 문화의 규칙과 규범, 일반적 지침 그리고 지각에서 살고 이것들에 의해 안내된다. 이에 덧붙여, 이 사람은 자신의 가치들과 신념들 그리고 일반적 세계관을 강조하는 하위 문화적 유산과 가계(家系)를 갖는다. 더욱이 이 사람은 한 개인으로서의 인간을 반영하는 개인적 가치들과 삶의 경험들 그리고 세계관을 갖는다. 그러나 그 개인의 가치들과 삶의 경험들 그리고 세계관은 그 개인의 하위 문화에 영향을 받을 뿐 아니라 지배 문화에 부합되는 현실에서의 삶의 실제들에 영향을 받기도 한다. 예를 들어, 두 번째 원에서 제시된 중국계 미국인으로 살아간다고 했을 때, 비록 중국계 미국인이기는 하지만, 그 개인은 의존과 가족이라는 하위 문화적 가치들을 중시할지 몰라도 자신의 진로에서 수학과 과학을 중시하지 않을 수 있다. 그러나 시각적인 특징에 기초해서 중국계 미국인 의뢰인에 대해 지배 문화의 구성원(예를 들어, 유럽계 백인 미국인 상담사와 사회복지사 혹은 심리학자들)이 가질 것으로 예상되는 일반적인 인식은 중국계 미국인 의뢰인이 '전형적인 소수 집단'의 구성원이고 (사실은 그 중국계 미국인 의뢰인이 정신 건강 전문가가 되기를 원하지만) 수학과 과학에서 재능을 발휘할 것이라는 점이다. 독자는 동화(assimilation)와 문화 접변(acculturation)에 대한 이슈 때문에 일반성에 대해 조심해야 한다는 점을 상기할 것이다. 동시에 독자는 공통성이 문화 집단에서 존재하고 이것은 한 세대에서 다음 세대로 전승되며 이에 대해 고려해야 한다는 점을 상기할 것이다.

이러한 세 개의 원은 중첩적이다. 상담사와 심리학자 그리고 사회복지사들이 성숙을 촉진하는 도움을 제공하고 도움을 받는 개인들과 집단들의 삶의 질을 향상시키려면 유능해야 한다는 것이 중첩의 핵심이다. 그러나 비록 중요하기는 하지만 능력은 정의내리고 기술하기 어려우며 흔히 혼란을 초래한다. 렘리와 헐리히는 다음과 같이 기술한다.

> 상담사의 능력은 비록 윤리적 관점에서 정의내리기 어렵고 법정에서 기술하기 어렵더라도 중요한 개념이다. 그것은 수행에 기초해서 설명될 수 있고, 중과실과 최대 효율성을 양 극단으로 삼는 일련의 연속선을 따라 존재하는 것으로 가장 잘 설명된다(p.149).

수많은 이슈들이 상담사의 능력과 관련되어 있고, 윤리적 혹은 법적으로 능력을 정의하고 기술하는 데 후속적인 어려움을 포함하고 있다. 렘리와 헐리히(2001)는 상담사를 위한 어려움에 관련된 열여덟 가지 핵심 요점을 강조한다. 다음의 요점들은 문화와 능력에 대한 더욱 가시적이고 직접적인 연결을 나타내기 때문에 열여덟 가지에서 추출된 것이다.

1. 비록 어렵다고 하더라도 상담사들은 그들의 능력 범위에서 수행하도록 요구받는다.
2. 문화적 능력의 개발은 훈련과 교육으로 시작된다. 상담사 교육자와 슈퍼바이저는 능력 있는 실천가를 배출하기 위한 일차적 책임을 갖는다.
3. 대학으로부터 졸업과 다른 훈련 체계에 기초해서 실천가로서의 역할을 가정하는 데 상담사들은 그들 자신의 능력을 평가한다.
4. 능력 있는 봉사를 제공할 수 없을 때 상담사들은 언제 의뢰인에게 말해야 하고 어떻게 말해야 하는가를 알아야 한다.
5. 특별한 의뢰인 대상들과 그들의 염려를 접할 기회를 갖지 못한 주변부의 상담사들은 어떻게 그들의 능력 범위를 확대할 수 있을까에 대해 신중하게 결정해야 한다.
6. 오늘날의 상담사들은 간문화적(intercultural) 상담 능력을 소유해야 한다(연습 문제 4.1을 보라).

연습 문제 4.1.을 완수하기 위해 다문화적 맥락에서 윤리를 실천하려고 노력하는 독자와 그 밖의 사람들은 구체적인 문화적 특성들과 능력들을 소유해야 한다. AMCD는 이러한 과정을 촉진하기 위한 일군의 능력들을 채택했다. ACA와 수많은 분과들은 이러한 능력들을 문화적 능력을 위한 지침으로 삼아왔다.

[연습문제4.1] 문화적 맥락에서 전문가적 능력을 명료화하는 것
[지시 사항] 렘리와 헐리히에 의해 제공된 핵심 요점을 내면화하고, 그것들을 직업적으로 의미 있게 하기 위해 다음과 같은 단계들을 완수해야 한다. [1단계] 각 요점을 다시 진술하고 적당한 곳에 당신의 이름과 직업을 채워넣어라.

예를 들어 첫 번째 요점은 우선 다음과 같이 진술된다.
상담사들은 아마도 역할을 수행하는 것이 어렵겠지만, 그들의 능력 범위에서 실천할 의무가 있다.
첫 번째 요점은 다음과 같이 재진술된다.
사회복지사인 나 테일러는 NASW에 의해 구체화된 능력 범위에서 실천할 의무가 있다.
[2단계] 1단계를 숙고하면서 각 진술에 담긴 잠재적인 문화적 함의를 확인하라.
예를 들어, 당신은 당신 자신과 당신에게서 도움을 받는 사람들 간의 어떤 잠재적인 변수들(가치들과 삶의 경험들, 신념들, 태도들)이 직업적인 능력 범위에서 당신이 실천해나가는 데 영향을 미치는지 자문해볼 필요가 있을지 모른다.

AMCD의 다문화적 능력들

어떤 학자들과 치료사들, 학생들, 교육자들은 문화적 능력을 '초문화적(cross-cultural) 봉사를 효과적으로 제공할 능력'으로 정의내린다. 다른 사람들은 비교 문화적 상황에서 더욱 효과적으로 일하기 위해 체계, 에이전시, 전문가에게 권한을 부여할 수 있는 통합된 정책, 조화로운 행위, 태도로서 문화적 능력을 정의한다. ACA의 한 분과인 AMCD는 상담 직업에서 문화와 다문화주의의 중요성에 대한 인식을 확산시키기 위한 선구자(평균 30년 동안) 역할을 해왔다. AMCD에서는 중요한 사회 문화적이고 사회 정치적 영역에서 상담 직업을 위한 리더십을 가지고 있고 또한 지속적으로 이를 발휘하고 있다.

AMCD에서는 『능력』이라고도 흔히 언급되지만 더 정확하게는 『다문화적 상담 능력의 작동』(아렌돈도 등, 1996)이라는 생동감 있고 발전적인 문서를 채택하고 발행해왔다. 『능력』을 위한 기초는 AMCD의 현 회장인 토마스 파햄(Thomas Parham: 1990~1991)과 다른 AMCD 전직 회장단과 지도자들의 비전 위에서 만들어졌다. 1991년부터 1992년까지 AMCD 회장을 맡았던 클레미 솔로몬(Clemmie Solomon)의 지도력 아래 1992년에 AMCD 직업 기준 및 자격기준위원회는 문화적 능력의 이슈에 대해 연구하였다. 이러한 노력의 결과물이 바로 『다문화적 상담 능력 및 기준: 직업에 대한 요청』(Sue, Arredondo, McDavis, 1992)이라는 원고다. AMCD 회장을 맡았던 말렌느 루더포드 로데스(Marlene Rutherford Rhodes)의 지도력 아래 1994년부터 1995년까지의 AMCD 직업 기준 및 자격기준위원회는 교정된 『능력』에 대한 부가적인 명료화를 제공하고, 작동 방식의 개발을 위한 기준을 구체화할 의무를 부여받았다. 1995년부터 1996년까지 AMCD의 회장을 맡았던 셀른 브리운의 지도력 아래 이루어진 『능력』에 대한 개선 노력의 결과, 1996년 1월에 『다문화적 상담 능력들의 작동』이라는 논문이 발행되었다.

『능력』을 통해 AMCD는 "우리는 누구의 렌즈를 통해 바라보고 있는가?"라는 질문에 답하기 위해 동료들과 독자들을 자극했다. 이 질문은 문화적으로 존중할 만하고 관련된 진단과 실험, 커리큘럼 개발, 결과 연구 그리고 다른 도움 행위로 이끄는 사고와 실천의 가이드로서 기능했다. 더 근본적인 점은 『능력』이 개인들을 존중하는 과정을 지원하고, 문화적으로 적절하고 정확한 인식과 지식, 기술을 통해 탁월성을 준비하는 데 필요한 환경적 변화를 기관들이 도모할 수 있도록 도움을 제공할 것이라고 AMCD가 믿었다는 점이다.

차이, 문화 그리고 다문화적 틀

차이와 문화의 영향에 대한 인식의 확산, 정서적 지식, 문화적 편견 그리고 윤리적인 다문화적 틀의 개발은 다문화적 맥락에서 윤리적 사고에 대한 불가피한 영향을 폭넓게 이해하기 위한 필수 요건이다. 오늘날 『문화적 다양성』과 『문화적 다원주의』는 우리가 살고 있는 글로벌 사회에서의 지각과 삶의 경험을 기술하기 위해 사용되는 공통 용어다. 문화적으로 다양한 글로벌 사회에 내재하는 것은 다인종적, 다민족적, 다언어적 그리고 다문화적 뿌리와 차이다.

정신 건강 전문가들은 '인간으로 모든 사람을 보는(=인간중심주의)' 것 그리고 도움을 받는 사람들을 위한 최고의 실천을 결정하기 위해 유사점에 주목하는 것에 대해 주의를 기울인다. 상담사와 심리학자 그리고 사회복지사들이 실제로 건전하고 능력 있는 기초 위에 있을 때, 그들은 사람들을 전일적으로 인식한다. 다시 말해 그들은 그 자체로 뿐 아니라 도움을 받는 사람들의 측면에서 유사점과 차이점을 모두 인식한다. 이와 동일한 비중으로 상담사와 심리학자 그리고 사회복지사들은 차이점과 유사점 모두 삶에서 그리고 타인을 돕는 직업에서 갖는 힘을 중시한다. 정신 건강 전문가들이 문화적 능력을 향해 나아감에 따라 그들은 자신들의 발전적 움직임을 촉진시킬 수 있는 일련의 질문들을 제기하도록 요청받는다. 이러한 질문들은 다음과 같은 것들을 포함하지만, 반드시 여기에 국한되는 것은 아니나.

- 내가 개인적으로나 직업적으로 차이에 대한 관념과 더불어 편안할 수 있는가?
- 내가 일할 때 차이점에 주목하고 주의 깊게 듣는가? 왜 그런가 혹은 그렇지 않다면 그 이유는 무엇인가?
- 한 인간으로서 그리고 전문가로서 내게 중요한 유사점에 주목하도록 만드는 것은 무엇인가?
- 정신 건강에 관련된 나의 역할 수행 과정에서 무엇이 유사점에 대한 인식을 더 강력하게 만드는가?
- 인간에게서 기본적인 유사점과 차이점은 무엇인가?

- 유사점과 차이점이 어떻게 내가 봉사하는 사람을 돕거나 이를 방해하고 있는가?
- 어떤 힘이 차이점과 유사점을 통해 도움을 주는 관계와 과정 그리고 결과를 낳도록 하는가?

상담사와 심리학자 그리고 사회복지사들은 "사람들은 자신과의 유사점에 주목함으로써만 가장 잘 도움을 받을 수 있고 존중받을 수 있다"와 같은 인간적인 신념과 진술을 동기화하는 것을 파기하도록 권장받는다. 상담사와 심리학자, 사회복지사들은 삶의 경험들과 문화적 배경으로부터 비롯되는 아름다움과 힘, 차이의 가치를 인식하지 못하도록 만드는 사슬을 벗어던지도록 도전받는다. 마침내 상담사와 심리학자, 사회복지사들은 다문화적이고 다양한 개인들에 대해 자신들이 갖는 차이점에 대한 민감성을 차츰 암적으로 변화시키는 인간적 혹은 직업적 민족중심주의를 불허하도록 고무된다.

다문화적 맥락에서 윤리의 근본적인 요소들 중 두 가지는 가치론과 인식론이다. 어떤 문화든 무엇이 가치 있는 것인가(가치론)에 대한 방식을 갖는다. 또한 어떤 문화든 인식하고 이해하는 방식을 갖는다(인식론). 가치론과 인식론은 윤리 강령을 만들고 이해하며 그에 따라 행위하고 시행하는 데 정확성과 적합성에 대한 디딤돌이 된다. 상담사와 심리학자, 사회복지사들이 가치론과 인식론의 문화적, 사회적, 역사적 토대를 알아듣고 이해할 수 있는 정도는 문화적으로 적합한 윤리적 결정을 하도록 하고 문화적으로 적절한 윤리적 사고에 관여하도록 하는 능력에 영향을 미칠 것이다. 그리하여 문화적 능력을 둘러싼 직업 발달은 다문화적 맥락에서 윤리를 촉진하고 강화한다는 점에서 중요해진다.

예를 들어, 정신 건강 전문가들과 예비 전문가들이 성에 대한 관념을 고려할 때 성이 문화를 초월하지만, 개인이 성장한 문화에 의해 여성과 남성 간의 공통점과 차이점이 있다는 점은 분명해졌다. 정신 건강 실천가들과 예비 실천가들이 도움을 제공할 남성과 여성을 위해 최고의 봉사를 어떻게 제공할 것인가 결정하는 과정에서 성은 매우 중요한 차원이다. 더욱이 의뢰인의 두드러진 문화적 지향성은 그 개인이 '자아'(Arredondo 등, 1996 ; Helms & Cook, 1999 ; Pack-Brown, Whittington-Clark, & Parker, 1998)를 형성하는 방식에 영향을 주는 경향이 있다. 예를 들어, 두드러진 문화적 지향성이 집단주의적일 때, 그 사람은 '자아'를 사회적 역할과 맥락의 복잡한 혼합물 속에서 형성하는 경향이 있다. 실제로 그 사람은 다른 사람의 눈을 통해서 혹은 자신이 놓여 있는 상황을 통해서 '자아' 혹은 개인적인 문제들을 기술한다(Helms & Cook, 1999). 또한 (도움을 주는 사람과 받는 사람을 포함한) 대부분의 사람들은 문화적 사회화에 대한 순응을 중시한다. [표4.1]은 여성의 렌즈를 통해 본 것으로서 아프리카계 미국인과 유럽계 미국인의 세계관 요인들을 비교한 것이다.

[표4.1]에서 볼 수 있는 바와 같이 한편으로 보자면, 유사점은 가치(가치론)에 관련된 성을 포함하고, 또한 협동과 공동체, 관계 내 자아 등을 포함한다. 다른 한편, 가치가 어떻게 행위적으로, 심리학적으로, 정서적으로 구현되는가에 문화적 토대가 영향을 미치는 것과 같이 두드러진 문화적 지향성은 가치의 의미와 해석을 지시한다. 많은 아프리카계 미국인 여성들은 관계 내 자아에 대한 두드러진 문화적 지향성을 가지고 있다. 아프리카 중심적 지향성으로부터 자아의 바탕에 깔려 있는 의미는 집단의 한 구성원으로서의 자아다. 이러한 가치는 실제로는

"나는 나의 인종, 민족성, 성의 확장이기 때문에 중요하고 가치 있다"의 의미를 흔히 담고 있는 "나는 우리이기 때문에 나이다"라는 진술을 통해 명백해진다. 유럽 중심적 지향성으로부터 자아의 바탕에 깔려 있는 의미는 개인으로서의 자아다. 선행 연구에 따르면, 유럽계 미국 여성들에게도 자아의 바탕에 깔려 있는 의미는 집단의 한 구성원으로서의 자아라는 점이다. 결과적으로, 많은 유럽계 미국인 여성들은 그들이 관계 내 존재이기는 하지만, 흔히 자아를 확장된 자아로 보고 "나는 개인적인(고유한) 여성이다", "나는 생각한다. 그러므로 존재한다"와 같이 보면서 유럽 중심적 신념이 갖는 의미를 동시에 내포하고 있다. 그리하여 인종 혹은 민족성에 대한 언급과 더불어 여성 요인(성)은 많은 유럽계 미국인 여성에게 중요하게 고려된다.

정신 건강 전문가들이 다문화적 맥락에서 성을 주의 깊게 주시하고 경청할 때, 그들은 문화적 청취 보조 도구를 통해 듣고 문화적 렌즈를 통해 관찰하게 된다. 그들은 인간 삶의 직물 전체가 누벼져 감에 따라 문화적 영향의 광범위성을 인식하고 인정한다. 문화적 청취 보조 도구를 통해 듣고 문화적 렌즈를 통해 얻는 부산물은 도움을 받는 사람의 문화적 맥락과 삶의 경험에서 더욱 적절하게 도울 수 있는 가능성이다. 문화의 영향을 이해하는 상담사와 심리학자, 사회복지사들은 다문화적 맥락에서 더 잘 윤리적으로 사고할 수 있는 조건을 갖는다.

[표4.1] 추출된 성과 인종적 세계관 요인들		
	누구의 렌즈를 통해서? 두 문화적 세계관 분석	
성(性)적 세계관	공통된 가치들	문화적 세계관

아프리카계 미국인 여성들		아프리카 중심적
가치론 (가치 있는 것)	협동, 정서적 생활력, 공동체, 관계 내 자아, 직접적/열린 행위, 비언어적 ·언어적 표현	
인식론 (알 수 있는 방법)	감정들(경험 : 아프리카계 미국인들과 여성들)	
자아의 개념	확장된 자아(나는 우리이기 때문에 나다. 인종적·성적 요인들이 중요하다)	
관계에서의 필요	우리는 보살핀다(관계를 맺는다) 우리는 이해한다(연결한다) 우리는 서로에게 감사한다	
유럽계 미국인 여성들		유럽 중심적
가치론 (가치 있는 것)	협동, 개방된 정서들, 공동체, 관계 내 자아, 직접적/조절된 행위, 언어적·비언어적 표현들	
인식론 (알 수 있는 방법)	감정들, 경험 (다른 여성들)	
자아의 개념	확장된 자아(나는 생각한다, 그러므로 나는 존재한다. 나는 우리이기 때문에 나다. 여성 요인들은 중요하다)	
관계에서의 필요	우리는 보살핀다(관계를 맺는다) 우리는 이해한다(연결한다) 우리는 서로에게 감사한다	

[출처] Collins(1990) ; Pack-Brown, Whittington-Clark, and Parker(2002)

세 가지 윤리 강령의 도덕 원리 : 문화적 맥락에서의 관점

윤리 강령의 중요한 도덕 원리들(Herlihy & Corey, 1996 ; Pedersen, 2000 ; Thompson, 1990)은 행위의 더 높은 기준에서 지향되는 가치의 수준을 나타낸다. 행위의 이러한 기준은 때때로 덕 윤리학(virtue ethics) 혹은 열망 윤리학(aspirational ethics)으로 언급된다. 덕 혹은 열망의 기준 아래에서 실천의 목표는 주어진 강령을 문자 그대로 이해하기보다는 실천을 위한 윤리 강령을 설정하는 이면의 정신을 충족시키는 기준을 읽고 해석하도록 자극하는 것이다(Herlihy & Corey, 1996 ; Pedersen, 2000). 덕 혹은 열망 윤리학을 추구함으로써 상담사와 심리학자, 사회복지사들은 특정한 문서화된 강령에서 제시된 의무 윤리학(Herlihy & Corey, 1996) 혹은 규범 윤리학의 지침에 의해 반드시 안내되는 것이 아니라 높은 서열에 있는 가치들에 의해 안내될 것이다. 설정된 윤리 강령 이면의 정신을 충족시키기 위한 자유는 상담사와 심리학자, 사회복지사들로 하여금 의뢰인의 구체적인 문화적 맥락에서 중요한 도덕 원리들을 확인하고 평가하도록 해준다(Pederson, 2000). 지침이 되는 도덕 원리들과 후속적인 윤리적 행위들은 의뢰인의 문화적 맥락에서 평가될 것이다. 이러한 평가 유형은 현재의 염려와 문제점이 존재하는 의뢰인의 문화적 맥락을 고려하기 때문에 매우 중요하다.

중요한 도덕 원리들은 현재의 윤리 강령에 대한 검토에서 쉽게 드러나지 않는다. 그 이유 중 하나는 현재의 강령은 규범 윤리학(Thompson, 1990) 혹은 원칙 윤리학(Jordan & Meara, 1990 ; Pedersen, 2000)을 반영하는 경향이 있기 때문이다. 현재의 강령이 중요한 도덕 원리들에 의해 안내된 정도는 제한적이며, 실제로는 윤리적 지침을 진전시키기 위한 정신 건강 전문가들의 노력(예를 들어 ACA, APA, NASW)에 의해 산출되었다고 보는 것이 더 적절하다. 그러므로 현재의 강령은 전문가 집단에서 확인된 '최소한의 수용 가능한 실천'을 언급하는 더욱 기술적인 규범(descriptive norms)을 반영하는 경향이 있다. 이러한 전문가들은 중요한 도덕 원리를 적용하기 위해서라기보다는 수용 가능한 실천을 확인하기 위해 그들의 전문직 협회(예를 들어 ACA, APA, NASW)로부터 의뢰를 받아왔던 것이다. 가장 흔히 윤리 강령을 검토하고 해석하는 출발점은 현재의 강령을 통해서다. 그러나 만약 출발점이 최근에 만들어진 강령이라면, 그 강령을 읽고 해석하는 사람들은 그가 비록 문화적으로 능력 있고 민감하지 않더라도, 윤리적 사고와 원리의 적용을 위한 토대로서 강령의 최초 가정들에 대해 숙고해 볼 것이다.

다문화적 틀 : 다문화적 맥락에서의 윤리적 사고와 의사 결정

이 장에서 우리는 문화적 맥락에서의 능력을 제시하고 논의해왔다. 우리는 능력을 설정하는 토대로 AMCD에 의해 개발되고 인준된 '1996 다문화적 능력'을 옹호해왔다. 이 짐으로부터 우리는 다문화적 맥락에서 윤리적 사고와 의사 결정을 위한 틀을 제공할 것이다. 그런 후에 우리는 ACA와 APA 그리고 NASW라는 세 가지 전문직 협회의 윤리 강령에서 구체화된 능력을 검토할 것이다. 각 검토는 개별적으로 그리고 다문화적 맥락에서 이루어질 것이다. 우리의 목표는 실천을 이끄는 중요한 도덕 원리를 확인하고, 그런 후에 윤리적 사고와 의사 결정을 위해 제안된 틀을 사용하면서 중요한 도덕 원리의 적용을 위한 조언을 제공하는 것이다.

윤리학과 다문화주의를 결합시키려는 과거와 현재의 노력

을 가정할 때, 우리는 현재의 강령이 윤리 강령을 검토하고 해석하는 출발점이 될 수 있음을 인정한다. 그러나 여기서는 하나의 대안적 토대로서 문화적으로 능력 있고 민감한 틀을 제공하는 데 더욱 초점을 맞추고자 한다. 이것은 다문화적 맥락에서 윤리적 사고와 원리의 적용을 촉진하기 위해 만들어지는 것이다.

다문화적 맥락에서의 윤리학이란 무엇인가? 본질적으로 다문화적 맥락에서의 윤리학은 다양한 집단들의 세계관과 가치, 삶의 경험들에 따라 윤리 강령을 안내하는 중요한 도덕 원리의 적용 과정이다. 다문화적 맥락에서 윤리학에 적절하게 관여하기 위해서는 구체적인 인지적 정의적 행위들이 필요하고, 이것들은 ⓐ 현재의 윤리 강령에 대한 문화적으로 적절한 해석을 위해 본질적으로 고려되는 정신 건강 전문가들을 위한 발달과 실천의 기준과 지침들 ⓑ 윤리 강령에서 최근 문화적으로 문제가 있는 측면들을 확인하고 교정하기 위한 개인적 능력과 기술에 근거하게 된다. 이 틀은 다음 세 단계의 발달 특징들을 제시한다. ⓐ 신념과 태도 ⓑ 지식 ⓒ 다문화적 맥락에서 윤리적 원리들을 해석하고 적용하기 위한 세 영역에서의 기술들이 이에 해당한다.

이러한 기술들(skills)은 다음과 같다.

1. 현재의 윤리 강령을 효과적으로 읽고 해석하며 적용하기 위해 필요한 자신의 신념과 태도, 지식, 기술에 대한 인식.
2. 신념과 태도에 대한 이해뿐 아니라 자신의 문화와는 다른 문화를 가진 전문가들의 세계관에 대해 가진 개인적 지식.
3. 현재의 강령에 대한 사고와 적용을 위한 적절한 개입 전략과 기술(techniques)을 통해 윤리적이고 문화적으로 관련된 해석을 제공하는 능력.

이 틀이 AMCD에서 제시한 다문화적 능력에 기초하여 만들어지고 상담사들을 위해 마련되었지만, 독자들이 아렌돈도(1996) 등으로부터의 인용구를 검토함에 따라 그들은 '상담사'의 위치에 그들의 직업 이름(예컨대 심리학자, 사회복지사)으로 대체하도록 조언을 받았다.

개인적 가정들, 가치들, 편견들에 대한 인식

신념과 태도

"문화적으로 능숙한 상담사들은 그들 자신의 문화적 배경과 경험들이 어떻게 심리적 과정에 대한 태도와 가치, 편견에 영향을 미치는지 알고 있다"(Arredondo 등, 1966, p.11).

다문화적 맥락에서 윤리학을 작동시키는 첫 번째 발달 단계는 개인적 인식과 개인적 특성에 초점을 맞추는 것이다. '자아'에 대한 인지적이고 정서적인 경험들은 그들이 다른 사람들을 자신과 유사하게 혹은 다르게 보는 방식에서 매우 중요하다. 또한 한 가지 중요한 점은 정신 건강 전문가들이 그들의 개인적 태도와 신념, 편견 그리고 그들 자신의 문화적 유산에 대한 가정을 고려하는 방식이다. 끝으로 문화적으로 능숙한 상담사와 심리학자, 사회복지사라면 문화적 차이에 관련된 정서적 경험에 대한 자신의 신념과 태도를 아는 것이 중요하다. 이러한 인식은 윤리 강령에 명시적으로 혹은 암묵적으로 나타난 문화적 차이의 측면을 효과적으로 읽고 적절하게 해석하는 능력을 향상시킬 것이다.

지 식

"문화적으로 능숙한 상담사들은 그들 자신의 인종적 문화적 유산에 대해 구체적인 지식을 갖고, 또한 어떻게 그러한 유산이 개인적으로나 직업적으로 정상/비정상, 상담 과정에 대한 그들의 정의(definitions)와 편견에 영향을 미치는가에 관한 지식도 갖는다"(Arredondo 등, 1996, p.12).

상담사와 심리학자, 사회복지사들은 자기 인식의 특성 위에 구성된 '내용에 기초한 진술'을 하고, 개별 상담사와 심리학자, 사회복지사들에 대한 개인적 생각과 느낌에 의해 영향을 받는다. 정신 건강 전문가들이 지닌 지식은 자신과 유사한 혹은 상이한 사람들과 더불어 살아가면서 가진 다양한 삶의 경험을 통해 획득되거나 공식적 비공식적 교육 과정을 통해 얻게 된 지식을 통해 획득된다.

기술들

문화적으로 능숙한 상담사들은 문화적으로 다른 사람들과 일하면서 자신들의 이해와 유효성을 향상시키기 위해 교육적 경험과 상담 경험 그리고 훈련 경험을 추구한다. 자신이 가진 능력의 한계를 인식할 수 있게 되면서 그들은 ⓐ 상담을 시도하고 ⓑ 더 많은 훈련 혹은 교육을 위해 노력하며 ⓒ 더 나은 자질을 갖춘 개인들 혹은 활용 가능한 자원들을 언급하거나 ⓓ 이러한 것들의 결합에 관여한다.

기술 관련 진술은 상담사와 심리학자, 사회복지사들을 위한 개인적 직업적 발달 기회에 근거한 것이다. 윤리 강령의 독자로서 그리고 각각의 직업에서 윤리적 행위의 슈퍼바이저로서, 이러한 전문가들은 최소한 자신의 한계를 인식하고 다문화적 맥락에서 적절한 윤리적 사고와 적용에 관여할 수 있도록 하기 위해 상담과 더 많은 훈련 혹은 교육에 개방적이다.

문화적으로 다른 동료들의 세계관 이해하기

다문화적 맥락에서 윤리학을 작동시키는 과정의 두 번째 발달 단계는 도움을 받는 사람에 대한 지식을 얻는 것이다. 이 단계는 상담사와 심리학자, 사회복지사들 간에 정확한 직업적인 초문화적 상호 작용, 세계관 해석 그리고 초문화적 사고를 풍부하게 만드는 문화적 가치들과 삶의 경험에서 형성된 지식의 발달을 강조한다. 어떤 특정한 윤리 강령을 읽고 해석하는 사람이 다문화적이고 다양한 자신의 동료에 대해 지각하고 잘 알기 위해서는 책임감이 요청된다. 그들 자신 외부의 세계관을 이해하는 상담사와 심리학자, 사회복지사들은 자기 인식과 자아에 대해 형성하는 지식의 과정에 끊임없이 관여한다.

신념과 태도

"문화적으로 능숙한 상담사들은 그들의 고정 관념과 다른 인종적이고 민족적인 소수 집단을 향해 취하는 선입관을 알고 있다"(Arredondo 등, 1996, p.19).

상담사와 심리학자 그리고 사회복지사들은 공식적 교육과 개인적 경험을 통한 정보 습득과 같은 학습 방법을 통해 획득된 다변량(multivariate) 관점으로부터 동료들과 다른 전문가들(자신과 다른 문화적 유산을 공유하는 전문가들)을 이해하는 것의 중요성을 상기하게 된다. 이에 덧붙여 정신 건강 전문가들은 직업적 가입에 관계없이 모든 사람은 인종과 민족성, 성, 성적 지향성 혹은 문화의 형태에서 개인적 편견과 차이에 대한 가정을 가지고 있다는 점을 상기한다. 문화적 맥락에서 윤리적 강령의 적용과 효과적인 윤리적 사고의 필수 조건은 유사성과 다양성을 갖는 세계관에 대한 정확한 이해다.

지 식

"문화적으로 능숙한 상담사들은 어떻게 인종과 문화, 민족성 등이 인성 형성, 직업 선택, 심리적 장애에 영향을 미치고, 추구하는 행위를 도우며, 상담 접근의 적절성 혹은 부적절성에 영향을 미치는가를 이해한다"(Arredondo 등, 1996, p.21).

(사회 정치적이든 사회 경제적이든) 개인의 환경은 자신의 태도와 행위, 특히 자신이 상호 작용하는 다른 사람에 대한 태도와 행위에 영향을 미친다. 상담사와 심리학자, 사회복지사들은 그들이 봉사하는 사람들의 발달과 인간 행위에 대해 훈련받아왔다. 이러한 정신 건강 전문가들은 동일한 지식을 그들이 함께 일하는 사람들에게도 적용할 필요성을 깨닫게 된다.

기술들

"문화적으로 능숙한 상담사들은 소수자들에 대한 그들의 관점이 학술적이거나 단순히 돕는 활동 이상이 되도록 하기 위해 상담의 장 이외(예컨대 공동체 행사나 사회 정치적 기능, 축하연, 친교, 이웃 집단 등)에서 소수자 개인들과 더불어 능동적으로 참여하게 된다"(Arredondo 등, 1996, p.23).

문화적 맥락에서 변화하고 사고하며 느껴보려는 용기는 능동적이고 상호적인 과정이다. 상담사와 심리학자, 사회복지사들은 실제적 맥락에서 벗어난 추상 상태에서 다른 직업에 대해 배울 수 없다. 문화적 차이들은 특정한 문화적 맥락에서의 '실제적' 관점, 삶의 관점, 삶에 대한 후속적 접근을 요구한다. 다문화적이고 다양한 정신 건강 전문가들의 삶의 일부분인 이슈와 조건, 가치, 신념 그리고 다른 삶의 실제들은 윤리 강령을 읽고 해석하고 적용할 때 결코 무시될 수 없다. 그것들을 무시하는 것은 비윤리적 행위를 만들어내고 부적절한 윤리적 사고의 가능성을 높일 수 있다.

다문화적 맥락에서 윤리적 사고의 기술을 발달시키는 것

상담사와 심리학자, 사회복지사들은 이 단계에서 ⓐ 현재의 윤리 강령과 그 강령의 문화적 한계에 대한 비판적 이해 ⓑ 그들 자신과 유사하거나 다른 동료들의 가치, 주요 역사적 문화적 삶의 경험, 태도에 대한 존중의 중요성 등의 깊이를 평가하도록 요구받는다. 적절한 사고와 적용 전략을 개발하기 위해서는 문화적으로 민감한 상담사와 심리학자, 사회복지사들에 의한 윤리적 행위의 정의와 윤리적 모니터링을 필요로 한다.

신념과 태도

"문화적으로 능숙한 상담사들은 의뢰인의 성격 특성과 종교적 금기를 포함한 의뢰인의 종교적 정신적 신념과 가치를 존중한다. 왜냐하면 그것들은 세계관, 사회 심리적 기능, 고민의 표현에 영향을 미치기 때문이다"(Arredondo 등, 1996, p.25).

오늘날 상담사와 심리학자, 사회복지사들은 다른 어떤 때보다 윤리적 행위의 정의와 윤리 강령에서의 민족중심주의적 관점을 넘어서기 위해 도전받고 있다. ACA와 APA, NASW의 자문화 중심적 윤리 강령은 사회의 집짓기 블록으로서 자아를 촉진하기 위한 개체주의적 체계 위에 기초한다. 상담사와 심리학자, 사회복지사들은 (윤리 강령의 개정과 공식적 및 비공식적 훈련을 통해) 도전받아왔지만, 문화적 맥락에서의 윤리학을 둘러싼 지속적인 고민이 여전히 요구된다.

지 식

"문화적으로 능숙한 상담사들은 상담과 치료의 일반적인 특징에 대한 명료하고 분명한 지식과 이해를 갖고, 어떻게 그들이 다양한 문화 집단의 문화적인 가치와 충돌하는가를 안다" (Arredondo 등, 1996, p.25).

기술들

문화적으로 능숙한 상담사들은 다양한 언어적 비언어적 반응을 보일 수 있다. 그들은 정확하고 적절하게 언어적 비언어적 메시지를 받거나 보낼 수 있다. 그들은 도움을 제공하기 위해 단일한 방법이나 접근에 얽매이지 않고, 돕는 스타일과 접근 방법이 문화와 부합될 수 있다고 본다. 자신들의 돕는 스타일이 제한되고 잠재적으로 부적절하다고 인식할 때 그들은 그것을 예감하면서 수정할 수 있다(Arredondo 등, 1996, p.27).

문화적 능력에 대한 진정한 검증은 사고와 해석 그리고 적용 수준에 있다. 이 항에서 기술과 관련된 진술은 '문화적으로 능숙하고 능력 있게' 그리고 윤리적으로 되는 복잡성을 강조한다. 다문화적 맥락에서 정확하고 윤리적인 사고를 촉진하는 발달적 지침으로서 그러한 진술들을 고려하라. 중요한 점은 문화가 삶의 모든 측면을 가로지르며, 그렇게 함으로써 윤리적이고 비윤리적인 행위를 확인하고 인라인(그때그때 즉시 처리하는) 문화와 삶의 경험을 윤리학적으로 해석하는 데 불가피하고 중요한 요인이라는 것이다.

문화적 맥락에서 미국상담학회, 미국심리학회, 미국사회복지사협회 윤리 강령의 검토

문화적 맥락에서 살펴본 바와 같이 ACA와 APA, NASW 윤리 강령에 대한 좀더 포괄적인 검토는 제Ⅲ부에서 이루어질 것이다. 본 장의 마지막 항에서 우리는 윤리 강령을 검토하기 위한 하나의 제안된 틀을 활용하기 위해 그 기초를 마련할 것이다. 또한 소통을 촉진시키기 위해 우리는 그 틀을 ACA와 APA 그리고 NASW 강령에 적용할 것이다. 이를 위해 우리는 각 전문직 협회의 전문(前文)으로 시작할 것이다(제1장을 보라). 다음으로, 우리는 다문화적 능력(인식, 지식, 기술)의 세 단계 중에 하나에 초점을 맞추면서 그 전문(前文)을 평가할 것이다. 끝으로 우리는 각 전문직 협회의 전문을 윤리적 맥락에서 윤리적 사고를 촉진하는 틀에 적용할 것이다.

ACA 윤리 강령

미국상담학회는 전 생애에 걸쳐 인간 발달의 촉진에 헌신하는 회원들로 구성된 교육적, 과학적, 직업적 조직체다. 협회의 회원들은 우리 사회에서 다양성을 인식하고 각 개인의 가치와 위엄, 잠재력, 고유성을 옹호하면서 초문화적 접근을 채택한다.

윤리 강령의 구체화는 협회로 하여금 현재와 미래의 회원들, 회원들의 도움을 받는 사람들 그리고 회원들에게 공통적으로 견지되는 윤리적 책임감의 성격을 규명할 수 있게 한다. 협회의 윤리 강령으로서 이 문서는 협회 회원의 윤리적 행위를 정의하는 원리들을 설정한다. 미국상담학회의 모든 회원들은 『ACA 윤리 강령과 실천 기준』을 준수하도록 요구받는다. 『ACA 윤리 강령과 실천 기준』은 이 협회 회원들의 윤리적 불평을 처리하기 위한 기초로서 기능할 것이다(ACA, 1995, p.1) (연습 문제 4.2를 보라).

[연습문제4.2] 인식 : 자기 자신의 문화적 가치와 편견에 대한 개인적 인식

[지시 사항] 문화적 맥락에서 윤리적 사고의 과정을 돕기 위해 다음의 질문들은 이러한 윤리적 사고와 적용에 관련된 심리적 과정에 대한 개인적 태도와 가치, 편견의 영향을 확인하도록 도움을 제공한다. 각 질문에 대해 개인적으로 그리고 가능하면 최대한 정직하고 철저하게 묻고 대답하라.

[신념과 태도]
"문화적으로 능숙한 상담사, 심리학자, 사회복지사들은 그들 자신의 문화적 배경과 경험들이 심리적 과정에 대한 태도, 가치, 편견에 어떠한 영향을 미치는가를 이해한다"(Arredondo 등, 1996, p.11).
1. 나는 민족적으로 나를 어떻게 규정하는가? 나의 두드러진 문화적 유산은 무엇인가?
2. 나와 유사하거나 다른 사람들이 세계에 대해 어떻게 생각하고 처리하는가에 대한 개인적 태도, 가치, 편견에 영향을 미쳐온 공통된(주제적인) 문화적 경험은 무엇인가?
3. 나의 민족성, 공통된 문화적 경험들, 개인적이고 문화적인 가치들, 신념들은 ACA 전문에 대해 내가 어떻게 생각하고 해석하는가에 어떤 영향을 미치는가?

[지식]
"문화적으로 능숙한 상담사들은 그들 자신의 인종적이고 문화적인 유산에 대한 구체적인 지식을 갖고, 어떻게 그러한 유산이 개인적으로나 직업적으로 정상/비정상, 상담 과정에 대한 그들의 정의(definitions)와 편견에 영향을 미치는가에 관한 지식도 갖는다"(Arredondo 등, 1996, p.12).
1. 나 자신의 인종적이고 문화적인 유산에 대해 내가 아는 것은 무엇인가?
2. 나의 인종적이고 문화적인 유산에 대해 내가 아는 것이 정상적 혹은 비정상적 행위로 고려되는 것에 대한 나의 정의와 편견에 어떻게 영향을 미치는가? 나의 인종적이고 문화적인 유산에 대한 지식이 『ACA 윤리 강령 및 실천 기준』에 의해 규정된 윤리적이고 비윤리적인 행위를 정의하는 데 어떤 영향을 미치는가?

[기술들]
"문화적으로 능숙한 상담사들은 문화적으로 다른 사람들과 함께 일하면서 자신들의 이해와 유효성을 향상시키기 위해 교육적 경험과 상담 경험, 훈련 경험을 추구한다. 그들 능력의 한계를 인식하게 되면서 그들은 ⓐ상담을 추구하고 ⓑ더 많은 훈련 혹은 교육을 추구하며 ⓒ더욱 자질을 갖춘 개인들 혹은 활용 가능한 자원들을 언급하며 ⓓ이러한 것들의 결합에 관여한다"(Arrddondo et al., 1996, p.14).
1. 문화적으로 다른 사람들과 함께 일하면서 자신의 이해와 유효성을 향상시키기 위해 지난 달 동안 나는 어떤 교육적 경험과 상담 경험, 훈련 경험에 참여해왔는가?

2. 나의 직업적 삶에서 매우 중요한 이 시기에 내가 지닌 문화적 능력의 한계(한두 개 정도)는 무엇인가?
3. 2번에서 확인된 한계가 있다면, 문화적으로 능력 있는 도움의 기술을 개발하도록 나를 돕기 위해 누가 적합하고 능력을 지니고 있는가?

APA 윤리 강령 : 세계관 평가와 지식 형성을 발달시키고 적용하는 것

정신 건강 전문가들에 의한 다른 사람들의 세계관 인식

심리학자들은 인간 행위에 대한 과학적 전문적 지식, 그들 자신과 다른 사람들에 대한 이해 그리고 개인과 조직체, 사회를 향상시키기 위해 그러한 지식의 사용을 증가시키고자 노력한다. 심리학자들은 시민권과 인권, 연구와 가르침과 출판에서 탐구와 표현의 자유가 갖는 핵심적 중요성을 존중하고 보호한다. 그들은 또한 사람들로 하여금 인간 행위에 관한 교양 있는 판단과 선택을 할 수 있도록 돕고자 노력한다. 그렇게 함으로써 그들은 연구자·교육자·전문의·치료자·슈퍼바이저·상담사·행정가·사회적 중재자·유능한 증언자 같은 다양한 역할을 수행한다. 이 윤리 강령은 심리학자들이 그들의 직업적 과학적 일을 수행하는 데 고려해야 할 가치의 공통된 세트를 제공한다.

이 윤리 강령은 심리학자들이 직면하는 대부분의 상황을 망라할 수 있는 구체적인 기준을 제공한다. 또한 규율의 윤리적 기준에 관해 회원들과 학생들, 대중들을 교육하고, 심리학자들이 함께 일하는 개인과 집단의 행복과 보호를 위해 노력하도록 만드는 것이 일차적인 목표다.

심리학자의 역할 수행을 위한 역동적인 윤리적 기준의 세트 개발은 윤리적으로 행동하기 위한 개인적 헌신을 요구하고, 학생들과 관리 아래 있는 사람들, 종업원들, 동료들에게 윤리적 행위를 권장하며, 윤리적 문제에 관해 다른 사람들에게 상담할 것을 요구한다. 각각의 심리학자는 개인적 가치와 문화, 경험에서 나온 안내에 기초해서 윤리 강령의 가치와 규칙을 위반하는 것이 아니라 적용해나간다(APA, 2002, p.1).

지식 : 다른 문화적 유산을 가진 동료들의 세계관

그들 자신과는 다른 동료들의 세계관과 자신이 읽고 있는 윤리 강령의 세계관을 이해하는 상담사와 심리학자, 사회복지사들은 문화적 맥락에서 윤리적 행위를 확인할 수 있는 더 좋은 위치에 있다. 연습 문제 4.3은 비윤리적 행위에 관여할 것이라고 예상되는 사람의 세계관과 윤리 강령에 반영된 세계관에 대한 지식을 사용하면서 윤리적 맥락에서 윤리적 사고를 촉진하기 위해 고안된 것이다.

[연습문제4.3] 지식 : 윤리적 사고에 대한 선구자
[지시 사항] 문화적 맥락에서 윤리적 사고의 과정을 돕기 위해, 다음의 질문들은 자신과 문화적으로 다른 동료들의 세계관(공통된 가치들, 삶의 경험들, 태도들)에 대한 지식의 영향을 확인하고, 상담사와 심리학자, 사회복지사들 간의 윤리적이고 비윤리적인 행위에 대하여 문화적으로 민감하고 적합한 해석을 하기 위한 함의를 확인할 수 있도록 돕기 위해 제공된다. 개별 질문에 대해 묻고 답하되 가능하면 정직하고 엄격하게 하라. [신념과 태도] "문화적으로 능숙한 상담사들은 다른 인종적이고 민족적인 소수자 집단에 대해 자신이 견지하고 있는 고정 관념과 편견을 알고 있다"(Arredondo 등, 1996, p.19). 1. 나와는 다른 동료들에 대한 나의 진부한 반응은 무엇인가? 예를 들어, 직접적으로 그리고 확고하게 자신의 생각과 느낌을 공유하는 여성에 대해 남자인 내가 듣거나 읽을 때, 나는 조용히 나 자신에게 "저 여자는 공격적이야"라고 말하지 않는가? 2. 나는 공유적이고 개인적인 가치와 신념들, 나와 동일한 문화적 유산을 가진 개인

들 간에 차별화할 수 있는가? 다시 말해, 내가 다른 동료와 문화적 유산을 공유하고 있다면, 나는 비록 우리가 공통된 유산을 가지고 있더라도, 다른 인간적 차원과 성, 사회 경제적 지위, 성적 지향성, 나이와 같은 영역에서의 삶의 경험 때문에 서로 다를 수 있다는 것을 인식하는가? 예를 들어, 대략 10년 전에 미국에 와서 현재 50대 후반인 아시아계 미국인 여성으로서 나는 심리적인 문제에 대한 해석을 촉진시키기 위해 종교적이고 신비적인 전통을 가치 있게 여긴다. 즉, 나는 종교적인 틀에서의 문제 해석을 가치 있게 여긴다. 동시에 미국에서 태어난 30세의 아시아계 미국인 남성 동료는 인지적인 구조에서 심리적인 문제 해결을 가치 있게 여긴다. 그는 사람들이 생각하는 방식의 부산물로서 문제 해석을 가치 있게 여긴다.

3. 나의 동료들과 그들이 봉사하는 사람들의 문화적 맥락에 의해 규정된 바와 같이, 심리학자로서 내가 지닌 고정 관념과 선입관이 어떻게 내가 윤리적 문제에 대해 생각하고 해석하는 데 영향을 미치는가?

[지식]

"문화적으로 능숙한 상담사들은 인종과 문화, 민족성 등이 인성 형성과 직업 선택, 심리적 장애의 발현, 도움을 구하는 행위 그리고 상담 접근의 적절성과 부적절성에 어떻게 영향을 미칠 수 있는지 이해한다"(Arredondo 등, 1996, p.12).

1. 나이 · 문화 · 민족성 · 성 · 언어 · 성적 지향성에 제한되지 않고 더욱 근본적인 방식으로 심리적인 처방이 어떻게 특정 사람들을 위해 적절하거나 적절하지 않을 수 있는가에 대한 예를 기술하거나 인용할 수 있는가?
2. 전통적 이론 개발의 근거가 되었던 문화적 인간들, 적어도 인성 발달에 대한 전통 이론의 하나를 적절하게 그리고 문화적 맥락에서 기술할 수 있는가? 그리고 어떻게 전통적 체계가 적어도 문화적으로 다른 사람들과 관련되거나 관련되지 않는가에 대해 기술할 수 있는가?
3. 특정한 심리적 처방의 문화적 적절성에 대한 예를 기술하거나 인용할 수 있는 심리학자로서의 나의 능력이, APA 전문과 윤리 강령에 대해 내가 어떻게 생각하고 해석하는가에 어떤 영향을 주고 있는가?
4. 특정한 심리적 처방의 문화적 적절성에 대한 예를 기술하거나 인용할 수 있는 심리학자로서의 나의 능력이, 나의 동료들과 그들이 봉사하는 사람들의 문화적 맥락에서 규정된 윤리적이고 비윤리적인 행위에 대해 내가 어떻게 생각하고 해석하는가에 어떤 영향을 주고 있는가?

[기술들]

"문화적으로 능숙한 상담사들은 소수자들에 대한 그들의 관점이 학술적이거나 단순히 도움을 제공하는 활동 이상이 되도록 하기 위해 상담의 장 이외(예를 들어, 공동체 행사, 사회적이고 정치적인 기능, 축하연, 친교, 이웃 집단 등)에서 소수자 개인들과 능동적으로 참여하게 된다"(Arrddondo et al., 1996, p.14).

1. 지난 2~3년에 내가 참여했던 3~5개의 다문화적이고 다양한 경험은 무엇인가? 예를 들어, 나는 ⓐ그리스 민족 공동체 모임 ⓑ아시아의 신년 축하연 ⓒ이슬람의 종교 봉사 등에 참여해왔다.
2. 나 자신과 유사하거나 다른 사람들에 대한 부정적 고정 관념과 편견을 극복하기 위해 지난 3개월 동안에 내가 계획했던 경험이나 활동들에는 어떤 것들이 있는가?
3. 다문화적이고 다양한 삶의 경험에의 참여 혹은 참여의 부족은 심리학자로서의 내가 APA 전문과 윤리 강령을 어떻게 생각하고 해석하는가에 어떤 영향을 미치는가?
4. 다문화적이고 다양한 삶의 경험에의 참여 혹은 참여의 부족은 심리학자로서의 내가 나의 동료들과 그들이 봉사를 제공하는 사람의 문화적 맥락에서 규정된 윤리적이고 비윤리적인 행위에 대해 어떻게 생각하고 해석하는가에 어떤 영향을 미쳐왔는가?

NASW 윤리 강령 : 다문화적 맥락에서 윤리적 사고의 기술을 개발하고 적용하는 것

사회 복지 직업의 일차적 사명은 가난 속에서 살면서 쉽게 상처받고 억압받는 사람의 필요와 권한 부여에 특별한 주의를 기울이면서, 인간의 행복을 증진시키는 것이고 모든 사람이 기본적인 필요를 충족시킬 수 있도록 돕는 것이다. 사회 복지의 역사적이고 규정적인 특징은 사회의 행복과 사회적 맥락에서의 개인적 행복에 초점이 주어진다. 사회 복지에 근본적인 것은 삶의 문제를 만들고 제공하며 다루는 환경적 요인에 주목하는 것이다.

사회복지사들은 의뢰인을 위해서 사회 정의와 사회 변화를 촉진한다. 여기서 '의뢰인들'은 개인들과 가족들, 집단들, 기관들 그리고 공동체를 언급하기 위해 포괄적으로 사용된다. 사회복지사들은 문화적이고 인종적인 다양성에 민감하고 차별과 억압, 가난 그리고 사회 정의의 다른 형태들을 종식시키기 위해 노력한다. 이러한 활동들은 직접적 실천, 공동체 조직화, 슈퍼비전, 상담, 행정, 옹호, 사회적이고 정치적인 행동, 정책 개발과 적용, 교육, 연구와 평가의 형태에 해당될 수 있다. 사회복지사들은 사람들이 그들 자신의 필요를 제대로 언급할 수 있도록 그들의 능력을 향상시키려고 노력한다. 사회복지사들은 개인적 필요와 사회적 문제에 대해 각종 기관들, 공동체들 그리고 다른 사회적 기관들이 더욱 신속하게 응답할 수 있도록 촉구한다.

기술 : 다문화적 맥락에서 윤리적 사고

ⓐ 자신의 개인적이고 문화적인 가정와 가치 그리고 편견에 대한 예리하고 정확한 인식 ⓑ 문화적으로 다른 동료들의 세계관에 대한 예리하고 정확한 인식을 가진 상담사와 심리학자, 사회복지사들은 다문화적 맥락에서 윤리적 사고를 촉진하는 기술을 나타내고 사용하기 위한 더욱 좋은 위치에 있다.

[연습문제4.4] 기술 : 문화적 맥락에서 윤리적 사고를 향상시키는 것
문화적 맥락에서 윤리적 사고 과정을 돕기 위해 다음의 질문들은 다문화적 맥락에서 감지되는 윤리적이고 비윤리적인 도움 행위를 더욱 정확하게 분별하는 데 필수적인 기술들을 확인하도록 돕기 위해 제공된다. [신념과 태도] "문화적으로 능숙한 상담사들은 성격 특성과 종교적 금기 등을 포함해서 의뢰인들의 종교적이고 정신적인 믿음과 가치들을 존중한다. 왜냐하면 그것들이 세계관과 사회심리적 기능 그리고 고민의 표현에 영향을 미치기 때문이다"(Arredondo 등 1996, p.19). 1. 나의 영성의 어떤 측면이 윤리적이고 비윤리적인 행위와 관련되어 있는가? 2. 내가 봉사하는 다문화적이고 다양한 사람들에게 삶의 지침 혹은 안내를 제공하는 종교적이고 정신적인 지도자는 누구인가? 3. 내가 봉사하는 사람들은 [질문2]에서 확인된 지도자와 어떤 관계가 있는가?

4. 내가 봉사하는 공동체에서 종교적이고 정신적인 지도자들 그리고 이러한 지도자들과 내가 봉사하는 사람들 간의 일련의 관계를 확인하는 기술(skill)이 사회복지사로서 내가 NASW 전문과 윤리 강령을 해석하는 데 어떤 영향을 미치는가?

[지식]
"문화적으로 능숙한 상담사들은 상담과 치료의 일반적인 특징들과 그것들이 다양한 문화 집단이 가진 문화적 가치와 어떻게 충돌할 수 있는가에 대한 명료하고 분명한 지식과 이해를 갖는다"(Arredondo 등, 1996, p.25).
1. 전통적인 사회 복지 이론과 처방에서 역사적, 문화적, 인종적 맥락의 어떤 부분이 NASW 윤리 강령에 드러나 있는가?
2. 어떠한 문화적 가치와 신념, 가정이 NASW 윤리 강령에서 개인들과 집단들을 설명하기 위해 다루어지고 있는가?
3. [질문2]에서의 가치와 신념, 가정은 문화적으로 다른 사회복지사들과 의뢰인들의 가치, 신념 그리고 가정과 어떻게 대비되는가?
[4] 전통적 이론과 처방에서의 역사적, 문화적, 인종적 맥락이 다문화적 맥락에서 NASW 전문과 윤리 강령의 해석에 어떤 영향을 미치는가?

[기술들]
"문화적으로 능숙한 상담사들은 다양한 언어적 비언어적 반응을 보일 수 있다. 그들은 언어적이고 비언어적인 메시지를 정확하고 적절하게 주고받는다. 그들은 도움 제공에 대한 단일한 방법 혹은 접근에 얽매이지 않고, 도움 제공 방식과 접근법이 문화에 따라 유동적이라고 인식한다. 자신의 도움 제공 방식이 제한적이고 잠재적으로 부적절하다고 생각할 때, 그들은 그것을 고려하면서 교정한다"(Arredondo et al., 1996, p.27).
1. 다른 문화의 맥락에서 현재의 NASW를 해석하는 하나의 예는 무엇인가? 다문화적 맥락에서 만들어진 해석을 반영하기 위해 현재의 강령을 한 번 고쳐 써보라.
2. 하나의 문화적 맥락 내에서 볼 때는 윤리적인 것으로 볼 수 있지만, 현재의 NASW 강령 내에서는 비윤리적인 것으로 확인된 도움 제공 행위의 한 가지 예는 무엇인가?
3. 도움 제공 과정에서의 상이한 언어적 · 비언어적인 반응을 어떻게 비윤리적 행위를 하는 동료에게 적용할 수 있을까? 하나의 예를 제시해 보라.
4. 다양한 언어적 · 비언어적인 반응을 사용함에 있어 사회복지사로서의 내 기술들은 동료들 사이에서 나의 윤리적 행위를 촉진하기 위해 어떤 영향을 미치는가?

중대한 사건

샘 마트손(Sam Martson) 박사는 서양의 어느 시골 공동체에서 유일한 상담사다. 그는 이 지역에서 단지 그의 역할 수행을 시작했고, 최근까지 그의 모든 삶은 뉴욕 시에서 이루어졌다. 마트손 박사는 대도시 생활을 선호하지만, 하나의 도전을 원했고 지리적인 위치 때문에 정신 건강 봉사에 거의 접근할 수 없다고 생각되는 사람들에게 혜택을 제공하길 원했기 때문에 시골 공동체에 이끌렸다. 더욱이 그는 새로운 환경이 그의 개인적이고 직업적인 삶의 관점을 확장할 수 있을 것이라고 믿었다.

마트손 박사는 규모가 큰 미국의 동부 대학에서 교육을 받았고 그 과정에서 시골 공동체에서 온 수많은 사람들과 친구가 되었다. 그는 수업에서 그의 친구들의 개인적인 경험들과 그들과 교제하는 동안 공유한 이야기들에 의해 호기심을 갖게 되었다. 그의 대학 교육 기간 동안 마트손은 그의 교수들 중에 거의 어느 누구도 타인을 돕는 직업에서 문화의 영향에 대해 가르치지 않았음을 알게 되었다. 사실상 대부분의 교수들은 의뢰인의 변화 촉진과 치료적 봉사를 위한 기초로서 모든 의뢰인을 위한 일반적인 존중에 대한 전통적 접근에 대해 언급했다. 마트손 박사는 그가 들은 수업에서 차이에 대해 개략적으로 언급하고 있다는 것을 알았지만, 그는 좋은 치료사가 되기 위해서는 우선적으로 사람들을 존중할 필요가 있고, 비슷한 유의 사람들을 연계할 줄 아는 유사성을 찾아야 하며, 불확실하거나 혼란스러울 때 적절한 질문을 던질 줄 알아야 하고, 모든 사람을 똑같은 방식으로 대해야 한다고 믿었다. 따라서 그는 그것을 문제라고 보지 않았다(연습 문제 4.5를 보라).

[연습문제4.5] 중대한 사건
[지시 사항] 다음은 윤리적 사고와 해석, 행위에 대한 문화의 역할에 대해 당신이 생각하면서 고려해야 할 몇 가지 질문들이다. 1. 당신의 직업 윤리 규정에서 이중적(윤리-문화) 관계에 관한 지침을 검토하라. 마트손 박사의 사례에서 어떤 문화적이고 윤리적인 고려가 윤리적 행위에 영향을 미칠 수 있는가? 2. 마트손 박사의 세계관과 가치 체계에 대해 당신이 알고 있는 것에 기초해서 볼 때, 마트손 박사가 시골 공동체에서 일하는 것에 관해 가지고 있을 수 있는 두 가지 잠재적인 편견은 무엇인가? 3. 위의 [질문2]에 대해 당신이 반응할 경우, 마트손 박사가 당신들의 직업적 동료(예를 들어 모두 심리학자다)라고 한번 가정해보자. 마트손 박사가 가진 새로운 직업적 초점을 인정할 경우 차이에 대한 그의 관점은 전문직 협회 입장이 반영된 윤리 규정(예를 들어, 심리학자라면 APA의 윤리 규정)에 관한 해석에 어떤 영향을 미칠 수 있는가? 4. 마트손 박사의 중대한 사건에서 예증된 바와 같이, 다문화주의 혹은 다양성을 다루는 직업 윤리 규정에서 하나의 규정을 확인하라. 문화적 맥락에서 이 규정을 해석하라. 예를 들어, 마트손 박사의 세계관과 마트손 박사에 의해 봉사 받는 사람들의 가치 체계에 대한 관점으로부터 어떻게 지리와 성, 교육 등이 이 규정에 대한 더욱 정확한 해석에 영향을 미칠 수 있는가?

핵심 요점

AMCD는 다문화적 상담 능력에 대한 세 영역의 접근을 제공한다. 본 장은 인식에 대한 심도 있는 논의를 제공한다. 문화적 능력의 첫 번째 영역은 전문가보다 인격을 강조하는 것이다. 인격과 관련된 구체적인 영역들은 ⓐ 차이 ⓑ 자아와 문화적 가정들 ⓒ 문화적 영향의 확산을 포함한다.

(인식의 영역과 관련된) 능력 있고 다문화적 맥락에서의 윤리적 사고를 둘러싼 혼란에 관련된 논의의 핵심 요점을 제시하면 다음과 같다.

- 수많은 상담사와 심리학자, 사회복지사들은 다문화주의와 다양성이 문화적 능력과 윤리적 실천에서 필수 조건이라는 점에 동의한다. 그러나 이러한 생각은 흔히 혼란스럽고 문화적 맥락에서의 윤리적 사고에 영향을 미친다.
- 윤리적 책임감의 관점에서 볼 때 점증하는 상담사와 심리학자, 사회복지사들은 전문가들과 그들의 도움을 받는 사람들 간의 개인적 문화적 차이점과 유사성에 대한 인식을 요청한다는 믿음을 받아들인다.
- 다양한 이슈들(문화적으로 기초한 어떤 것)이 능력을 둘러싸고 있고, 윤리적이고 법적인 관점에 대한 정의와 설명과 관련하여 어려움들이 존재한다.
- 1996년에 AMCD에 의해 채택되고 발행된 「다문화적 능력의 작동」이라는 논문은 독자들이 도움 제공 행위에 참여하면서 자신들이 사용해본 '렌즈'를 인식하도록 지속적으로 자극한다. 그 논문은 상담사와 심리학자, 사회복지사들이 문화적 맥락에서 윤리적 사고에 종사하면서 자신을 돕기 위해 사용할 수 있는 도구다.
- 가치론(가치들)과 인식론(앎과 이해)은 어떠한 문화에서도 중요한 요소들이다. 그것들은 상담사와 심리학자, 사회복지사들이 윤리 규정을 정확하게 작성하고 이해하며 행위하고 시행하기 위해 사용할 수 있는 디딤돌이다.
- 중요한 도덕 원리들이 존재하고 윤리적 사고와 읽기, 해석에 영향을 미친다. 하지만 규범 윤리학을 반영하고 있기 때문에 현재의 윤리 규정에서 덜 명백하다. 그리하여 상담사와 심리학자, 사회복지사들은 현재 규정의 문화적 함의 탐구를 위해 도전받는다.
- 다문화적 맥락에서 윤리학을 적용하는 것은 세계관과 가치, 다문화적이고 다양한 사람들의 삶의 경험들에 따라 윤리 규정을 인도하는 중요한 도덕 원리들의 적용 과정이다.
- 문화적으로 능숙한 상담사와 심리학자, 사회복지사들은 '자아'에 대한 그들 자신의 인지적 정서적 경험들을 알고 있고, 이러한 경험들이 윤리 규정을 좀더 정확하게 읽고 해석하는 데 다른 사람

들과의 차이점들과 유사점들에 대한 그들의 관점에 영향을 미친다는 점을 알고 있다.

- 문화적으로 능숙한 상담사와 심리학자, 사회복지사들은 그들의 윤리적 사고를 풍부하게 하면서 혼란스럽게 하지 않는 문화적 가치들과 삶의 경험들에 기초한 지식의 토대를 소유한다.
- 문화적으로 능숙한 상담사와 심리학자, 사회복지사들은 ⓐ 윤리규정과 고유한 문화적 편견에 대한 그들의 개인적 이해를 평가하고 ⓑ 공통된 역사적 문화적 삶의 경험들과 태도들 그리고 그들 자신과 다르거나 유사한 가치들을 존중하는 데 능숙하다.

[제5장]
인 식

다문화적 맥락에서 윤리적 사고의 첫 번째 단계

> 어떤 시험, 책 혹은 개념이 그것의 내용 면에서 정확하게 번역된다면, 그 번역 도구가 효과적이고 적절할 것이라고 가정된다는 점에서 볼 때 상담은 흔히 실수를 범해왔다. 결과적으로, 번역에서 상담을 위한 메시지의 내용뿐 아니라 그 메시지가 표현되는 사고 방식을 바꾸는 것이 중요하다. 상담사들은 그들의 메시지 내용이 문화적으로 적절하다는 점을 확인하면서 상당한 시간을 보내지만, 번역되는 메시지에 깔려 있는 사고 방식을 채택하는 데는 시간을 덜 보낸다.
>
> — 페데르슨(Pedersen : 1987, p.22)

도움 제공 행위, 특히 현 전문직 협회 윤리 강령에 대한 해석에서 문화적 능력을 향한 열정을 가진 실천가들과 예비 실천가들이 직면한 과제는 다양성과 다문화주의와 관련된 이상들(ideals)을 어떻게 목적적이고 능력 있는 윤리적 사고와 실천으로 연결할 것인가에 대한 것이다. 이러한 과제는 실천가들과 예비 실천가들이 능력 있고 윤리적인, 그리고 문화적으로 의도적인 정신 건강 서비스에 대한 근본적인 목표를 인식하는 것이다. 그러한 하나의 목표는 처음에는 문화적 다양성의 역할을 명료화하는 것이고, 일반적으로는 문제를 표현하고 해결하는 것이다. 다른 목표는 처음에는 문화적 다양성의 역할을 명료화하는 것이고, 전문직 협회에서 제시한 윤리 강령을 표현하고 해석하는 것이다. 세 번째 목표는 돕는 행위에서 다문화주의와 다양성의 영향에 대한 동료들의 이해를 촉진하는 것이고, 이를 통해 그들은 그런 행위가 일어나는 문화적 맥락에서 그들의 직업적 행위를 더욱 잘 이해할 수 있다.

정신 건강을 전공하는 많은 학생들과 슈퍼바이저들은 인종적 역사, 민족적 사회화, 사회 계급 경험, 성 정체성 그리고 성적 지향성과 같은 영역과 관련된 이슈로부터 전개되어온, 알려진 혹은 알려지지 않은 문제들 때문에 자신의 직업적 능력을 개발하는 과정에서 도움을 청한다. 정신 건강 실천가들도 또한 같은 이유 때문에 자신의 직업적 능력을 위해 노력하는 것이 중요하다. 해밀턴(Hamilton)(2000)은 사람들이 자신의 다중적 정체성들(예를 들어 인종, 민족성, 성) 간의 수렴에 관한 삶의 사실들 때문에 도움을 구한다고 주장한다. 실천가들과 예비 실천가들 모두 이러한 수렴의 영향을 경험한다.

다중적 정체성이라는 개념은 마치 빙산과 같은 것일 수 있다. 실천가들과 예비 실천가들이 지닌 정체성의 90%는 '물 아래'에 있다. 상담사와 심리학자, 사회복지사들의 측면에서 협목적적인 행위 없이는 문화적으로나 개인적으로 다른 동료를 알고 이해하기 어려울 것이다. 왜냐하면 단지 '빙산의 꼭대기'만 보이기 때문이다. 그러나 탐험과 함께, 자신과 문화적으로 다르고 유사한 동료들의 다중적 정체성을 더욱 쉽게 보게 된다. 이러한 새로운 시각에서 ⓐ 다중적 정체성이 동료의 핵심(core)에 어떤 영향을 미치는지 알고 ⓑ 무엇이 동료를 현재의 모습으로 만들었는지 이해하며 ⓒ 어떻게 그 동료가 자신의 문제를 규정하는가를 평가하고 ⓓ 동료가 어떻게 생각하고 느껴야 하는가에 대한 문화적 차이의 영향을 인정하고 인식하는 것이 더욱 용이해진다. 그러나 실천가들과 예비 실천가들이 ‘빙산’과 다른 사람들의 정체성을 적절하게 보고 해석할 수 있기 전에 상담사와 심리학자, 사회복지사들은 빙산의 맥락에서 자아에 대한 명료한 관점과 지각을 가지는 것이 중요하다(연습 문제 5.1을 보라).

[연습문제5.1] 빙산의 개인적 차원을 드러내는 것
때때로 (내적으로나 외적으로) 당신을 잘 아는 친구 혹은 동료의 렌즈를 통해 ‘자아’를 바라보기 시작하는 것이 더 용이하다. 친구 혹은 동료에게 당신과 관련된 다음의 정보를 제공하도록 요청하라. 그 사람에게 깊이 생각하도록 하는 것이 아니라 다음과 같은 질문들이 제시되었을 때 맨 먼저 떠오르는 것들을 공유하도록 요청하라. 당신의 동료 혹은 친구가 다음의 진술들을 완성하도록 하라. “내가 당신에 대해 아는 것을 시각화하고 그 시각을 빙산과 같은 것으로 볼 때 ….” 1. 당신과 관련하여 내가 빙산의 꼭대기에서 바라볼 때 내가 보는 것은 …. 2. 당신과 관련해 내가 수면 아래, 즉 빙산의 나머지 부분을 볼 때 내가 보는 것은 …. 당신의 친구 혹은 동료들이 위의 질문들에 반응한 뒤 다음 질문들을 당신 자신에게 제기해보라. 1. 나를 외적으로 그리고 내적으로 잘 아는 사람의 지각으로부터 알게 된 것은 무엇인가? 2. 이런 지식이 다문화적 맥락에서 윤리적 사고와 의사 결정을 하는 나의 능력에 어떤 영향을 미칠 수 있는가?

제5장의 목적은 제1단계인 ‘자아의 인식’에 대한 더욱 심도 있는 논의를 제공하는 데 있다. 이러한 논의는 ⓐ 인격 먼저 그런 다음 전문가 ⓑ 정신 건강 실천가 혹은 예비 실천가에 의한 차이에 대한 접근 ⓒ 자아 그리고 공통된 문화적 가정들 ⓓ 개인의 다중적 정체성에 대한 문화의 영향 확산을 강조한다.

인격에 기반을 둔 전문가

이 책에서 기술된 전문적이고 윤리적인 이슈들은 다문화적이고 다양한 배경의 상담사와 심리학자, 사회복지사들 사이에서 윤리적 사고에 대한 장애물을 나타낸다. 이러한 전문적 윤리적 이슈들은 자신을 윤리적 행위에 관여하도록 준비시키고 다른 사람들의 윤리적 행위를 모니터링함으로써 인격에 대한 이해를 촉진할 수 있는 틀의 형성을 요청한다. 전문적이고 윤리적인 실천의 담당자로서, 실천가들과 예비 실천가들은 다문화적 맥락에서 나타나는 그들 자신의 인지적이고 감정적인 행위를 이해하도록 도전받는다. 그러한 인식과 이해는 정신 건강 직업과 그것의 전문가들 모두의 윤리를 종국적으로 촉진시키고 문화적 능력 성취의 1단계를 작동시키기 위해 필요한 개인적인 기술들의 개발을 촉진할 것이다. 다시 말해 자아 인식, 그리고 상담사와 심리학자, 사회복지사들에 의한 다중적 정체성의 인식은 전문직 협회의 윤리 강령과 관련하여 문화적으로 적절한 사고와 의사 결정의 윤리적 적절성을 향상시키는 첫 단계다.

다음의 틀은 '인격 먼저 그런 다음 전문가'라는 자아 인식을 향상시키는 과정을 촉진하기 위해 제공된다.

다른 사람들의 윤리적 행위에 대한 이해를 용이하게 하기 위해 자아 인식을 촉진시키는 틀

이 틀의 핵심적 지침은 다음 항에서 기술된다.

윤리저 행위를 위한 일차적 지침

직업적 윤리 강령에 대한 다중적 해석의 실체가 있다면 상담사와 심리학자, 사회복지사들이 '자아'와 최초의 정신적, 정서적, 신체적 연결을 시도하는 방법들을 찾아내는 것이 매우 중요하다. 그들은 자신의 개인적 신념과 태도, 편견, 고정 관념,

삶의 경험들, 세계관에 대해 알 필요가 있고, 개인적인 윤리적 사고와 의사 결정에 대한 후속적 영향에 대해서도 알 필요가 있다. 다음과 같은 세 가지 질문들은 개인적 인식을 향상시키는 데 중요하다. ⓐ 나의 세계관은 무엇인가? ⓑ 어떻게 나는 문화적 조건화의 소산인가? ⓒ 나의 세계관과 문화적 조건화가 (특히 문화적 차이가 명백할 때) 나의 윤리적 사고와 의사 결정에 반영되는가? 적절한 개인적 신념들과 태도, 지식, 기술에 의해서 이러한 질문들에 답할 때 능력은 촉진된다.

세계관, 문화적 조건화, 반성에 대한 개인적 인식

신념과 태도

"문화적으로 능숙한 상담사, 심리학자 혹은 사회복지사로서 나는 …."

1. 문화적으로 무지한 상태에서 나의 문화적 유산에 대해 더 많이 알게 되었고 민감해졌으며, 나의 동료와의 문화적 차이를 (문화적 맥락에서) 존중하게 되었다.
2. 나의 문화적 배경과 경험, 태도, 가치, 편견이 어떻게 나의 인지적, 정서적, 신체적 행위에 영향을 미치는가 알게 되었다.
3. 다문화적이고 다양한 배경을 가진 동료들과 나 자신 간에 인지적, 정서적, 신체적 차이점이 있음에도 마음이 편안하다.

지 식

"문화적으로 능숙한 상담사, 심리학자 혹은 사회복지사로서 나는 …."

1. 나의 인종적 문화적 유산에 대한 구체적인 지식과 그것이 어떻게 나의 윤리적 비윤리적 행위 해석에 영향을 미치는지

에 대한 지식을 갖고 있다.

2. 압제와 인종주의, 성차별주의 그리고 다른 사회적 차별들이 어떻게 나에게 그리고 나의 다중적 정체성(예를 들어 나이, 성, 인종, 민족성)과 결합된 나의 태도, 신념, 감정에 영향을 미치는지, 그리고 그것들이 어떻게 개인적, 제도적, 문화적 인종차별주의로부터의 개인적 혜택에 대한 나의 지각에 영향을 미치는가 알고 있다.
3. 동료들에 대한 나의 사회적 영향을 알고, 나의 개인적 의사소통 형태와 그것이 어떻게 다문화적 맥락에서 윤리적 사고 및 의사 결정과 충돌하거나 촉진시키는가 알고 있다.

기술들

"문화적으로 능숙한 상담사, 심리학자 혹은 사회복지사로서 나는 ⋯."

1. 문화적으로 다른 동료들과 함께 일하면서 나의 이해와 유효성을 향상시키고 문화적으로 적절한 윤리적 사고를 위한 합의를 찾기 위해 교육 경험과 상담 경험, 훈련 경험들을 추구한다.
2. 인종적이고 문화적인 한 개인으로 나 자신을 이해하기 위해 지속적으로 노력한다.

- 개인적 인식 촉진하기 ⓐ 문화적으로 잘 모르는 상태에서 문화적으로 잘 알고 민감한 상태로의 변화 ⓑ 문화적 배경과 경험, 태도, 가치, 편견이 인지적, 정서적, 신체적 행위에 미치는 영향에 대한 올바른 인식을 지향한 변화 ⓒ 자신과 문화적으로 다른 동료와의 인지적, 정서적, 신체적 차이에도 마음의 편안함을 가질 수 있는 상태로의 변화를 거쳐 개인적 인식을 촉진하라.

지금까지 ACA와 APA 그리고 NASW는 다문화적 맥락에서 능력 있는 윤리적 사고와 의사 결정을 규정할 수 있는 기준을 개발하거나 받아들이지 못했었다. 상담사와 심리학자, 사회복지사들은 ⓐ 실천가가 소유해야 할 직업 자격 기준을 과도하게 설정하는 것에 맞서는 전문 규정 그리고 ⓑ 실천가들에게 능력의 개인적 범위를 인식하도록 자극하는 전문 규정을 가지고 있다. 그러나 능력이 무엇인지에 대한 구체적인 지침 없이 능력을 평가하거나 성취하는 것은 비록 불가능하지는 않더라도 대단히 어려운 일이다.

정신 건강 직업에서 다문화주의 및 다양성을 고려하기 위한 노력이 역사적으로 지속되어 왔다고 가정한다면, 상담사와 심리학자, 사회복지사들은 이 영역에서 그들의 전문직 협회의 성숙을 언급하기에 앞서 다문화주의와 다양성에 대한 그들 자신의 지각을 탐구할 필요가 있다. 이러한 개인적 탐구에 대한 한 가지 이유는 그 협회의 노력에 속하는 것이 무엇이고, 개인적 상담사와 심리학자 혹은 사회복지사에게 속하는 것이 무엇인가를 식별하도록 그들을 지원하는 것이다.

그들이 식별이라는 목표를 획득하기 위해 노력함에 따라 상담사와 심리학자, 사회복지사들은 그들 자신의 삶의 구체적인 맥락에서 문화적이고 다양한 실제들을 개인적으로 잘 알게 된다. 윤리적 비윤리적인 행위의 지각에서 다문화주의와 다양성의 효과에 대한 개인적 민감성이 발달함에 따라, 실천가들과 예비 실천가들은 문화적 목적성을 윤리적 사고와 의사 결정의 변수로 고려하도록 도전받는다. 그렇게 함으로써, 그들은 자신의 다중적 정체성에 좀더 제대로 초점을 맞출 수 있고, 그런 후에 그들 동료들의 정체성에 초점을 맞출 수 있다. 상담사와 심리학자, 사회복지사들은 자신의 개인적인 문화적 가치들, 세계관, 삶의 경험들을 무시하지 않고, 어떻게 이러한 맥락들이 윤리적 사고에 영향을 미치는가에 대해 생각하게 된다.

[표5.1] 인식 : 다문화적 맥락에서 윤리적 사고를 촉진하기 위한 개인적 평가						
나는 다음과 같은 내 삶의 일반적 맥락을 알고 있다. 나는 각각의 일반적 맥락으로부터 나온 고정 관념과 편견, 공동된 태도와 신념, 사고와 감정을 알고 있다.						
일반적인 개인적 삶의 맥락들	아니오		약간		예	
나의 일반적인 가족적 맥락은						
1. 핵가족이다.	1	2	3	4	5	6
2. 이성애(異性愛)다.	1	2	3	4	5	6
3. 게이 혹은 레즈비언이다.	1	2	3	4	5	6
4. 모계 가족제다.	1	2	3	4	5	6
5. 모계 가족제의 역사를 갖는다.	1	2	3	4	5	6
6. 부계 가족제다.	1	2	3	4	5	6
7. 부계 가족제의 역사를 갖는다.	1	2	3	4	5	6
8. 양자 관계다.	1	2	3	4	5	6
9. 확대 가족을 가치 있게 여긴다.	1	2	3	4	5	6
10. 다문화적이다(인종 및 민족성).	1	2	3	4	5	6
나의 일반적인 사회 체계적 맥락은 내가 …(하다는 것을 반영한다.)						
1. 제1언어로 영어를 가치 있게 여긴다.	1	2	3	4	5	6
2. 다수의 언어를 사용하는 것을 가치 있게 여긴다.	1	2	3	4	5	6
3. 여성이다.	1	2	3	4	5	6
4. 남성이다.	1	2	3	4	5	6
5. 레즈비언이다.	1	2	3	4	5	6
6. 게이다.	1	2	3	4	5	6
7. 종교를 가치 있게 여긴다.	1	2	3	4	5	6
8. 영성을 가치 있게 여긴다.	1	2	3	4	5	6
9. 압박받는 인종의 한 구성원이다.	1	2	3	4	5	6
10 지배 인종의 한 구성원이다.	1	2	3	4	5	6
나의 일반적인 인구학적 맥락은 내가 …(하다는 것을 반영한다.)						
1. 연장자다(55세 이상).	1	2	3	4	5	6
2. 중년이다(35~54세)	1	2	3	4	5	6
3. 젊은 성인이다(20~34세)	1	2	3	4	5	6

4. 북미 토박이다. 1 2 3 4 5 6
5. 북미 이민자다. 1 2 3 4 5 6
6. 기독교인으로 자랐다. 1 2 3 4 5 6
7. 기독교가 아닌 다른 종교인으로 자랐다. 1 2 3 4 5 6
8. 미국 중서부에서 성장했다. 1 2 3 4 5 6
9. 미국 남부에서 성장했다. 1 2 3 4 5 6
10. 미국 북부에서 성장했다. 1 2 3 4 5 6

나의 일반적인 지위적 맥락은 … (하다는 것을 반영한다.)
1. 나의 과거 사회 경제적 배경은 가난했다. 1 2 3 4 5 6
2. 나의 과거 사회 경제적 배경은 중산층이었다. 1 2 3 4 5 6
3. 나의 과거 사회 경제적 배경은 부유했다. 1 2 3 4 5 6
4. 나의 현재 사회 경제적 배경은 가난한 노동자다. 1 2 3 4 5 6
5. 나의 현재 사회 경제적 배경은 중산층이다. 1 2 3 4 5 6
6. 나의 현재 사회 경제적 배경은 상류층이다. 1 2 3 4 5 6
7. 나는 학사 학위를 가지고 있다. 1 2 3 4 5 6
8. 나는 석사 학위를 가지고 있다. 1 2 3 4 5 6
9. 나는 박사 학위를 가지고 있다. 1 2 3 4 5 6
10. 나는 다음 집단들과 친밀한 관계를 맺고 있다.
10.1 다문화적인 남성 사교 클럽 1 2 3 4 5 6
10.2 다문화적인 여성 사교 클럽 1 2 3 4 5 6
10.3 다문화적인 운동 팀/그룹 1 2 3 4 5 6
10.4 다문화적인 사회 그룹 1 2 3 4 5 6

나의 일반적인 삶의 경험적 맥락은 내가 … (하다는 것을 반영한다.)
1. 중요한 신체적 이슈들에 직면해왔다.
1.1 일반적으로 그러하다 1 2 3 4 5 6
1.2 다른 인종의 사람들과 1 2 3 4 5 6
1.3 다른 민족성을 가진 사람들과 1 2 3 4 5 6
1.4 다른 성을 가진 사람들과 1 2 3 4 5 6
2. 중요한 정서적 이슈들에 직면해왔다
2.1 일반적으로 그러하다 1 2 3 4 5 6
2.2 다른 인종의 사람들과 1 2 3 4 5 6
2.3 다른 민족성을 가진 사람들과 1 2 3 4 5 6
2.4 다른 성을 가진 사람들과 1 2 3 4 5 6

3. 차별 혹은 편견을 경험해왔다.	
3.1 일반적으로	1 2 3 4 5 6
3.2 다른 인종의 사람들과	1 2 3 4 5 6
3.3 다른 민족성을 가진 사람들과	1 2 3 4 5 6
3.4 다른 성을 가진 사람들과	1 2 3 4 5 6

[표5.1]은 다중적 정체성과 인지적 정서적 행위들의 영향에 강조점을 두면서, 문화적으로 의미가 있는 윤리적 사고와 의사결정의 과정을 촉진시키기 위해 제시된 것이다. 다섯 가지 기본적인 맥락을 강조함으로써 이 표는 독자와 독자의 동료들이 그들의 다중적 정체성(가족 · 사회 체계 · 인구학 · 지위 · 삶의 경험들)을 형성한 문화를 이해하기 위한 기초를 제공한다. 일단 이러한 기초적인 정보가 자신의 개인적 사고의 의식적인 한 부분이 된다면, 그는 개인적인 세계관에 대한 이러한 인식의 영향을 더욱 잘 이해하게 된다.

- 다음과 같은 것으로부터 나오는 근본적인 가정들과 가치들을 위해 다문화적인 귀를 가지고 경청함으로써 지식을 촉진하기 ⓐ 개인적인 인종적 문화적 유산과 윤리적 비윤리적 행위의 해석에 대한 그것들의 영향 ⓑ 어떻게 압제와 인종주의, 성차별주의 그리고 다른 사회적 차별들이 자신의 다중적 정체성(예를 들어 나이 · 성 · 인종 · 민족성)과 결합된 개인의 태도, 신념, 감정에 영향을 미치는가 ⓒ 개인적, 제도적, 문화적 인종차별주의로부터의 개인적 혜택에 대한 지각 ⓓ 동료들, 개인적 의사 소통 형태 그리고 다문화적 맥락에서 윤리적 사고와 의사 결정을 촉진하거나 충돌할 가능성에 대한 사회적 영향.

독자는 자아에 대한 문화적 지식이 문제들에 대한 대안적 가정들과 정의들을 확인하기 위한 가능성을 높이면서, 자신의 지각적 융통성(perceptual flexibility)을 강조한다는 점을 배우게 된다. 다시 말해, 그 개인은 그뿐 아니라 다른 사람들이 그 세계를 어떻게 경험하는가와 관련된 차이점과 공통점을 듣고 보게 된다. 그 사람은 그 지식을 자신의 지각적 융통성을 향상시키기 위해 사용하고 가정함으로써 그 지식을 고려한다.

자아의 다문화적이고 다양한 차원에 대한 인식은 정신 건강 실천가들과 예비 실천가들이 가장 잘 실천하도록 보장해주는 잠재성을 갖는다. 최고의 실천은 전문직 협회의 윤리 강령에서 정의되고, 그 강령이 최고의 실천 개념을 어떻게 다문화적이고 다양한 사람들의 배경과 문화 그리고 유산과 관련시키는가를 통해 정의된다. 상담사와 심리학자, 사회복지사들은 다음과 같은 두 가지 목표를 향해 노력하는 것이 중요하다. ⓐ 전문직 협회의 윤리 강령의 밑바탕에 깔려 있는 가정들과 가치들에 대한 향상된 인식 ⓑ 문화적이고 윤리적인 사고에 관련된 가정들과 가치들의 다양성에 대한 숙고. 차별화(differentiation)의 기술은 이러한 목표들을 달성하기 위해 필요하다. 적어도 개인들은 전문직 협회의 윤리 강령에 내재된 가정들로부터 개인적인 가정들을 차별화할 수 있어야 한다. 그 목표는 무엇이 '당신의 것'이며 무엇이 '다른 누군가의 것인가'를 아는 것이다([표5.2]와 연습 문제 5.2를 보라).

[표5.2] 다문화적 맥락에서의 차별화 : 하나의 모형

윤리 강령	공통된 가정들	
	강 령	개 인 적

[연습문제5.2] 협회 가정들로부터 개인적 가정들을 차별화하는 것

[표5.2]는 차별화 과정을 돕기 위한 하나의 모형을 제공한 것이다. 당신의 직업적 윤리 강령을 검토하고, 관심 있는 구체적인 윤리 강령 혹은 당신에게 즉각 적용 가능한 강령을 확인하고 써보아라. 그런 후에 스스로 '이 지침을 읽으면서 나는 어떤 가정을 하고 있었는가?' 하고 물어보아라. 당신이 이 질문에 반응하면서, 어떻게 당신의 문화적 배경이 당신의 개인적 반응에 영향을 미치고 있는지에 초점을 맞추어라.

[주의] 이 요구는 다른 사람들보다는 어떤 사람들에게 쉬울 수 있지만, 그 과제에 대해 부담감을 갖고 이 과제와 씨름해보라. 지침을 공부하면서, 그리고 쓰여 있는 그대로 지침에 내재한 하나의 가정을 확인하면서 결론을 내려라.

예시를 위해 한 상담사가 미국상담학회(1995)의 『윤리 강령과 실천 기준』의 A.1.c항을 선택한다고 가정해보자. 우선 그 윤리적 지침을 읽는다.

> 성공에 대한 합리적인 기대를 제공하고 의뢰인의 능력과 상황에 부합하는 (통합적이고 개인적인) 상담 계획을 설정하기 위해 상담사와 의뢰인은 함께 노력한다. 의뢰인의 선택의 자유를 존중하면서 그들의 지속적인 실행 가능성과 유효성을 더욱 확실하게 하기 위해 상담사와 의뢰인은 규칙적으로 상담 계획을 검토한다.

그 상담사가 자신의 문화적 유산에 대한 인식으로부터 개인적인 생각, 최근에 가졌던 생각에 반응함에 따라, 상담사의 개인적인 가정(assumption)은 가족이 인생의 중요한 의사 결정에서 중요한 부분이라는 점이다. 나이에 관계없이, 어떤 사람이 삶에서 성공하려면 가족의 축복과 지원을 받아야 하고 그 선택은 개인적인 문제가 아니라 가족적인 문제다.

하지만 나의 전문직 협회의 한 가지 가정은 실행 가능하고 효과적인 기준이 개인의 선택의 자유를 증가시킴으로써 특성화된다는 것이다. 이러한 가정은 집단주의적 세계관보다는 개인주의적 세계관과 잘 연결된다.

과정적 질문들

1. 내가 견지하는 어떤 가정이 문화적으로 학습된 나의 행위를 더욱 잘 이해하도록 돕는가?
2. 내가 견지하는 어떤 가정이 문화적으로 학습된 나의 행위를 이해하는 데 방해를 하는가?
3. 나는 어떤 통찰을 얻었나?
4. 다문화적 맥락에서 나의 윤리적 사고를 위한 어떤 함의가 이 연습 문제를 통해 드러났는가?

- 기술 형성하기 ⓐ 교육 · 상담 · 훈련 경험 그리고 ⓑ 다문화적이고 다양한 자아정체성에 대한 개인적 이해의 기초 위에 형성된 (문화적으로 능력 있는 맥락에서의) 사고를 통해 기술을 형성하라.

차이에 대한 접근

유사점과 차이점은 다문화적 맥락에서의 사고를 위한 중요한 요소들이다. 두 요소는 상담사와 심리학자, 사회복지사들이 의도적으로 윤리적 행위를 결정하면서 정확하게 알고 이해하며 해석하고 생각하는 과정을 촉진시킨다. 역사적으로 다수의 매체(교육 프로그램, 연수 교육, 협의회)는 유능하고 민감한 도움 제공이 가능하도록 지원하면서 유사점의 역할을 강조해왔다. 예를 들어 상담사와 심리학자, 사회복지사들이 역할 수행을 위해 자신들이 가진 가장 중요한 도구 중의 하나가 도움을 받는 사람들과의 공통성과 유사점을 확인하는 것이라고 보는 것은 흔히 있는 일이다. 그러나 유능하고 민감한 도움 제공을 촉진하는 도구로서 차이점의 역할에 대해서는 덜 주목했던 것이 사실이다.

만약 당신이 유사점을 무시한다면, 당신은 차이점을 초월하여 공통된 근거의 가능성을 제거하게 된다. 만약 당신이 차이점을 무시한다면, 모든 사람에게 가장 강력한 문화적 규범을 부과하게 된다. 독자는 그의 일에서 유사성의 장점을 인식하고 사용하도록 조언을 받는다. 그러나 이번 항에서는 도움을 위한 도구로서 차이점을 언급한다. 왜냐하면 도움을 제공하는 직업들과 전문가들은 이러한 접근의 장점을 살려서 지속적으로 노력해야 하기 때문이다.

차이와 더불어 마음이 편안한가라는 질문을 받았을 때 많은 실천가들과 예비 실천가들은 이 이슈에 대해 편안함을 느낀다고 기꺼이 말할 것이다. 그러나 그들이 차이에 대해 말을 하거나 실제로 차이와 상호 작용할 때 당신이 이를 주의 깊게 듣거나 본다면, 그 메시지는 변화한다. 예를 들어, 당신은 "나는 차이와 더불어 마음이 편안하다"고 말하는 동료들의 진술을 들을지 모른다. 또한 대화의 과정에서 "나는 남자이고 의뢰인은 여자인 것으로 인해 그 의뢰인이 자신을 혹시 별로 좋아하지 않는지 물어보고 싶은 충동이 분출되었다"고 당신의 동료가 말하는 것을 들을 수도 있다. 이러한 진술에는 차이에 대한 불쾌감이 내재되어 있다. 혹은 "나는 남성들과 함께 일하는 것이 편하다"고 말하는 동료와 함께 지낼지도 모른다. 당신과 동료가 승강기에 올라탄다. 당신과 동료는 8층으로 가고 있다. 그때 스페인계 남자가 승강기에 오르려고 한다. 당신은 당신의 친구를 보면서 그녀가 그 남성으로부터 떨어지기 위해 움직이기 시작하는 장면에 주목한다. 처음에는 당신 친구가 그에게 승강기에 오를 수 있도록 공간을 마련해준다고 생각한다. 그러나 그녀가 아주 조용히 자신의 지갑이 보이지 않도록 밀어넣는 것에 주목한다. 당신이 목적지에 도착했을 때, 당신은 자신이 목격한 장면을 당신의 동료와 공유하고, 그녀는 자신의 행동에 대해 기억나지 않는다고 말한다. 그녀의 행동에는 차이와 더불어 불편해할 가능성이 내재되어 있다. 이와 같이 다른 사람들에게서 그런 불일치를 보거나 듣는 것은 흔히 있는 일이라는 것이 중요하다. 그러나 자신의 '자아'에서 유사한 불일치를 인식할 수 있는 능력을 향상시킬 수 있다는 것은 매우 중요한 측면이다. 실제로 많은 학자들은 이러한 자기 인식이 문화적 능력을 위한 첫 단계이고 이 단계가 향상된다면 두 번째 단계(다른 사람에 대한 지식)와 세 번째 단계(기술 발달)의 도전과 요구를 충족시킬 것이라는 점을 인정한다.

선행 연구에서는 차이에 대한 정의와 해석을 풍부하게 내려왔고, 차이가 다문화주의와 다양성과 관련되어 있기 때문에 사람들이 차이에 어떻게 접근하는가를 다룬다. 다음은 차이에 대한 더욱 흔한 몇 가지 접근들이다.

1. **차이를 무시하라** : 차이가 존재하지 않는 것처럼 행동하라. 차이에 대한 이러한 접근의 예로 "사람들이 차이에 주목하는 것을 멈춘다면, 나는 이 세계가 더욱 살기 좋은 곳이 될 것이라고 믿는다"를 들 수 있다.

2. **동질성의 측면으로 차이점을 이동시켜라** : 사람들을 모두 인간성에 기초한 동일한 존재로 고려하면서 행동하라. 차이에 대한 이러한 접근은 "나는 우리가 모두 인간이고, 우리 모두 붉은 피를 흘리며, 우리 모두 비슷하게 느끼고, 우리 모두 먹어야 살고, 언젠가 모두 죽게 될 것이라고 믿는다. 인간이면 다 같은 인간이다"라는 말에 잘 나타나 있다.

3. **차이를 경외하라** : 표준에서 벗어나 있거나 비정상적이라고 생각하기보다 당신과 다르게 생각하고 느끼는 사람들이라고 지각하라. 차이에 대한 이러한 접근은 "나는 상호 의존적인 사람들이 미성숙하다고 생각한다"에 잘 나타나 있다.

4. **차이를 인정하라** : 차이를 보고 그것의 장점과 잠재성을 변화와 성숙을 촉진시키기 위한 도구로 인식하라. 차이에 대한 이러한 접근의 예는 "나는 내가 삶에 대한 집단주의적 접근을 중시하는 문화에서 온 것을 알고, 나의 동료는 삶에 대한 개인주의적 접근을 중시하는 문화에서 온 것을 알고 있다. 삶에 대한

우리의 개인주의적 집단주의적 접근들은 우리에게 유익한 것이고 특정한 윤리 강령에 대한 우리의 해석에 영향을 미칠 것이다"라는 것이다.

연습 문제 5.3은 단일 문화적이고 민족중심주의적 맥락이 아닌, 다문화적 맥락에서 윤리적 사고를 촉진하기 위한 도구로서 차이를 알고 지각하며 그에 따라 행위하는 것과 관련된 개인적 직업적 기술의 발달을 촉진하기 위해 스스로 평가하는 것을 도울 목적으로 설계된 것이다. 이 연습 문제의 전제는 (자신의 문화와는 다른) 하나의 문화적 개인적 틀에서 난지 차이에 대한 선행 연구를 검토하거나 책을 읽는 것보다 한 문화에 몰입해보는 것이 훨씬 더 태도와 신념, 가정의 교정을 촉진시킬 수 있을 것이라는 점이다. 이와 더불어 그 교정은 다른 문화적 맥락으로부터 온 세계관과 신념, 가정과도 연관된 것일 수 있다.

[연습문제5.3] 인식 : 차이에 대한 나 개인의 접근에 대한 자기 평가
[지시 사항] 당신의 삶, 삶의 경험들, 세계관을 반성하고, 최대한 정직하게 나음의 진술들에 반응하라. 1. 나는 지난 6개월 동안 다음과 같은 다문화 관련 활동에 참여해왔다. 그 구체적인 활동의 이름과 그 활동의 초점을 말해보자. 예를 들어, 나는 문화적 능력을 위한 지지 관련 ABC 포럼에 참여했다. 2. 지난 1년 동안 나는 … 과 같은 측면에서 나와 다른 정신 건강 전문가들과 직업적 관계를 발전시켜왔다(다음의 각각의 차원과 관련된 사람의 이름을 말해보라). 2.a. 인종(예를 들어 흑인 · 황인 · 백인) 2.b. 민족성(예를 들어 독일계 미국인 · 아시아계 미국인) 2.c. 성(여성 · 남성) 2.d. 성적 지향성(예를 들어 게이 · 레즈비언 · 양성애) 2.e. 종교(기독교 · 무교) 2.f. 다른 차이들

3. 나는 차이 혹은 서로 다름의 분위기에서 일하는 동안 개인적 한계를 인식할 수 있는 기술을 향상시키도록 돕기 위해 설계된 다음과 같은 공식적인 훈련 시간(예를 들어, 주 수준이든 국가 수준이든, 전문 학술 대회에 참여하는 동안 어떤 특정한 영역에서 다문화주의와 다양성을 강조하는 시간)에 참여해왔다.
3.a. 그 공식적인 훈련 시간의 이름을 말하라. 예를 들어, 내가 참여했던 워크숍의 제목은 '다문화적 맥락에서의 윤리학'이었다.
3.b. 발표자(들)와 문화적 능력에 대한 그들의 의견을 말하라.
[예] 존 도(John Doe)가 내가 참석한 학술 대회에서 발표를 맡았다. 그는 ACA의 분과인 ABC 전문직 협회의 회장이다. ABC의 사명은 'X' 전문가들에게 문화적 능력을 촉진시키는 것이다.
3.c. 전문 학술 대회 이름을 말하고 그것이 주 수준인지 국가 수준인지 밝혀라.
[예] 나는 2002 ACA, APA 혹은 NASW 국가 수준의 학술 대회에 참석했다.
3.d. 차이 혹은 서로 다름의 분위기에서 일하는 것을 둘러싼 당신의 잠재적인 한계와 관련하여 당신이 알게 된 두 가지 이슈들을 확인하라. 당신의 한계를 초래한 차이의 형태를 기술하라.
[예] 나는 공격적인 여성들과 함께 일할 때 불편하고 그들이 보일 때 나는 심리적으로 위축된다. 내가 조심하지 않으면, 나는 흔히 그들 앞에서 나의 능력과 나 자신을 방어한다.
3.e. 차이 혹은 서로 다름의 분위기에서 일하는 동안 당신이 최근 소유한 기술과 관련하여 당신 자신에 대해 알게 된 두 가지 이슈들을 확인하라.
[예] 나는 아프리카계 미국인들과 여성들에게 공통된 문화적 가치를 확인할 수 있다. 내가 무엇을 듣고 어떻게 듣는가에 대한 중요한 요인으로 문화와 세계관을 포함시키면서 나는 능동적으로 들을 수 있다.

중대한 사건

마르크(Marc)는 미국 북서부에서 명성 있는 의과대학에서 심리학을 전공하는 2년차의 27세 나바조(Navajo) 청년이다. 마르크는 그의 나바조 공동체에 무엇인가 돌려주기를 원하고 그 공동체의 정신 건강 문제를 언급하면서 차이에 대한 이해를 돕기 위해 그의 학위를 사용할 계획이다. 마르크는 윤리학 입문 강의에 등록하고 그의 교수는 학생들에게 그룹 단위로 과제를 주면서 그들에게 제시된 직업 윤리 강령을 해석하도록 요구했다. 마르크의 그룹은 이탈리아 혈통의 백인으로서 자아정체성을 가진 남학생, 아프리카계 미국인 흑인으로서 자아정체성을 가진 여학생, 미국계 백인으로서 자아정체성을 지닌 다른 여학생 등 네 명으로 구성되어 있다. 그들은 각각 그 강령에 대한 해석을 공유하고, 마르크를 제외한 모두는 개인주의적 세계관을 통해 해석을 시도하였다. 마르크는 개인주의적 관점으로 그 강령을 제대로 보지 못하는 자신의 무능력 때문에 자신을 무력한 존재로 느끼면서 좌절했다.

[연습문제5.4] 중대한 사건
[지시 사항] 당신이 상담사이고 마르크의 그룹이 당신에게 와서, 윤리적 실천은 다문화적 인식과 지식, 기술을 요청한다는 이해와 결합된 고민 사항에 대해 도움을 요청한다. 그러나 문화적으로 능력 있게 되기 위한 첫 단계는 자아의 인식이다. 그들의 상담사로서 그 학생들이 문화적 능력의 1단계인 '자기 인식'을 개발하도록 돕는 수단으로 다음의 진술들을 완성하라. 1. 당신의 그룹에서 나타난 두 가지 윤리적인 염려는… 2. 마르크는 그 자신에 대한 지식을 가지고 있는 것으로 혹은 가지고 있지 않은 것으로 나타난다. 왜냐하면… 3. 그 강령의 가능한 해석에서 차이에 대한 개인적 접근의 영향을 이해하도록 돕기 위해, 나는 그 집단에게… 조언한다.

요약 및 핵심 요점

본장은 제1단계인 '자아 인식'에 대한 심층적인 논의를 제공한다. 그 핵심에는 ⓐ 인격 먼저 그런 다음 전문가 ⓑ 실천가와 예비 실천가의 차이에 대한 접근들 ⓒ '자아' 그리고 공통된 문화적 가정들 ⓓ 개인의 다중적 정체성에 미치는 문화의 영향 확산 등이 포함된다. 다문화적 맥락에서의 사고와 문화적 능력의 인식 단계에 관한 몇 가지 핵심 요소는 다음과 같다.

- 다문화적 맥락에서의 윤리적 의사 결정을 문화적 능력과 결합시키는 데 기초적인 단계는 다문화주의와 다양성에 관련된 생각들을 계획성 있고 유능하며 윤리적인 사고와 실천, 문제 해결로 옮기는 것이다.
- 상담사와 심리학자, 사회복지사들은 다중적 정체성을 소유하고 있는데, 이것들 중 어떤 것은 다른 것보다 훨씬 가시적이고 한 사람에게 전체적으로 영향을 미친다. 자아 인식이 사고를 풍부하게 하고 윤리 강령에 대한 해석을 풍부하게 하기 위해 개발됨에 따라 모든 정체성들이 고려될 필요가 있다.
- 상담사와 심리학자, 사회복지사들은 개인적 신념과 태도, 편견, 고정 관념, 삶의 경험들, 세계관을 알아야 하고, 또한 윤리적 사고와 의사 결정에 대한 그것들의 영향에 대해서도 알아야 한다.
- 다문화적 맥락에서 윤리적인 사고에 관여하는 상담사와 심리학자, 사회복지사들은 문화적 인식 결핍으로부터 문화적 인식과 민감성으로 차츰 의도적으로 옮겨가기 위해 헌신하는 과정을 거치는 동안 차츰 자아에 대한 인식을 갖게 된다.
- 상담과 심리학, 사회 복지에서 다문화주의와 다양성을 역사적으로 계속 강조해왔다고 본다면, 실천가들과 예비 실천가들은 다문화적 맥락에서 윤리를 둘러싼 전문직 협회의 이슈들을 언급하기 전에 그들의 개인적 이슈들을 탐구해야 한다.
- 밑바탕에 깔려 있는 가정들과 가치들을 위해 다문화적인 귀를 통해 제대로 듣는 것은 자아와 다른 사람들에 대한 문화적 지식을 촉진시킨다.
- '자아'에 대한 지식은 지각적 융통성 그리고 문제에 대한 대안적 가정들과 정의들에 대한 확인을 증가시킨다.
- 개인적 인식의 풍요를 위한 중요한 기술은 차이에 대한 개인적 접근을 확인하는 것이다.
- 차이가 적절하게 고려된다면 능력 있고 민감한 도움 행위의 제공을 촉진시키는 도구가 될 수 있다.
- '자아'에 대한 인식은 문화적 능력을 위한 첫 단계이고, 상담사와

심리학자, 사회복지사들로 하여금 좀더 정확한 윤리적 사고와 같은 문화적으로 능숙한 도움 제공의 기술을 개발하고 다른 사람들에 대한 지식을 얻어야 한다는 도전과 요구를 더욱 잘 충족시킬 수 있도록 해준다.

- 상담사와 심리학자, 사회복지사들은 차이에 대한 그들의 개인적 접근 그리고 도움 제공과 윤리적 사고에 대한 차이의 영향을 끊임없이 고민하도록 자극받는다.

[제6장]
지식과 기술, 2단계와 3단계

다문화적 맥락에서 윤리적 사고와 의사 결정

다양한 배경을 가진 의뢰인들이 차츰 심리적인 서비스를 더 많이 원함에 따라 문화적으로 능숙한 정신 건강 서비스를 위한 필요가 더 커진 것이 아니다. APA의 '민족적, 언어적, 문화적으로 다양한 사람들에 대한 심리적 서비스의 제공자들을 위한 지침'에 따르면, '심리적 서비스 제공자들은 가치와 상호 작용 형태, 체계적인 방식으로 문화적 기대 수준의 다양성을 고려하기 위한 사회 문화적 틀을 필요로 한다. 그들은 다문화적 평가와 처방을 위한 지식과 기술을 필요로 한다'(p.35).

이러한 진술은 실천가들로 하여금 인종적 민족적 대상을 넘나들며 일할 때 사회적, 정치적, 경제적 요인들이 갖는 심리적 영향에 대해 이해할 것을 강조한다. 다양한 집단의 가치와 문화적 기대 수준에 대한 지식과 앎, 가장 중요하게도 이에 대한 인정은 치료사 훈련 프로그램의 유럽 중심적 토대가 의뢰인에게 부과될 가능성을 최소화한다.

문화적 이해가 본질적이지만, 실천가들이 그들 의뢰인의 사회 문화적 실제들에 대한 지적인 이해와 '문헌 지식'을 넘어서 구체적인 다문화적 기술을 획득하도록 나아가는 것은 또한 매우 중요하다. 다양한 의뢰인들을 효과적으로 대하는 지식과 기술은 자아 인식에서 문화적 맥락에서 능력 있는 윤리적 실천을 위한 두 번째와 세 번째 요인들이다. 본 장의 목적은 문화적 윤리적 능력을 위해 요구되는 구체적인 지식과 기술을 확인하는 데 있다.

전(前)상담 : 다문화적 맥락에서 도움 제공자가 되는 것

치료와 상담, 사회 복지 훈련 프로그램은 다문화적 상담에서 흔히 요구되는 적어도 하나의 과목을 포함한다. 대학원생을 위한 다문화적 치료 교육은 정신 건강 영역에서 상대적으로 최근 현상이다. 1980년대 이전에 초문화적 상담과 치료 과목들이 훈련 프로그램에서 제공되기는 했지만, 북미 이외 문화의 병리학 유형과 정신 건강을 이해하는 데 전형적으로 초점이 맞춰졌었다. 1970년대 후반에 미국에서의 문화 집단들로 관심이 전환되었을 때 매우 단순한 치료 프로그램이 처음으로 만들어지게 되었다.

초기의 다문화적 치료법 관련 문헌은 흔히 민족적 / 인종적 집단들에 대한 치료의 공식화된 접근을 규정함으로써 다양한 대상에 대한 틀에 박힌 제시를 했었다. 예를 들어, 흑인과 라틴계 미국인들은 행동적 접근에 가장 잘 반응하고, 인디언들은 영적인 것에 기초한 접근에 잘 반응하며, 아시아계 미국인들은 전체적인(holistic) 치료에 가장 잘 반응한다고 언급되었다. 이러한 초기의 문헌이 문화적 구성 요인에 대한 조사의 출발점이 되긴 했지만, 흑인과 라틴계, 아시아계, 인디언 의뢰인의 복잡성과 이질성을 적절하게 인식하고 탐구하는 데는 실패한 것이었다.

그 당시 필요했던 것은 인종 집단 간의 심리적 반응과 발달적 과정, 적응 전략의 범위를 드러내는 연구였다. 하지만 하나로 모든 것을 끼워 맞추는 식으로 어떤 인종적 집단의 한 구성원으로 개념화하기보다 정신 건강 영역은 더욱 복잡한 패러다임을 필요로 했다. 그 필요는 인종적 정체성에 대한 발달 모형의 출현을 통해 충족되었다. 즉, 인종 집단에서도 차별과 편협, 인종주의에 반응하기 위한 심리내적이고 외적인 모방 전략의 복잡한 배열에 의해 수반되는 다양한 세계관이 존재한다는 것을 주장하는 글을 통해 충족되었다. 크로스(1991), 파햄(1989), 잭슨(Jackson)(2001)에 의해 시작된 이 영역에서의 연구는 모든 흑인과 라틴계, 아시아계, 인디언들이 똑같은 것이 아니라는 사실 속으로 학자들을 안내했다. 즉, 인종적 집단에서도 광대한 이질성이 있기 때문에 주어진 집단의 구성원 모두에게 단일한 치료적 접근은 적절하지 않다는 것이다.

문화적 이질성에 대한 우리의 토론을 지속하기 전에 잠깐 멈춘 후 하나로 보든 것을 끼워 맞추는 식의 접근이 갖는 윤리적인 함의를 고려해봄이 흥미로울 것이다. 이러한 접근의 한계를 논박하는 연구에도 불구하고(Landrine, 1995), 우리는 지정된 인종적 범주에 따라 개인들을 그룹화하고, 그런 후에 전체로서 그 집단의 심리적 행동적 규범과 패턴들을 덧붙이는 형태의 치료가 아직도 지속되고 있다고 주장한다. 대부분의 다문화적 상담과 심리 치료 텍스트를 정독해볼 한 가지 필요성은 장 제목이나 내용에 의해 제시된 바와 같이, 사람들이 인종에 따라 계속 그룹화되는 근거를 찾는 것이다. 객관적으로 말하자면, 이러한 책들 또한 동질적인 것으로 사람들을 언급하는 것에 맞서 경고하는 진술을 간혹 포함하기도 한다. 그러나 이러한 책들의 구조와 조직은 그 자체로 혼란스럽고 오도된 메시지를 전달한다.

다문화적 상담에서 하나로 모든 것을 끼워 맞추는 식의 방법이 갖는 윤리적인 함의는 무엇인가? 우리가 생각할 수 있고 해야 하는 하나의 질문이 다음과 같이 제기될 수 있다. 다문화 이론 그 자체가 한계가 있을 때 실천가들이 윤리적인 방식으로 실천하는 데 어떤 영향을 받게 되는가? 이 질문은 다시 다음과 같은 두 번째 질문을 제기시킨다. 인종 차별적 방식(예를 들어 주어진 인종 집단의 의뢰인에 대한 단일한 접근)이 이론적으로 권장될 때 그렇게 실천하는 것은 비윤리적인가? 다문화적 상담을 위한 치료와 패러다임이 그 자체로 흠이 있고 의도적으로 비윤리적인 실천을 권장할 때 실천가들은 자신들의 비윤리적 실천에 대한 책임이 있는가? 우리는 이러한 문제성 있는 질문들에 대한 사려 깊은 토론을 요구한다.

최근에 다문화적 상담과 치료에 대한 연구가 풍부해지고 있음에도 불구하고, 이러한 지식의 기초는 능력에 기초한 치료와 상담 훈련 프로그램으로 반영되어오지 않았다(Arredondo & Arciniega, 2001 ; Sue & Sue, 1999). 상담 프로그램을 수강하는 대학원생들에 대한 조사는 다문화적 능력에 관한 부적절한 느낌을 드러낸다(Bernal & Castro, 1994). 하나의 문제는 학생들에게 문화적 현상의 복잡성에 역점을 두도록 적절하게 준비시키기 위한 훈련 프로그램의 실패다. 이러한 한계점들은 물론 이론과 연구의 정당한 영역으로서 다문화적 치료가 상대적으로 최근에 등장한 것을 가정한다면 이해될 수도 있다. 그럼에도 불구하고 우리가 당신에게 고려하도록 요구하는 것이면서 동시에 능력에 기초한 훈련의 결여 문제에 대한 참기 어려운 관점은 당신의 다문화적 훈련의 질이 정신 건강 직업에서 인종차별주의의 직접적 부산물이라는 점이다. 이것의 한 가지 결과는 상담과 심리학, 사회 복지에서 유색 인종의 폄훼다. 이러한 폄훼는 다양한 의뢰인들과 함께 일하는 데 당신의 준비와 기술에 심대한 영향을 미친다. 이러한 관점을 교정하려는 활동의 일환으로 연습 문제 6.1을 보도록 하자.

[연습문제6.1] 훈련 환경의 시각화
유색인들이 정신 건강 분야와 훈련 프로그램을 관리하는 것을 몇 분 동안 상상해보자. 즉, 흑인 · 라틴계 · 인디언 · 아시아계 미국인 남성과 여성들이 ….   당신의 대학원에서 영향력 있는 모든 위치를 차지하고 있다. 당신의 대학원 교육 과정의 내용을 결정하고 있다. 당신의 의뢰인들 모두를 슈퍼비전하고 있다. 당신이 인턴십을 했던 에이전시를 관리하고 있다. 직업윤리팀을 운영하고 있다. 거의 모든 정신 건강 연구를 수행하고 당신이 대학원에서 공부한 거의 대부분의 중요한 이론들을 만들었다. 당신의 영역에서 자격 면허 과정을 관리하고 있다. 대학원 교육과 박사 후 훈련의 모든 측면을 실질적으로 관리하고 있다. 몇 명의 백인 교수와 슈퍼바이저가 있지만, 유색인들이 그 직업을 지배한다. 통제하는 사람들의 좋은 의도와 자기 규정적 문화 정체성에도 불구하고 정신 건강 교육과 훈련은 유색인들의 심리학에 중심을 두고 있다. 백인 심리학이 명확하게 새로운 하위 전공이지만 대학원 교육 과정과 훈련 프로그램에서 상대적으로 주목받지 못한다. 누군가가 좋은 실천가라면 그는 문화적 차이에도 불구하고 유색 피부의 의뢰인을 대하듯이 백인들과 효과적으로 일할 수 있을 것이라는 점이 암묵적 메시지다. 소집단에서 다음과 같은 질문들에 관해 토론한다. 1. 왜 백인들이 이러한 가상적 정신 건강 세계에서 간과되는가에 대한 당신의 생각은 무엇인가? 2. 백인 교수의 상대적 부족이 미치는 영향은 무엇인가? 3. 백인 교수와 슈퍼바이저의 포함이 대학원 교육을 어떻게 변화시킬 수 있는가?

이러한 시나리오를 위해 심리학과 상담, 사회 복지 영역에서 대부분의 학생들이 유색 피부를 가지고 있다고 가정해보자. 또한 일차적인 치료 대상은 유색 피부의 의뢰인이지만 이러한 현실은 백인 인구가 급속하게 증가함에 따라 변하고 있다. 많은 대학원생들은 정신 건강 치료를 기대하는 점증하는 백인 의뢰인들을 대하는 능력에 대해 대체로 관심을 가지고 있다. 직업을 관리하는 유색인들은 백인 집단이 차츰 치료 대상 속에 포함되고 있지만, 이러한 변화가 수반하는 도전을 어떻게 충족시켜야 하는지 불확실하다고 인식한다. 백인 의뢰인에게 특유한 이론과 연구를 진전시킬 필요성에 대해 많은 회의주의가 남아 있다. 유색인들에게 예속된 백인들의 역사와 권리 상실로부터 발생하는 수많은 심리적 이슈들에도 불구하고, 하나로 모든 것을 끼워 맞추는 식의 철학이 백인들의 이슈에 대한 검토를 방해하고 있다. 이러한 점을 고려하면서 다음의 질문들에 대해 토론해보자.

1. 정신 건강 직업에서 유색인들의 지배에 의해 어떤 윤리적 이슈들이 제기되는가?
2. 백인 의뢰인을 대할 때 하나로 모든 것을 끼워 맞추는 식의 접근은 어떤 윤리적 문제가 있는가?
3. 백인 문화에 대한 보다 복잡한 연구가 진전되는 것에 대해 통제하는 집단의 입장에서 나타나는 자기 만족감을 어떻게 설명할 것인가?
4. 백인에 대한 보다 진전된 연구가 어떻게 실천가들에게 도움을 줄 것인가?

이제 문화적 이질성에 대한 우리의 토론으로 되돌아가도록 하자. 유색 인종에 대한 진부한 개념화가 더욱 복잡한 패러다임으로 대체되기 전까지 몇 십 년 동안 다문화적 상담의 학술이 이미 존재해왔다. 이러한 대체 과정에서 유색 인종에 대한 우리의 이해에 복잡성과 풍부성을 추가하려는 첫 번째 영역에 인종적 정체성 발달 이론이 포함되게 되었다. 앞서 언급한 바와 같이, 인종적 정체성에 대한 연구는 다양한 차원의 하나의 변수로서 인종을 이해하는 것에 대한 결정적인 기여를 했고, 인종 측면에서 집단에서의 다양성을 보여주었다. 이러한 획기적인 연구의 결과를 통해 우리는 이제 인종적 정체성이 고정적이기보다 유동적이라는 것을 인정하게 되었다. 다시 말해, 인종적 정체성은 개인적 삶의 과정 동안 변화될 수 있다는 것이다. 우리는 또한 한 집단에서의 구성원이라고 하더라도 정체성 발달의 연장선상의 다른 위치에 있을 수 있고, 동일한 개인이라고 하더라도 주어진 순간에 사회적 맥락에 의존하는 삶의 동일한 지점에서도 다른 단계와 결합하는 행동을 보일 수도 있음을 인식하게 되었다. 이러한 주장은 신중하게 단순히 지식으로 받아들여 왔던 것과 단일한 접근의 윤리에 도전하게 하고, 심리 치료적 평가와 치료를 위한 중대한 함의를 갖는다. 다른 차원을 인종적 이질성의 복잡성에 덧붙이기 위한 다문화적 정체성에 대한 연구는 정체성 발달의 몇 가지 과정들이 다중적인 인종적 전통과 더불어 개인에게 동시에 일어날 수 있음을 제안한다(Wijeyesinghe, 2001 ; Williams, 1999). 분명하게 윤리적인 다문화적 실천은 이러한 모든 영역에서 지식과 기술을 필요로 한다.

인종적 정체성 발달 이론의 출현은 페미니즘과 페미니스트 심리학 이론 및 연구의 등장과 때를 같이 한다. 이러한 이론과 연구의 결과물은 유색 피부를 가진 의뢰인을 대하는 기존의 동질성에 기초한 접근들을 차츰 잠식하고 있다. 인종과 성 간의 섭섬에 대한 질문들은 개인의 인종적 정체성 발달과 자아감이 성의 위계에서의 자신의 위치에 의해 영향을 받을 수 있는 가능성을 제기하기 시작하였다. 다시 말해, 주류 문화에서 '이중 압박'(인종과 성 모두의 측면에서 지위를 박탈당했다는 것)을 경험하고 있는 유색 피부의 여성들은 단지 하나의 압박 형태를 경험하는 개인들보다 더 강한 모방 전략을 실제로 개발하도록 강요받을 수 있다(Comas-Diaz & Greene, 1994). 이러한 탐구들은 인종 집단들에서의 성차를 적절하게 설명하는데 실패해온 치료 윤리의 모형에 대해 중요한 질문을 지속적으로 제기한다(Brown & Root, 1990 ; Comas-Diaz & Greene,

1994 ; Landrine, 1995).

요약하자면, 상담사와 치료사, 사회복지사 훈련 프로그램에서는 유색 피부를 가진 의뢰인에 대한 단순하고 진부한 패러다임을 넘어서는 것이 중요하다. 이제 적지 않은 연구가 소수사 인종 집단이 갖는 지위의 심리적 복잡성을 다루는 데 유효하다. 우리는 학생들과 실천가들이 인종적 정체성 발달 그리고 인종 집단들에서의 성적 다양성과 결합되는 이슈들에 대한 연구에 더욱 친밀해질 것을 요구한다.

내담자의 문화적 틀 안에서 윤리적으로 수행하기 위해 배운 기술과 상담 이론 적용하기

최근의 연구는 임상 훈련 동안 상이한 인종적 민족적 집단의 구성원들과의 실제적 대면이 다문화적 상담 능력의 향상에 부분적으로 영향을 미친다고 제안한다(Diaz-Lazaro & Cohen, 2001 ; Merta, Stringham & Ponterotto, 1988 ; Mio & Morris, 1990). 디아즈 라자로(Diaz-Lazaro)와 코헨(Cohen)(2001)은 "초문화적(cross-cultural) 접촉이 문화적으로 다른 집단의 구성원에 대한 부정적 태도의 경감과 다문화적 상담 능력의 발달에 긍정적인 영향을 가질 수 있다"(p.44)고 진술함으로써 오늘날의 이론과 연구를 요약했다.

디아즈 라자로와 코헨의 연구는 초문화적 접촉과 다문화적 상담 능력의 관계에 대한 최초의 양적 조사 연구에 해당된다. 연구 결과는 초문화적 접촉이 다문화적 상담 능력의 빌딩에 의미 있는 영향을 미친다는 주장을 지지하고 강화한다. 그들의 연구는 상담사 훈련 프로그램에서 실제적인 다문화적 접촉이 갖는 함의를 제공하는 좋은 사례다. 나 자신의 다문화적 상담 수업에서 내가(Williams) 적용해온 하나의 방식은 학생들로

하여금 자신과 상대적으로 친밀하지 않은 인종 사람들에게 봉사하는 프로그램에 참여하도록 요구하는 것이다. 학생들은 일지를 기록해야 하고 그 학기 동안 수업 시간에 다른 친구들과 자신의 경험을 공유하도록 요구받는다. 이 과목의 활동에 대한 좀더 구체적인 내용은 연습 문제 6.2를 통해 확인할 수 있다.

[연습문제6.2] 문화적 봉사 프로젝트

다문화적 상담 능력의 결정적인 요소는 대학원 훈련 기간 동안 흔히 비난받는 사람들과의 직접적 접촉이다. 이 봉사 프로젝트는 학생들에게 직접적인 문화적 봉사에 참여할 수 있는 길을 제공한다. 활동의 목적은 직업적 봉사를 통해 문화적 집단과의 경험을 얻는 것이다.

상황 선정

비난받는 사람들에게 도움을 제공하는 상황을 선정하라. 다음 페이지들을 참조할 것을 제안한다.

[독자 참조 사항] 내가 가르치는 상담사 훈련 프로그램에서 이 과제와 관련하여 나는 도시 지역에서 30명 이상의 에이전시에 대한 목록을 가지고 있다. 그 목록은 에이전시 혹은 프로그램 제목, 접촉 가능한 사람, 전화번호, 내가 도움을 제공하는 집단의 민족적/인종적 구성에 대한 간략한 기술을 포함한다. 나는 이 목록을 매학기 새롭게 수정한다.

대상은 당신이 개인적 직업적 접촉을 하지 않았던 사람이어야 한다. 당신의 미래 상담일과 관련된 상황을 선정하라. 예를 들어, 학교 상담을 희망하는 학생들은 지역 학교와 접촉하기를 원할 수 있다. 어린아이들과 일할 것을 계획하는 학생들은 데이 케어 센터, 초등학교, 도서관, 이야기 시간을 제공하는 서점 등과 접촉하기를 원할 수 있다. 대학 쪽에 관심이 있는 학생들은 유색 피부의 학생들, 미국 유학생들 혹은 게이·레즈비언·양성애자·성 전환 학생들을 위한 대학 프로그램 중 하나와 접촉하기를 원할 수 있다. 또한 교회를 잘 활용할 수 있음을 잊지 말아라. 많은 교회들은 식사 배달 프로그램, 청년 활동들과 행사들 그리고 다른 공동체 봉사 활동 프로그램을 갖고 있다.

접촉을 시작하기

목록에 들어 있는 상황들은 학생들이 선호하는 시간 수의 측면에서 다양하다. 어떤 상황은 학기 중에 40시간을 요구하기도 하지만, 다른 것들은 단지 몇 시간만 투자하면 될 것이다. 에이전시에 의해 도움을 받는 의뢰인들의 일부는 신뢰 관계가 형성되기 위해 상당히 많은 시간을 필요로 할지도 모른다. 그들의 필요를 존중해주길 바란다. 당신이 그 프로그램과 최초로 접촉할 때 당신이 가능한 시간에 대해 명확하게 하라. 가능한 시간의 측면에서 당신이 융통성을 발휘할 수 있다면 도움이 될 것이다. 예를 들어 어떤 에이전시는 당신이 특별한 프로젝트에 따라 일하기 위해 몇 주 동안 매주 세 시간씩 할애하기를 바랄지 모른다. 다른 에이전시는 당신에게 단지 매주 한 시간씩을 요구할지도 모른다. 이것들은 당신이 그들과 논의해야 할 이슈들의 일부다. 또한 어떤 프로그램에서는 봉사 제공자를 위한 별도의 훈련을 요구한다는 것을 미리 알아두어야 한다.

문서화
당신의 봉사 활동을 일지에 기록하라. 여기에는 일자 · 시간 · 활동 · 느낌이 포함되어야 한다. 학기 말에 당신의 봉사에 대한 3쪽 분량의 요약과 더불어 당신의 일지를 타이핑하여 제출하라. 요약에는 ⓐ 상황에 대한 설명 ⓑ 대상에 대한 설명 ⓒ 당신이 제공한 봉사 내용 ⓓ 당신이 배우게 된 것과 그것이 상담 역할과 어떻게 관련되는가에 대한 내용 ⓔ 당신이 이 장소를 다른 학생들에게 추천하고 싶은지, 그렇다면 혹은 그렇지 않다면 그 이유가 무엇인지 ⓖ 느낌과 반응 그리고 다른 질자적 코멘트 등이 포함되어야 한다. 마지막 부분에 당신의 초기의 느낌들을 제시하고, 그것들이 시간이 경과함에 따라 어떻게 바뀌었는가를 기술하라. 끝으로 당신의 일지와 요약에 당신의 서명이 들어 있는 용지를 덧붙여라.

수업 발표 및 토론
당신의 문화적 봉사 프로젝트와 그 수업에서 다른 사람들과 학습한 것을 기술하라. 당신이 선택한 의뢰인에게 도움을 제공한 결과, 당신의 문화적 능력과 당신 자신에 대해 새롭게 알게 된 점을 구체적으로 말하라.

이러한 훈련 활동들을 통해 획득된 다문화적 상담에 대한 인식과 지식, 기술은 윤리적이고 능력 있는 실천을 위한 기본적인 요소들이다. 우리는 이러한 기술들의 실제적인 실천적 적용이 임상과 상담 슈퍼비전의 과정에서 의미 있게 이루어진다고 본다. 베르나드(Bernard)와 굿이어(Goodyear)(1998)는 슈퍼비전을 상담 직업에서 상급자와 하급자 간의 평가적인 관계로 정의했다. 여기서 그 관계의 목적은 "피교육자의 직업적 기능(functioning)을 향상시키는 것"이다(p.4). 그리하여 슈퍼비전은 경험이 많은 '숙련자'로부터 직업의 도구들을 학습하는 사람, 즉 도제로서 피교육자의 역할이 정해지는 관계다. 오늘날 치료가 실천되고 있는 사회 문화적 풍토에서 숙련자 혹은 슈퍼바이저는 다문화 능력을 개발하는 데 피교육자를 도울 윤리적 의무를 지닌다.

윤리적이고 능력 있는 다문화적 실천은 문화적 요인들에 주의를 기울이는 윤리적이고 능력 있는 슈퍼바이저에 의해 인도된다는 것이 우리의 전제다. 비록 상담 영역에서 문화적 능력에 특히 주목해왔지만, 흔히 소홀하게 다루어졌던 영역이 슈퍼비전에서의 다문화적 능력이다. 문화적 이슈들에 대해 능력 있는 슈퍼비전의 기본적 특징은 인종적이고 민족적인 차이(훈련생과 내담자 사이 그리고 훈련생과 교육자와 슈퍼바이저 사이 모두)에 대한 탐구를 촉진하는 슈퍼바이저의 능력에 있다. 그러나 이 영역에서의 연구는 슈퍼비전에서 인종적 탐구의 실제적인 결여를 중요하게 지적한다(Lappin & Hardy, 1997).

슈퍼비전에서 다문화적 측면이 대체로 연구되지 않았다는 점은 슈퍼비전에 대한 오비르네(O'Byrne)와 로젠버그(Rosenberg)(1998)의 사회 문화적 분석에 의해 부분적으로 설명될 수 있다. 이들은 슈퍼비전을 피교육자가 상담 직업 속으로 문화 변용되는 과정으로 기술하고 있다. 그들은 상담을 공통 언어를 가진 '문화', 통과 의식(예를 들어 '도제'에서 '상급자'까지) 그리고 규정된 사회화의 실천으로 특징짓는다. 앞서 논의한 바와 같이 상담 문화는 인종 · 민족성 · 계급 · 성 · 성적 지향성 · 불구 · 영성과 같은 의뢰인 변수들을 포함하기 위해 단지 최근 그 관점을 이동시키고 확대시키기 시작했다. 비록 문화 변수들이 인정되기 시작했지만, "그 초점은 여전히 분산적이고 피상적이며 간과되고 있다"(Lappin & Hardy, 1997, p.42). 이것은 슈퍼비전의 측면에서 특히 그러하다. 메시지는 분명하다. 슈퍼비전에서의 문화적 기술을 개발하고 적용할 기회가 대체로 무시되고 있다는 것이다.

이런 슈퍼비전을 특별히 문제가 되게 하는 것은 대부분의 비교 인종적 슈퍼비전 상황에서 슈퍼바이저는 백인이고 피교육자는 유색인이라는 점이다(Goodyear & Guzardo, 2000). 굿이어와 구자르도(Guzardo)에 따르면, 조분화적 슈퍼비전 관계에서 슈퍼바이저와 피교육자 간 사회적 힘의 차이는 조사가 필요한 개인 간의 역동성을 만들어낸다(p.492).

에스트라다(Estrada) 등(2002)은 슈퍼비전에서 인종적 민족적 그리고 다른 문화적 변수들의 종합적 고려에 대해 몇 가지 추천한다. 그들의 첫 번째 추천은 슈퍼바이저들이 인종적 이슈들을 토론하기 위한 안정된 환경을 조성하는 것이다. 이러한 과제는 인종적 이슈들을 탐구하는 슈퍼바이저 자신의 심리적 편안함을 미리 전제하는 것이다. 그렇지 않다면, 슈퍼바이저는 그들 자신의 상담 혹은 슈퍼비전 방식을 추구하게 될 것이다. 슈퍼비전 상황에서 피교육자와 슈퍼바이저의 인종적 차이, 인종적 이슈에 따른 경험들, 인종적 정체성 측면에서 그들의 발달 단계들, 그리고 슈퍼비전 관계와 특정한 민족 배경을 가진 의뢰인의 치료 모두를 위해 이러한 요인들이 갖는 힘의에 대한 논의는 윤리적 실천을 향한 토대다.

능력을 형성하기 위한 두 번째 전략은 슈퍼바이저와 피교육자가 그들의 다문화적 인식과 지식 그리고 기술 수준을 평가하는 것이다. '다문화적 인식, 지식, 기술 조사'(D'Andrea, Daniels,

& Heck, 1991)를 포함한 몇 가지 도구들이 문화적 자기 평가를 위해 유효하다. 또한 인종적 정체성 발달의 측정 과정과 결과는 바람직한 인종적 의식(consciousness)을 향한 슈퍼바이저와 피교육자 각각의 발달적 여정에 대한 토론과 허심탄회한 대화를 위한 뼘틀로 사용될 수 있을 것이다. 저자들이 제한하는 세 번째 전략은 특정 민족적 배경을 가진 의뢰인의 문화적 맥락에 대한 능동적 학습이다. 이것은 초문화적 상황에서 슈퍼바이저와 피교육자가 몰입하는 것, 즉 이 항의 서두에서 기술한 일종의 활동들을 포함할 수도 있다.

영화 보기는 학생들이 자신의 문화적 능력을 탐구할 수 있도록 도울 수 있는 몰입 전략이다. 영화 보기와 토론의 한 가지 장점은 안정된 교실 분위기 속에서 혹은 슈퍼비전 상황에서 상이한 문화에 대해 자신의 심리적 편안함(혹은 불편함)의 정도를 진단하고 탐구할 수 기회를 제공한다는 점이다. 또한 다문화적 훈련의 일환으로 영화 보기는 자기 자신과 다른 문화에 대한 숨겨진 편견들과 신념들을 밝히기 위한 강력한 전략이 될 수 있다. 나(Williams)로서는 학생들과 피교육자들에게 실제 의뢰인과 함께 그들의 일을 하도록 요구하기보다 자신이 가진 편견을 벗겨내기 위해 영화를 보여주고 이에 대한 그들의 반응에 대해 정직하게 말할 수 있도록 기회를 주는 것이 좋을 것 같다.

특정 문화적 배경을 가진 영화 제작자들의 관점으로부터 민족적 문화를 묘사하는 많은 훌륭한 영화들이 있다. 에이미 탄(Amy Tan)의 중국계 미국인 문화를 담은 「조이 럭 클럽(The Joy Luck Club)」, 아메리칸 인디언에 대한 쉐르맨 알렉스(Sherman Alex)의 소설에 기초한 「연기 신호(Smoke Signals)」, 멕시코계 미국인 문화에 대한 「나의 가족(My Family)」, 아프리카계 미국인 여성들의 공동체에 대한 이야기를 말해주는 「먼지의 딸들(Daughters of the Dust)」 등이 이에 해당한다. 연습 문제 6.3은 치료에 부정적인 영향을 미칠 수 있는 숨겨진 편견들을 벗겨내기 위해 설계된 일련의 활동들로 설정된 존 싱글톤(John Singleton)의 「베이비 보이(Baby Boy)」를 사용한다. 연습 문제의 제1부는 영화에 대한 반응들의 검토를 촉진시킨다. 제2부는 다문화적 상담 기술을 개발하기 위한 방법으로서 영화의 등장인물들에 기초한 역할 놀이 상황을 설정한다. 유사한 실험적 · 실천적 연습 문제들이 문화적 주제들을 탐구하는 소설들에 기초해서 설정될 수 있다. [표6.1]은 내(Williams)가 다문화적 훈련에 효과적이라고 본 소설들의 목록을 제공한다.

[연습문제6.3] 이론에서 기술로 옮겨가기
영화 보기는 다문화적 교육과 훈련을 위한 효과적인 도구로서 제안되어 왔다(Williams, 1999). 아프리카계 미국인 슈퍼바이저인 존 싱글톤(John Singleton)의 영화 「베이비 보이(Baby Boy)」(Columbia, 2001)는 다문화적 기술 형성을 위한 풍부한 자료를 제공한다. 「베이비 보이」는 로스앤젤레스에서 살고 있는 젊은 아프리카계 미국인 남성인 조디(Jody)에 대한 동시대의 이야기로 묘사될 수 있다. **제1부 : 자기 반성** 이러한 연습 활동을 위해서 우리는 당신이 이 영화를 다른 사람들과 함께 시청하고 너 자신의 반응뿐 아니라 그들의 반응에도 주목할 것을 권장한다. 영화를 시청한 뒤 다음의 질문들에 대한 응답을 적어두어라. 1. 당신은 그 영화에서 묘사된 문화를 어떻게 기술할 것인가? 2. 조디와 조디의 여자 친구인 이베타(Yvette), 조디의 어머니, 그리고 그녀의 남자 친구인 멜빈(Melvin) 등 영화에서 주된 등장인물의 상호 작용 방식은 무엇인가? 그들의 정서적 방식은 무엇인가? 3. 영화에서의 등장인물에 대해 당신은 어떤 반응을 보이고 있는가? 당신과 그 영화를 함께 시청한 다른 사람들은 등장인물에 대해 어떻게 반응하는가? 4. 그 영화에서 묘사된 문화와 관련하여 당신은 어떤 경험을 해본 적이 있는가?

5. 당신의 경험이 등장인물들을 보는 방식과 이에 반응하는 방식에 어떤 영향을 미치는가?
6. 당신은 등장인물들에 대해 어떤 판단을 가지고 있었는가? 그렇다면 당신 자신의 문화 · 인종 · 민족성 · 성 · 나이가 그 영화에서의 사람들에 대한 당신의 평가에 어떤 영향을 미치는가?
7. 등장인물들에 의해 반영된 가치들을 당신은 어떻게 기술하겠는가? 이러한 가치들은 어떤 방식으로 유럽 중심적 가치와 유사하거나 다른가?

제2부 : 역할놀이

역할놀이는 학생들에게 그들의 장점과 약점을 인식하도록 돕고 간접 체험을 통해 문화적 능력을 획득할 수 있도록 돕기 때문에 다문화적 훈련에서 흔히 사용된다(Pedersen, 1995). 조디와 이베타, 조디의 어머니 그리고 멜빈의 역을 맡을 지원자를 구하라. 그 등장인물들이 직면한 문제들에 대해 개인적 상담을 구하는 것을 가정하라. 학생들이 등장인물과 상담사의 역할을 맡아서 실연하는 일련의 양자 관계를 설정하라. 역할놀이 참여자들과 관찰자들에게 어떤 전략이 효과적인지, 특히 이러한 '의뢰인들'과 일할 때 어떤 전략이 효과적인지 주목하게 하라. 학생들에게 실수하는 것을 두려워하지 말고, 실수를 통해 흔히 의미 있는 학습이 일어난다는 점을 말해주는 것이 도움이 된다. 의뢰인과 치료사 역할 모두에 대해 학생들의 생각과 느낌을 발표하게 하라. 역할놀이에 수반되는 토론 주제들(질문들)은 다음을 포함한다.
1. 치료사 역할에서 당신은 무엇이 가장 도전적이었는가? 의뢰인 역할에서는?
2. 어떤 개인적 자질이 너와 그 의뢰인을 연결하도록 도왔는가?
3. 역할놀이가 어떤 맹목적 관점 혹은 편견을 드러내게 했는가? 이것들이 당신이 의뢰인들과 함께 일할 수 있는 능력에 영향을 주었는가?

[표6.1] 다문화 관련 읽기 자료 목록
아프리카계 미국인 「말콤 X(Malcolm X)의 자서전」 「여자」, Terry McMillan 「커피가 당신을 검게 만들 것이다」, April Sinclair 「그들의 눈이 신을 바라보고 있었다」, Zora Neale Hurston 「가장 푸른 눈」, Toni Morrison 「물의 색깔」, James McBride 「눈에 보이지 않는 남자」, Ralph Ellison 「무기의 선택」, Gordon Parks

「우리의 주장을 갖는 것」, Sarah & Elizabeth Delany

아시아인 / 아시아계 미국인
「조이 럭 클럽」, Amy Tan
「여전사」, Maxine Hong Kingston
「부엌 신의 아내」, Amy Tan
「백 가지 비밀 감각」, Amy Tan
「삼목 위에 내리는 눈」, David Guterson
「가이샤의 회고록」, Arthur Golden

라틴계
「가르시아 소녀들이 어떻게 그들의 악센트를 잃었나」, Julia Alvarez
「고독의 백년」, Gabriel Garcia Marquez
「망고 거리의 집」, Sandra Cisneros
「영혼의 집」, Isabel Allende

아메리카 인디언
「검은 엘크가 말한다」, John Neihardt
「부러진 강령」, Michael Dorris
「빙고 궁전」, Louise Erdrich
「남자 같은 마음을 지닌 여인」, Frederick Manfred
「큰 길」, Greg Sarris
「푸른 물 위의 노란 뗏목」, Michael Dorris

여 성
「여성의 집」, Marilyn French
「고독의 저널」, May Sarton
「여성의 회사」, Mary Gordon
「잠들기 전에 말하라」, Elizabeth Berg
「종 모양의 항아리」, Sylvia Plath
「그녀는 실패했다」, Wally Lamb
「대양의 깊은 끝」, Jacquelyn Mitchard
「보석」, Bret Lott
「포이즌우드 성경」, Barbara Kingsolver

레즈비언 / 게이
『그녀의 날에』, Rita Mae Brown
『해리어트 해트필드의 교육』, May Sarton
『사랑하는 그녀』, Ann Allen Shockley
『카스트로 거리의 시장』, Randy Shilts
『진홍색의 과일 정글』, Rita Mae Brown
『후라이드 그린 토마토』, Fanny Flagg
『Stone Butch Blues』, Leslie Feinberg

행동 계획 : 인식과 지식으로부터 행동으로 옮겨가기

임상의(clinicians)를 위한 다문화적 훈련은 이론과 연구에 대한 과목, 다양한 대상에의 노출 그리고 치료에 관련된 문화적 변수들의 탐구를 촉진하는 슈퍼비전 등을 포함한다. 임상의로서의 공식적인 훈련이 끝날 때, 지속적인 다문화적 기술의 개발을 위한 유용한 많은 방법들이 있다. 여기에는 세미나와 워크숍 참석, 다문화적 연구 병행, 상담 시도 그리고 다른 실천가들과 더불어 비공식적인 슈퍼비전 그룹에의 참여 등이 포함된다. 다문화적 치료 이론과 연구가 급속히 증가하고 있기 때문에, 윤리적 실천가는 새로운 정보와 확인된 기술의 능동적인 소비자로 남게 될 것이다. 윤리적 실천가는 또한 자신 내부의 문화적 편견을 끊임없이 찾고 그것들을 제거하기 위해 노력하는 존재다.

[연습문제6.4] 다문화적 상담에서 직업 발달

당신이 지난 한 달 동안 참여했던 활동들을 아래의 목록에서 체크하라.
1. 나는 어떤 사람들에 대해 가지고 있던 편견을 인식했다. _____
2. 나는 문화적 이슈에 대해 동료들에게 이야기했다. _____
3. 나는 치료 과정에서 발생한 문화적 이슈에 대한 지침을 찾았다. _____

4. 나는 다문화적 훈련 세미나에 참석했다. ____
5. 나는 문화 행사에 참여했다. ____
6. 내가 속한 인종적 소수자 행사에 참여했다. ____
7. 나는 나의 인종적 정체성과 그것이 어떻게 의뢰인을 대하는 나의 일에 영향을 미치는가에 대해 반성했다. ____
8. 나는 나 자신이 속하지 않은 인종 집단에 대한 소설을 읽었다. ____
9. 나는 다문화적 이슈들에 대한 책의 한 장이나 논문을 읽었다. ____
10. 나는 다문화적 이슈에 대한 상담 혹은 슈퍼비전을 요청했다. ____
11. 나는 인종적 차이가 우리의 관계에 어떤 영향을 미치는가에 대해 친구 혹은 동료에게 이야기했다.
12. 나는 나 자신 혹은 어떤 다른 사람의 인종차별주의적 언급에 도전했다. ____

이런 점에서 연습 문제 6.4를 보도록 하자. 문화적인 상담에 관련된 당신의 최근 직업 발달 활동을 평가하도록 돕는 하나의 방법으로 일련의 질문들이 제기된다. 우리는 실천가들이 매달 이런 활동 중에 적어도 하나를 경험할 것을 권장한다. 다문화적 상담에서의 직업 발달이 윤리적 실천에 미치는 효과를 확인할 수 있는 자료는 불충분한 상태이지만, 우리는 다문화적 상담에서 학위 이후 훈련(post-degree training)에의 능동적인 참여가 큰 의미가 있음을 확신한다.

의뢰인과의 치료적 관계에 대한 사려 깊은 반성에 관여하는 것은 또한 윤리적인 다문화적 실천을 향상시킨다. 윤리적 질문들 혹은 딜레마가 제기될 때, 이러한 딜레마들을 다루기 위해 어떤 적절한 절차를 가지는 것이 유익할 것이다. 상담적 윤리강령이 아마도 유용한 첫 번째 단계이겠지만, 이러한 강령들은 구체적인 윤리적 딜레마들을 해결하기 위해 설계된 것이 아니기 때문에 그것들은 실천가가 찾고 있는 답을 제공하는 데는 한계가 있을 것이다. 확실히 동료와 슈퍼바이저 혹은 다문화적 전문가들에게 조언을 구하고 이를 통해 증명하는 것이 좋은 방법이다.

상담과 치료, 사회복지윤리학위원회는 또한 가이던스의 원천이다. 그것들의 기능은 구성원들을 교육하는 것과 구체적인 상황에서 발생하는 행위의 윤리적 과정에 대한 탐구에 답하는 것을 포함하고 있다(Williams, 2001). 구성원들이 가진 탐구 문제에 대해 제때에 답을 제공함으로써, 위원회 자체가 딜레마에 직면한 치료사들을 위해 가치 있는 해결책의 원천이 되어준다.

윤리적 의사 결정을 위한 모형들은 실천가들이 직면한 딜레마를 통해 사고하도록 돕기 위한 수단으로 강조되어 왔다. 이러한 딜레마들은 흔히 경고 없이 갑작스럽게 발생하고, 실천가들에게 '즉석에서 생각'할 것을 요구한다. 예를 들어 집단주의적 문화적 배경을 가진 유색 피부의 의뢰인인 마리나(Maria)가 당신을 '가족'으로 생각하면서 자신의 졸업식과 앞으로 가족 행사에 참여할 것을 요구한다고 가정해보자. 이 질문은 뜻밖의 상황에서 제기된다. 당신의 마음은 한편으로는 이중적 관계에 맞서면서 윤리 규정에 따르려고 할 것이고, 다른 한편으로는 당신을 존경하는 '멘토'와의 관계를 가치 있게 여기는 의뢰인의 진실한 요청에 응해야 한다는 대답을 두고 갈등하게 된다. 의뢰인의 문화적 맥락이 다양성의 측면에서 포용되어야 한다는 당신의 지식과 앞서 언급된 요인들 간의 균형을 찾기 위한 방법도 모색될 것이다. 관계적 범주의 엄격성을 고려하는 서구 상담 규범은 당신 의뢰인의 문화에서는 강조되지 않을 수 있다.

윤리학 전문가들은 윤리적 딜레마를 통해 고민하는 것을 돕기 위한 몇 단계를 추천해왔다. 예를 들어 웰펠(Welfel)(1998)은 다음의 아홉 단계로 구성되는 윤리적 의사 결정 모형을 제안해왔다.

단계1 : 윤리적 민감성을 개발하라.

이것은 상담사들이 그들의 윤리학 과제를 수행하는 것을 함의한다(Welfel, 1998, p.25). 다시 말해 그들은 곤란한 상황에서 의사 결정을 하기 위해 윤리 강령에 친숙해지고 대학원 공부를 통해 윤리학적 배경 지식을 갖는다.

단계2 : 딜레마와 가능한 행동을 규정하라.

상담사들은 우선 그들 스스로, 그런 다음 다른 사람과의 가능한 상담을 통해 그 딜레마를 명확하게 진술할 수 있어야 한다. 기록해두는 것이 이 시점에서 도움이 될 것이다. 이 딜레마에 반응할 수 있는 모든 가능한 방법은 무엇인가?

단계3 : 직업적 기준에 대해 언급하라.

상담사들은 그들이 직면한 윤리적 이슈에 직접 적용할 수 있는 윤리 강령을 검토해야 한다. 상담사들은 그 강령이 실제로 언급하고 있는 것에 대해 잘못 알게 될 수도 있다. 그 강령에서 실제의 메시지를 검토하는 것은 그 이슈를 명료화함에 따라 상담사들에게 대단히 큰 도움이 될 수 있다.

단계4 : 윤리학 연구물을 찾아내라.

사례집과 논문 그리고 활용 가능한 다른 자원들이 고려되어야 한다. 이론적으로 말하면 치료사들은 공통된 윤리적 딜레마와 해결책에 대한 친숙성을 높이기 위해 지식의 토대를 쌓고 있다. 그러한 지식은 그들이 '즉석에서' 답을 해야 하는 상황에서 도움을 줄 수 있다. 이러한 자원들은 상담사들이 직면하는 윤리적 딜레마에 대한 적절한 반응을 모색하기 시작함에 따라 매우 도움이 될 수 있다.

단계5 : 윤리적 원칙들을 상황에 적용하라.

웰펠(1998)에 따르면, 윤리적 딜레마를 분명하게 해결함이 없이 5단계에 도착한 상담사들은 이제 이슈에 대한 더욱 강력한 분석을 수행해야 하고 철학 문헌에 의존하며 그런 후에 신뢰할 만한 동료와 상담을 시도해야 한다.

단계6 : 슈퍼바이저와 존경받는 동료들과 상담하라.

상담사들은 최선의 행동을 결정하기 위해 노력하는 과정에서 스스로 외롭지 않다고 느끼는 것을 기본으로 신뢰할 만한 동료와 그들의 딜레마를 공유해야 한다. 이에 덧붙여, 상담하는 동료들은 그 딜레마에 대한 새로운 관점을 제공하거나 대안적 방법을 제공할 수 있다. 또한 중요하게, 상담과 문헌 조사는 다른 전문가들이 그런 유사한 상황에서 취한 행동, 즉 '공동체적 기준'을 설정하도록 돕는다.

단계7 : 숙고하고 결정하라.

이 시점에서 상담사는 자신이 취할 행동과 찬성, 반대를 확인해야 하고, 그런 결정을 어떻게 적용할 것인가를 판단한다.

단계8 : 슈퍼바이저에게 알리고 행위들을 적용하면서 기록하라.

상담사들은 최선의 행동 과정으로 결정된 바를 이제 수행해야 한다. 자신의 결정 내용, 자신이 상담한 사람, 날짜, 상담의 내용과 결과, 취해진 행동 그리고 취해진 선택에 대한 이유 등을 기록하는 것이 이 단계에서 중요하다.

단계9 : 경험에 대해 반성하라.

웰펠(1998)은 미래의 상황에서도 자신들에게 유용할 것이라는 전제 아래에서 이루어진 의사 결정에 대해 상담사들이 반성하도록 돕기 위해 몇 가지 질문들을 제기한다. 그 질문 중에 핵심적인 것은 다음과 같다. "나는 그것들이 발생하자마자 그 상황의 윤리적 차원에 주목했는가?" 이 질문은 다문화적 맥락에서 윤리적 의사 결정에 관한 구체적인 토론을 위해 좋은 출발점을 제공한다.

다문화적 맥락에서 윤리적 의사 결정

하나의 틀로서 웰펠의 단계를 사용하면서, 다문화적 맥락에서 윤리적 의사 결정은 몇 가지 부가적인 고려를 필요로 한다. 첫째, 상담사들은 윤리 강령이 비유럽 중심적 문화와 잠재적으로 충돌할 수 있는 상황을 미리 내다보기 위해 그들 의뢰인의 문화에 대해 우선 잘 알아야 한다. 스테인맨(Steinman)과 리차드슨(Richardson) 그리고 맥엔로(McEnroe)(1998)는 "어떤 상황이 하나의 문제로서 확인되기 전까지", 윤리적 의사 결정 과정은 시작될 수 없다고 주장한다. 이것은 너무나 명백하게 들릴지 모르지만, 다문화적 상담을 위해 중요한 함의를 갖는다. 직접 경험을 가진 상담사이거나 의뢰인의 문화(어떻게 그 문화가 유럽 중심적 문화와 다른가)에 대한 풍부한 지식을 가진 상담사는 윤리적 딜레마가 발생할 때 좀더 적절하게 반응할 수 있는 위치에 놓인다. 비유럽 중심 문화 배경을 가진 의뢰인과 일할 때 구체적인 세 가지 윤리적 고려 사항을 제시하면 아래와 같다.

단계1 : 잠재적 충돌을 미리 예상하라.

다문화적 맥락에서의 윤리적 의사 결정은 직업 강령의 밑바탕에 깔려 있는 문화적 세계관과 다양한 의뢰인의 세계관 간에 잠재적인 충돌의 영역을 인식하기 위하여 다양한 문화에 대한 풍부한 인식과 지식을 가지고 시작한다. 이 점은 충분히 강조해도 지나치지 않다. 문화적으로 다른 의뢰인과 더불어 일하기 위한 적절한 직업적 개인적 준비가 부족하다면, 상담사들은 자신들이 의뢰인의 문화의 중요성을 무시하고 있고 이것이 치료 과정에 영향을 주고 있는 상황에서조차 그들이 윤리적으로 행동하고 있다고 믿을 수 있다는 위험을 무릅쓰게 된다. 이것은 그 자체로 윤리적인 위반이다. 그런 후에 과제는 윤리적 민감성 및 지식과 윤리적 행동의 일치를 추구하는 것이다.

상담사가 의뢰인의 문화에 더욱 친숙해짐에 따라 그는 일어날 가능성이 있는 윤리적 난관을 조절하기 위해 더욱 잘 준비하는 경향이 있다. 실천가에게 친숙하지 않은 문화적 배경을 가진 의뢰인과 함께 일할 때, 우리는 상담사들이 취할 수 있는 몇 가지 전략들을 제안한다. 가능하다면 언제든, 이러한 옵션들은 첫 번째 치료 세션이 시작되기 전에 추구되어야 한다. 그 옵션들은 다음을 포함한다.

- 그 문화에 대해 지식을 지닌 전문가와 만나라. 문화적 패턴, 규범, 신념 등에 대한 토론 그리고 충돌이 치료 과정에서 어떻게 일어날 수 있는가에 대한 토론은 의심의 여지없이 당신의 준비도를 높여줄 것이다.
- 문화에 대해 읽어라. 당신은 이미 사회학, 역사 그리고 정치학과 같은 관련된 학문과 정신 건강 영역에서 문화에 대해 쓴 글들을 읽어왔다. 역사적 정치적 요인들이 유색 피부를 가진 많은 사람들의 삶의 경험과 인간 관계에 심대한 영향을 미치기 때문에 이러한 관련된 영역을 간과해서는 안 된다.
- 다른 문화를 가진 사람들과 우정을 깊게 하라. 외부 전문가의 의견에 전적으로 의존하기보다 다양한 사람들과 지속적인 관계를

형성하고 그들의 경험에 대한 의미 있는 대화에 관여하라.

- 자기 인식의 기회를 갖기 위해 노력하라. 인종, 민족성, 문화의 이슈를 통해 지속적으로 자기를 점검하는 것은 치료자가 의뢰인에 대한 감정 전이를 조절할 수 있도록 돕는다. 이러한 이슈들을 다루는 워크숍, 학술대회, 지역 세미나에 참석하고 메일링 리스트에 자신의 이름을 올려라.

단계2 : 윤리 강령의 문화적 민감성을 평가하라.

정신 건강 실천가들은 윤리 강령에 대해 알고 의존할 것으로 예상된다. 그러나 실천가들은 흔히 다양한 문화에 대해 그들의 윤리 강령이 얼마나 민감한가를 숙고해보도록 요구받지 않는다. 마리아의 시나리오에서 어떤 실천가들은 그들의 윤리 강령에서 지시하고 있다고 믿는 것과 일관되게 자동적으로 반응할 것이다. 즉, 그들은 그녀의 졸업식에 참석하는 것은 직업 윤리에 반하는 이중적 관계를 형성할 것이라고 마리아에게 설명할지 모른다. 이것이 좋은 실천으로 나타날 수도 있지만, 마리아의 문화적 가정과 실천 그리고 쓰여 있는 '규칙'의 세트에 기초해서 그녀의 초대를 거절하는 것이 가져올 치료적 효과를 고려하기에는 사실상 충분하지 않다.

ACA와 APA 그리고 NASW의 윤리 강령은 이중적 관계에 대해 조심시키는 진술을 포함하고 있다. ACA의 윤리 규정 A.6.a항에서는 '상담사들은 직업적 판단을 손상시키거나 의뢰인에게 해를 끼칠 위험을 증가시킬 수 있는 의뢰인과의 이중적 관계를 피하기 위해 최선을 다해야 한다'고 조언한다. 이 강령은 의뢰인과의 가족적, 사회적, 직업적 혹은 친밀한 개인 관계를 포함하여 그러한 관계의 몇 가지 예를 제공한다.

'다중적 관계'를 규정한 APA(2002) 강령의 3.05항에서는 그 다중적 관계가 심리학자의 객관성, 능력 혹은 유효성을 해칠 수 있다고 합리적으로 예상된다면, 심리학자들이 그런 관계 형성을 거부할 수 있어야 함을 경고하고 있다. 심리학자들은 의뢰인에 대한 유해성 혹은 불법 이용 또는 심리학자들의 객관성 침해의 가능성을 고려하도록 되어 있다.

NASW(1996) 윤리 규정의 첫 번째 항에서는 의뢰인에 대한 사회복지사의 책임에 대해 자세하게 제시하고 있다. 그 하위 1.06c항에서는 '사회복지사는 의뢰인에 대해 잠재적인 유해성 혹은 불법 이용의 위험이 존재하는 현재의 혹은 이전 의뢰인과의 이중적 관계 또는 다중적 관계를 형성해서는 안 된다'고 밝히고 있다. 이러한 세션은 또한 이러한 관계들이 동시에 일어나거나 연속적으로 일어날 수 있음을 지적하고 있다.

하지만 엄밀하게 말해 강령 중 어느 것도 이중적 관계를 철저하게 금지하는 것은 아니라고 봐야 한다. 대신, 각각은 상담사들이 이중적 관계에 관여했을 때 의뢰인들을 불법적으로 이용하거나 유해한 영향을 줄 위험을 피할 수 있는 조건에 대한 입장을 명확하게 밝히고 있다. 실제로 APA(2002) 강령은 '유해한 영향을 주거나 불법 이용을 초래하지 않을 것으로 합리적으로 기대되는 다중적 관계는 비윤리적인 것이 아니다'라고 진술하고 있다(Section 3.05). 문화적 능력에 대한 윤리 강령의 입장은 이러한 이슈를 복잡하게 만들고 있다. 강령들 각각은 APA(1995) 윤리 강령의 전문(前文)에서 그것과 유사한 진술들(예를 들어, '그 구성원들은 각 개인의 가치, 존엄성, 잠재성 그리고 고유성을 지지하면서 초문화적 접근을 채택한다')을 포함한다. 윤리 강령의 언어에 대한 실천가들의 친숙성이 윤리적 결정에 도달하기 위해 필요한 요소라는 것은 분명하다. 마리아의 경우에 그 강령의 구체적인 언어에 대한 지식이 상담사에게 스스로 물을 수 있는 부가적인 질문들을 유발한다.

내가 마리아의 행사에 참석한다면 유해성 혹은 불법 이용의 위험이 있는가?
내가 참석하지 않는다면 마리아를 위험에 내맡기는가?
참석 혹은 불참 중 어떤 결정이 마리아의 존엄성을 가장 존중할 것인가?
개인으로서 그리고 내가 배려하고 있는 의뢰인으로서 마리아가 중시하는 가치를 반영하는 방식으로 어떻게 반응할 수 있는가?

단계3 : 문화와 윤리 강령의 균형을 맞추어라.

마리아의 사례에서 그녀의 요구에 대한 몇 가지 반응이 가능하지만 모든 방식이 그녀의 문화와 윤리적 원칙들에 민감한 것은 아니다. 직업 윤리 강령에 대한 고려와 문화 간의 균형을 유지할 수 있는 정도에 대한 간단한 토론과 문제 해결을 위한 몇 가지 옵션들이 아래에서 제시될 것이다.

1. 직업 윤리 강령이 그녀의 졸업식 행사 참석을 허용하지 않는다는 점을 마리아에게 설명하라. 이것은 물론 마리아의 문화적 맥락에 대한 고려 없이 유럽 중심적 관점으로부터 나온 반응의 한 예다. 그것은 문화적으로 민감한 반응이라고 볼 수 없다. 그것은 실천가 혹은 의뢰인 중에 누가 보호받고 있는가의 질문에 해당하고 이는 논점을 교묘하게 회피하는 것이다.
2. 왜 당신이 그녀의 졸업식에 참석하는 것이 중요한가에 대해 너와 생각을 공유할 것을 마리아에게 요구하라. 이것은 첫 번째 반응 방식보다는 문화적으로 민감하다고 볼 수 있지만, 여전히 유럽 중심적 관점에서 나온 것이다. 마리아의 동기를 묻는 데는 그녀의 요구가 조사할 만하다는 가정이 내재되어 있다.
3. 당신이 참석하거나 참석하지 않는다면 그녀가 어떻게 느낄 것인가에 대해 당신과 생각을 공유하도록 요구하라. 두 번째 반응과 유사하게, 여기서는 그녀의 요구가 왜 그러한가에 대해 분석되어

야 한다는 것을 제안한다. 문제는 반응 그 자체가 아니라 그것의 타이밍이다. 즉, 당신의 옵션에 대한 그녀의 반응을 탐구하기 전에 그 초대에 대해 마리아에게 진심으로 감사하는 것이 나을 수 있다.

4. 치료적 협조 관계를 위협하지도 않고 그녀의 기분을 상하게 하는 것도 아니라고 믿기 때문에 마리아의 초대를 수락하라. 이것은 문화와 윤리적 기준 간에 균형을 맞추기보다 정치적(계산적) 옳음에 관련된 실천가의 예다. 즉각적인 수용은 참석에 동의하는 것의 비용과 혜택을 적절하게 숙고하는 것이 아닌 것으로 보이게 된다.
5. 마리아에게 당신의 딜레마를 설명하고, 당신이 결정하기 전에 그녀와 같은 민족적 배경을 가진 동료와 상담하기를 바란다는 것을 그에게 말하라. 이러한 반응은 윤리적 구속에 맞서 문화적인 요인에 대한 평가를 언급하기 시작하는 것이다. 또한 치료사의 손에 그 딜레마를 적절하게 위치시키는 것이다. 그러나 상담을 제안한다는 점에서 그 실천가는 마리아의 지혜를 끌어내는 데는 실패하고 있다.
6. 마리아의 제안에 대해 명예롭게 느끼지만, 그녀의 제안은 당신에게 딜레마임을 설명하라. 우리는 치료사들이 그와 같이 문화적으로 민감한 진술을 통해 마리아의 제안에 대해 반응을 시작할 것을 추천한다. 이러한 특별한 반응은 치료사의 손에 그 문제를 직접적으로 위치시킬 뿐 아니라, 그 의뢰인과 딜레마를 공유함으로써 의사 결정 과정에서의 불투명성을 제거한다. 이것은 의뢰인의 생각에 대한 존중을 보여준다. 반응 3과 같은 반응을 후속적으로 취하는 것이 적절할 수도 있다.

핵심 요점

세계관과 가치, 행위 패턴 그리고 정신 건강에 대한 민족 문화의 관점 등에 관한 지식은 문화적으로 능력 있는 치료를 위한 초석이다. 피교육자와 의뢰인 간 관계 그리고 슈퍼비전 과정 모두에서 인종적이고 민족적인 차이에 민감한 능숙한 슈퍼비전이 이루어진다면, 정신 건강 실천가들은 문화적으로 다양한 의뢰인과의 일에 관련된 윤리적 딜레마를 통해 최선의 사고를 할 수 있는 위치에 놓이게 된다.

본 장의 핵심 요점은 다음과 같은 측면에서 실천가들이 유의해야 할 점을 포함한다.

- 민족 집단의 구성원들을 하나로 보는 단순한 문화적 기술을 하기보다 의뢰인의 문화적 복잡성을 인식하는 것.
- 의뢰인들의 복잡성의 부분으로 그들의 인종적 정체성 발달 상태에 대한 지식.
- 슈퍼비전과 상담 과정에서 인종적 문화적 차이를 탐구하도록 슈퍼바이저들을 고무시키는 것.
- 자신들의 문화적 능력을 증가시키기 위한 기회를 규칙적으로 가지면서 그들 자신의 문화적 가정들을 지속적으로 성찰하는 것.
- 윤리적 질문들과 딜레마가 발생함에 따라 문화적으로 포괄적인 윤리적 의사 결정 과정을 적용하는 것.

제III부

[개 관]

이 책의 초점은 임상적 상담 실천과 슈퍼비전 그리고 훈련에 대한 숙고나 문화적인 역량과 윤리적인 접근을 제안하는 것이었다. ACA와 APA와 NASW의 윤리 강령들은 문화적으로 제한적인 틀을 가지고 있다는 점으로 비난받았으나(Ivey, 1987 ; LaFromboise, Foster, & James, 1995 ; Pedersen, 1995 ; Sue, Arredondo, & McDavis, 1992), 오랫동안 재성찰되고 개정되면서 유지되어왔다. 현재 이 강령들은 이 책의 전반부에서 논의된 것처럼 인종과 민족성, 문화, 사회적 성, 성적 지향성 그리고 인간 경험에서 각인된 다른 차원의 이슈들에 대해 민감성이 필요함을 보여준다. 이 강령들은 슈퍼비전과 실천 그리고 연구를 포함한 전문적 활동과 환경적 범주 안에 문화저 역량을 위한 요구를 언급한다.

정신 건강 실천 분야에서 문화적인 고려가 중요함에 대한 높아진 각성은 문화적 역량 윤리적 의사 결정 모델이 구성되는 토대를 제공한다. 우리는 이 책에서 다문화적 역량의 위상에서부터 일반적 윤리 딜레마를 언급하기 위한 확고한 지침이 존재하지 않는다는 점을 논박해왔다. 윤리 강령들은 광범위한 기초에 근거해야 하는 것이 필수적이므로 이런 도전에 적합할 수 없다. 즉, 그것들은 지침은 제공할 수 있으나 문화적 이슈들을 포함하는 실천적인 윤리적 딜레마를 해결하기 위해서는 그 지침에 의지할 수 없으며 해서도 안 된다. 그러면 상담자와 임상가들이 문화적인 대응 태도에서 윤리적 딜레마를 언급하기 위한 확실한 도움은 어디서 구할 수 있을까?

이 책의 후반부에서는 다문화 상황에서 윤리적 문제 해결을 위한 확실한 지침과 의사 결정 틀에 대한 요구에 대해 언급하려고 한다. 제Ⅲ부의 여섯 장들에서 독특한 문화적 딜레마가 반복적으로 나타나는 윤리 강령들의 영역을 실천가들을 위해 우리의 경험을 통해 언급한다. 이 영역들은 이중 관계(제7장), 비의도적인 문화적 편견(제8장), 내담자 복지(제9장), 서비스 교환(bartering for services)(제10장), 의존성 육성하기(fostering dependency)(제11장) 그리고 개인의 역량을 넘어선 실천(제12장)이다. 이 영역들에 대한 선택은 이것들만이 문화적 차이와 연관된 윤리적 딜레마가 존재하는 실천의 영역에서 야기되고 있다는 것을 암시하려는 것이 아니다. 오히려 이 여섯 영역들은 우리가 윤리적 지침이나 내담자와 작업하는 문화적 상황에 대한 응답을 하려는 실천가들을 위해 특별한 도전을 야기하기 위한 것들이다. 우리의 목적은 '생각하는 바를 말하라(think out loud)'는 것이고 이것은 중대한 사건들 속에 존재하는 딜레마를 해결하고 중요한 이슈들을 인식하는 것을 포함하는 단계를 드러낸다.

우리는 각각의 장들을 토론이 진행되는 영역과 긴밀히 연관되어 있는 ACA와 APA, NASW 윤리 강령의 항들로부터 시작한다. 따라서 이중 관계의 영역에는, 전문직에 연관된 윤리 강령의 항들의 윤리적 실천이 얼마만큼이나 기준에서 멀어져 있는가를 독자들에게 상기시키기 위해 제공된다. 이어지는 토론은 강령 안에 제정된 윤리적 원리들과 이것과 다른 문화적 패턴들 사이에 존재하는 잠재적 문제들을 탐구한다. 각각의 토론은 성찰과 토론을 위한 질문들로 이루어져 있다. 물론, 이것은 우리가 지금까지 서술해온 모든 점에서 비판적 사고와 질문에 대해 높은 가치를 두고 있음이 명백하다. 우리는 이것이 임상가들에게 중요하고 특히 훈련 단계에 있는 사람들에게는 의심의 여지가 없다. 우리가 우리의 신념에 대해 질문하는 것이 더 건강하다고 믿는 것은 실천의 기준이나 행위의 강령에 대한 단순한 동의보다는 전문직과 윤리적 강령에 대한 근본적인 가치이고 이러한 요소들과 우리가 돌보는 내담자의 요구 사이의 상호 작용이다.

중요한 윤리적 딜레마는 다문화적 상황에서 윤리학에 대해 질문하고 분석하며 토론하기 위한 도구로서 각 장에서 소개된다. 우리는 성적 지향, 사회 경제적 지위, 사회적 성 그리고 연령 등의 연관된 문화적 정보뿐 아니라 시나리오 속의 주요 인물들의 인종적 또는 민족적 배경에 대한 정보를 포함하도록 해왔다. 이런 문화적 요소들에 대한 강조는 우리의 신체적 능력, 종교적 영적 지향성 그리고 종교적 배경 등 다른 문화적 변인들을 극소화하는 것이 아니다. 사실 우리는 추가된 질문에서 이런 요인들에 대해 언급하고 학생들에게 사건에 대한 토론에서 잠재적으로 연관된 문화적 요인 모두의 중요성을 능동적으로 고려할 것을 격려한다.

이 책의 후반부에 드러날 다양한 사건들은 앞에서 이미 소개된 것들이다. 이 사건들은 다음 장들에서 좀더 완전히 설명될 것이고 윤리적 딜레마의 내용이 소개될 것이다. 다음 장들에서 소개될 중요 사건들 중 세 건은 다문화 상담과 심리 치료 전문가들에게 보내졌고 윤리적 문화적 이슈들 사이의 균형을 찾기 위한 방법이 의뢰되었다. 다문화적 전문가들을 선택하는 데서 우리는 인종/민족성, 사회적 성, 전문적 협력에 대한 다양성을 얻기 위해 분투했다. 결과적으로 다음 장들에서 보이지는 전문가들의 응답은 인종적 민족적 배경과 사회적 성, 성적 지향성 그리고 전문적 정체성에서 차이를 반영한다. 우리는 다문화적 전문가들이 윤리적 딜레마에서 정보를 어떻게 다루는지 그리고 현실적 윤리적 사건들에 어떻게 응답하는지에 대한 감각을 학생들과 임상가들이 얻기를 원한다. 그 목표를 위해, 우리는 전문가들에게 윤리적 다문화적 실천의 주요 영역을 반영하는 일련의 특별한 질문들에 대해 대답해줄 것을 요구한다. 그 질문들은 제7장에 있는데, '문화적 귀(cultural ear)'를 갖고 내담자의 이야기를 듣는 것을 포함한다. 상황에 대한 인식의 이슈들은 치료에 영향을 미치고, 사건에 대해 유럽 중심적 관점과 다문화적 관점 사이의 차이와 유사점에 대해 관심을 가져야 하며 이런 각각의 관점에 대해 고려되어야 할 행동의 적절한 과정을 요구한다.

우리의 목적은 각 장에 소개된 윤리적 사건들에 대해 교실 토론을 위한 게시판의 역할을 하기 위해, 질문과 전문가의 응답을 얻기 위함이다. 윤리적 사건은 의사 결정 과정과 전문가에 의해 제공된 행동의 과정을 구성하는 토론으로 이끌기 위한 목적이 있다. 우리는 각 사건에 따라오는 질문들을 교육자들이 교실 토론의 토대로 사용할 것을 권유한다. 이 사건들은 또한 다문화적 상황에서 윤리적 사고를 위해 앞의 장들에서 제공한 의사 결정 모델을 적용하기 위한 사례로서 사용하도록 고안되었다. 마지막으로, 우리는 이 장들에서 다양한 연습들을 포함한다. 이런 연습들은 문화적 딜레마에 대한 비판적 윤리적으로 사고하기 위한 학생들의 능력을 좀더 개발하기 위해 고안되었다.

[제7장]
이중 관계

미국상담학회 강령

1995년의 미국상담학회(ACA) 윤리 강령 A.6.a항은 상담사들에게 '그들의 전문적인 판단을 방해하고 내담자에게 피해를 주는 내담자와의 이중 관계를 피하기 위해 모든 노력을 다해야 한다'고 조언한다. 이 강령은 내담자와 친밀한 개인적 관계를 포함한 가족적, 사회적, 사업적인 모든 관계들에 대한 다양한 예를 제공한다.

미국심리학회 강령

2002년의 미국심리학회(APA) 윤리 강령 3.06항은 '이해 갈등(Conflict of Interest)'은 심리학자들에게 '개인적, 과학적, 전문적, 법적, 경제적 또는 다른 이해적 관계들이 그들의 객관성, 능력 또는 효율성을 손상시킬 여지가 있다고 여겨질 때 전문가로서의 역할이 우선되어야 한다'고 주의를 준다.

미국사회복지사협회 강령

1996년의 미국사회복지사협회(NASW) 윤리 강령의 맨 첫 항은 사회복지사의 내담자에 대한 책임을 상세하게 설명한다. 부수적인 1.06.c항에서는 '사회복지사는 내담자나 이전의 내담자와 이중 또는 다중 관계를 맺어서는 안 되는데 이는 내담자에게 잠재적인 피해나 그들을 이용할 위험이 있기 때문이다.' 또한 이 항은 이런 관계가 일시적이거나 지속적일 수 있음을 설명한다.

* * *

상담과 심리학 그리고 사회 복지 전문직은 유럽 중심의 규범과 가치에 토대한다. 우리가 이 책을 통해 이런 점을 강조했으며 지속적으로 강조하고 있는 이유는 문화적 폐쇄성과 윤리 강령에 대한 전문 직업적인 우리의 인식이 다문화적 실천에 필수적이기 때문이다. 즉, 특정 문화의 세계관이 윤리 강령의 가치들에 의거하여 성찰됨을 돌봄의 전문가들이 인식하는 것이 중요하다. 미국 흑인 여성주의 심리학자인 호프 랜드린(Hope Landrine)(1995)은 가끔 유럽 식 미국 문화를 문화로 명명하며 중요성을 간과하는 데 문제를 제기했다. 우리도 그녀의 관점에 전적으로 동의하는 바인데, 유럽/백인 문화가 '다른' (비-유럽인, 유색인) 문화적 규범이나 패턴의 관찰을 실패함은 백인 문화를 규범적이거나 주어진 것으로 인식하는 인종 차별적 개념의 영속을 의미한다.

랜드린의 관점을 기억하면서 우리의 목적 일부는 ACA(1995) 윤리 강령과 실천 기준, APA(2002) 행위 강령과 심리학자의 윤리적 원리 그리고 NASW(1996) 윤리 강령이 유럽 중심적 가치를 반영한다는 것을 지적하는 것이었다. 예를 들면, 애착(attachment)보다 분리(detachment), 가까움(closeness)보다 멀리(distance) 그리고 영향력(influence)보다 객관성(objectivity)에 가치를 두는 것이 이중 관계에 반대하는 윤리 강령의 경고 속에 있으며, 좀더 유연한 관계(fluid relationships)를 반대하는 것은 문화적으로 제한된 경계를 드러내는 것이다.

우리는 문화적 관점에서 작업하는(operate) 것이 잘못이라고 말하는 것이 아니다. 사실 그렇게 하는 것은 불가능하다. 개인적으로 그리고 우리 모두가 문화적 관점에서 작업한다. 인간의 근본적인 관점은 우리가 강조하고 있는 바로 그 점 — 우리를 형성해온 문화(들)로부터 배운 가치를 반영하는 것이다. 정신 건강 전문직의 윤리 강령에 속한 근원적인 유럽 중심적 문화적 가설을 점검하고 드러내는 과제는 보편적 적용이라기보다는 문화적으로 각인된 것으로서 이러한 강령으로 명명된 것이다. 아프리카 중심이나 여성주의 가치와 같은 것이 우리가 함께 작업하는 내담자들 대부분의 정체성이나 현실을 설명하는 데 실패하는 것처럼 유럽 중심적 가치나 윤리적 지침 그리고 그것들에 기초한 전문적 실천 역시 그러하다. 모든 내담자들에게 적용된 이러한 지향성들 중의 어떤 것에 대한 실패가 그것을 근본적으로 잘못되게 만드는 것이 아니라 어떤 상황에서 단지 부적합하게 만든다는 것이다. 이것이 우리가 다음의 비판적 윤리적 사건들 속에서 조명하고 싶은 마지막 요점이다.

페데르센(1995)은 다수의 문화들에서 유연성과 위계적 위치들 사이의 계약 그리고 상호 의존성들이 경직된 관계의 경계보다 좀더 일반적이라는 가능성을 수용하는 데 실패한 관계성들의 정의 안에 내재된 편견을 상담사들은 조사하라고 주의를 주었다. 이중 관계에 대한 윤리적 강령의 항들은 내담자와 상담자 사이가 객관적이며 공정하고 분리된 관계일수록 치료적이라는 가설에 근거한다. 이 가설의 역은 우리가 돕고 있는 사람들의 삶 속으로 좀더 친밀하게 관여함이 건전하고 전문적인 진단을 필연적으로 경감시킨다는 것이다. 이러한 가설들은 문화적인 편견이다.

이에 대한 도전으로, 우리는 사무실 환경 외 내담자들의 삶에 대한 우리의 관여가 항상 전문적 관점에서 생산적이기만 하다고 주장하는 것은 아니다. 사실 우리는 개성(individuality)에 대한 서구적 가설과 정신 건강 윤리 강령과 실천에 놓여 있는 명백한 관계적 경계들을 의심 없이 수용하기보다는 문화적 이해(embeddness)를 위해 비판적으로 조사되어야 한다고 제안한다. 그런 조사는 상담사들이 비서구적 문화 규범에서 나온 신념이나 가설들을 가진 어떤 내담자들에게 유용한 것을 밝히는 데 도움을 줄 수 있을 것이다. 이런 가설들은 신뢰할 수 있는 연장자나 부족의 치유자들 또는 영적 지도를 할 수 있는 가족의 목사들과 같은 영향력 있는 공동체 지도자나 치유자들 그리고 가까운 인간 관계가 치유적 효과가 있다는 신념을 포함한다(Sue & Sue, 1999). 전통적인 치유자들은 전형적으로 그들 공동체 구성원들의 삶과 함께 하며 영향력을 미치고 있다. 그들의 치유적 실천은 인가받은 제도적 환경과 고립된 것이 아니라 가족들의 가정이나 일상적 삶과 연계되어 있다.

북미에 있는 다수 지역의 사회 문화적 통계에서 유색인의 인구가 백인을 능가했다는 것을 보여줌에도 불구하고, 백인이거나 유색인이거나 대부분의 정신 건강 전문가들은 서구적 정신 건강 패러다임 속에서 훈련을 받아왔고 지속적으로 받고 있다. 이 인구 통계적 변화는 정신 건강 전문직들이 당면하는 주된 서구 문화적 패러다임에 대해 도전한다. 백인과 유색인 임상가들의 세계관이 서구적 틀에 맞지 않는 유색인 내담자들과 작업하는 사례가 증가됨에 따라, 규범적 정신 건강 실천이라고 간주되었던 것의 적합성에 대해 비판적으로 질문하는 것이 요구된다. 그러한 질문하기는 우리가 이 책 전체에서 제안하고 있는 것처럼, 정신 건강의 실천과 이런 실천을 지도하는 윤리적 강령에 대해 사고하는 새로운 방법으로 안내할 수 있다. 마치 그것이 불변의 것처럼 이중 관계에 반대하는 것을 허락하는 것이라기보다는, 우리가 이 가설을 재조사하는 것이 건전한 과정으로 여기는 것을 변호하는 것이다.

문화적으로 윤리적 결정을 포함하는 첫 단계는 임상가들이 스스로에게 비판적 질문을 하는 것이다. 예를 들면, 훈련 중의 치료사들이 자신에게 다음과 같은 질문을 시작하고 그들의 생각을 동료들과 함께 토론하면서 나눌 수 있을 것이다.

성찰과 토론을 위한 질문들

1. 심리 치료에서 개인적 자기 노출의 안전한 단계는 무엇인가? 나를 신뢰하기 전에 좀더 개인적 단계에서 나를 알아야 할 필요가 있는 사람들인 내담자에게 나는 어떻게 대답할 것인가? 내담자의 문화적 실천을 지속하는 태도로 신뢰를 성립하려는 내담자의 노력에 응답하는 치료에서의 적절한 상호 개인적 배경에 대해 정의를 어떻게 하나?
2. 나에게 딜레마를 가진 가족원을 돕기를 요청하는 내담자에게 나는 어떻게 반응하나? 전문적 윤리 강령에 적합한 나의 태도와 동시에 실천자인 내가 내담자의 신뢰를 어떻게 존중해주며 그에 응답하나?
3. 무엇이 내가 신뢰하고 존경하는 치료자와 함께하는 내 자신의 경험이 되고 있나? 무슨 능력이 이 치료자들이 내 문제들

을 통해 작업하는 것을 도울 수 있나? 어떤 과정이나 단계들이 나의 치료자를 신뢰하기 위해 내가 배워야 할 것을 포함하나? 내 치료자와의 어떤 종류의 상호 작용들이 치료 관계를 희석하나?

4. 다른 문화에서는 관계들을 어떻게 정의하나? 사람들이 도움을 찾기 위해 누구에게 가나? 문화적 토대를 갖춘 치료자들이 내담자들에게 어떻게 효과적일 수 있게 되나? 서구적 치료 접근을 통합할 수 있는 치료자가 사용하는 과정이 있나?
5. 인종이나 민족적 배경이 자신과 다른 치료자와 작업하기 위해 신댁되고 있나? 만일 그렇다면, 우리의 차이에 긍정적으로 영향을 미치는 치료의 측면이 있었나? 우리는 우리의 차이에 대해 문제가 되는 측면을 통해 작업하는 방법을 찾았나? 만일 그렇지 않다면, 무엇으로 이것을 가능하게 할 것인가? 이것이 치유 과정에 영향을 미치는 관계의 유형을 대조하는 사례인가?
6. 이중 관계에 반대하는 윤리적 강령의 주의점이 좀더 실천가나 내담자를 위한 보호로 작용하나?

다음에 두개의 중요한 윤리적 사건들이 소개된다. 이 사건들은 우리가 슈퍼비전과 자문이나 관찰했던 (모든 개인적인 정보는 변경된) 사례에 근거한다. 이번 장과 다음 장에서 보이지는 사례의 윤리적인 이슈를 비판적으로 사고하기 위한 연습으로 어떤 실마리를 찾기 위해 이전 장들에서 소개가 되었다. 이 장들에 있는 사건들은 좀더 이중 관계에 대한 딜레마를 보여주기 위한 것이다. [표7.2]는 다문화 전문가들이 다음 장들에서 나타날 사건들의 분석에 대한 해답을 요구하는 질문들을 포함한다. 우리는 학생들에게 다음 사건을 토론하는 도전을 주기 위한 질문들을 제시한다.

윤리적 딜레마 1

프랭크 톰프슨(Frank Thompson) 박사는 미혼의 20대 후반의 미국 흑인 남성 상담사로, 대다수가 백인으로 구성된 동부의 작은 대학 공동체에서 개업하고 있다. 이 공동체에서 상대적으로 소수인 흑인들 대부분은 서로 잘 알고 있으며 같은 감리교회에 출석하고 교제하고 있다. 공동체가 작기 때문에, 프랭크는 자주 교회에서 자신의 현재와 과거 내담자들과 사회적인 교제를 하게 된다. 프랭크는 항상 자신의 내담자에게 윤리적 한계에 대해 설명하는 것을 중요시하기 때문에 그는 이런 환경 속에서 그들을 만나게 될 때 그들과 교제를 할 수 없다.

프랭크는 공동체에서 흑인 심리학의 전문가로 알려져 있다. 그는 자주 인종과 문화적 문제에 대해 지역 대학 직원에게 자문을 해달라는 요청을 받고 가끔 이런 주제로 워크숍을 연다. 그의 내담자 중의 몇몇은 이전에 워크숍 참여자이고 많은 사람들이 문화적 다양성을 실천하려는 대학의 노력에 적극적으로 동조한다. 사실, 그의 현재 내담자들 중 몇 사람이 그의 워크숍에 대해 들었고 참여하고 싶어했다. 프랭크는 대학원을 졸업한 지 얼마 되지 않았고 이중 관계의 위험에 대해 잘 인지하고 있으며 그의 내담자들이 그의 워크숍에 참석하지 못하도록 했다. 그는 또한 그들을 교회나 공동체의 상황에서 만날 때 내담자와의 적극적인 상호 작용을 피할 수 있도록 주의하고 있다.

그러나 프랭크는 이런 경계를 유지하기가 점차적으로 어렵다는 것을 발견한다. 그는 그의 개인적 삶과 전문적 삶을 구분하는 임상 실천에 대해 질문하기 시작했다. 그는 대학에서 조언하는 것이나 교회의 참여, 공동체 이슈에 대한 자신의 흥미

등을 멈추고 싶지 않았다. 그러나 그는 현재 그의 만족스런 삶의 스타일, 능동적인 전문가의 삶 그리고 흑인 공동체의 구성원들과의 실질적 관계를 지속하기 위한 경쟁적인 욕구를 어떻게 균형을 잡아야 하는지 확신하지 못했다.

프랭크는 흑인이 다수인 동부의 큰 공동체에서 성장했다. 그는 삼촌과 이모, 고모, 사촌 등 친척들이 함께 사는 대가족으로 가족 구성원들과 활발한 참여를 즐겼다. 그의 아버지는 사회 지도자였고 그의 어머니는 자유주의자였다. 목사와 시의원 그리고 교사 같은 공동체 지도자들은 그의 부모님과 그의 집에 자주 모여 정치나 인종 등에 관련된 것들을 활발하게 토론하였다. 그들은 경제적 감정적 그리고 영적으로 필요할 때마다 서로에게 도움이 되었다. 프랭크는 그가 성장했던 친밀한 상호 유대와 도움의 전통에 대한 개인적 헌신의 방법으로 정신 건강 전문직을 수행하였다.

[표7.1] 내담자 이야기
내담자 이야기를 정확히 듣는 것이 중요함은 논의되어야 한다. 즉, '문화적 귀'를 가지고 윤리적 사건의 사례에 대한 상세한 내용을 들을 때 우리가 듣고 있는 것은 무엇일까? 사례를 들을 때, 우리의 윤리적이고 문화적인 배경이 어떻게 영향을 미칠까? 문화가 중요한 관점이 될 때 내담자의 이야기에서 어떤 수단들이 발견되고 드러날까? **문화적 고려** 치료자들이 사례에서 암시하는 문화적 이슈들을 드러내기 위해 필요한 질문들은 무엇인가? 치료자들이 사례를 다루는 데 영향을 미치는 내담자 그리고 그들 자신의 문화적 배경에 대해 탐구하기 원하는 것은 무엇인가? 다른 사람들의 문화적 배경이 관련 있는 사례에 내포되어 있나? **윤리적 관심과 질문들** 그 사례에서 고려할 중요한 윤리적 이슈들은 무엇인가? 어떤 윤리적 강령을 어겼는

가? 문화적 요소들이 윤리적 강령이 이 사례에 적용되는 방법에 영향을 미치나? 윤리적 질문들이나 이슈들은 문화가 고려되지 않을 때 차이가 있을까?

단일 문화 그리고 다문화 관점

서구/단일 문화 그리고 다문화적 관점이 사례에 적용될 때 어떻게 유사하고 다른가? 서구 정신 건강 교육, 훈련 그리고 실천은 다문화적 관점에서 사례를 살피는데 어떻게 도움이 되거나 방해가 되는가?

적절한 행동을 위한 선택

이 사례에서 윤리적 사고와 행위를 위한 선택들은 어떤 것인가? 문화와 윤리학이 조화를 이룰 때는 무엇처럼 보일까? 그렇지 않을 때는 무엇처럼 보일까?

교실 토론을 위한 질문들

1. 어떻게 프랭크의 문화적 성장이 그의 현재 딜레마에 관련되어 있나?
2. 어떻게 이 사례에서 전문적 윤리와 문화적 현실이 문제가 되나?
3. 당신이 프랭크 스스로가 결정하도록 만들고 싶다면 어떤 질문들을 하는 것이 좋을까?
4. 만일 프랭크가 취해야 할 다음 단계가 무엇인지 당신에게 조언을 구한다면 당신은 어떻게 프랭크에게 말하겠나?

윤리적 딜레마 2

마르타는 30대 초반의 라틴계 여성으로, 50대의 백인 여성 치료자인 틴스달 박사를 찾아와서 성 폭력 경험에 대해 심리치료를 6개월 동안 받았다. 틴스달 박사는 여성 폭력의 전문가이고 그들이 살고 있는 북서부 농촌 공동체에서는 이 분야의 유일한 임상가다. 마르타는 틴스달 박사에게 그녀 친구들의 다양한 육체적 성적 학대 경험에 대해 알고 있는 것을 말했다. 그녀의 친구들은 대부분 라틴계이거나 흑인이다. 이들 여성들 각각은 그녀처럼 자기 수용과 신뢰의 문제로 갈등하고 있다. 그녀의 친구들은 틴스달 박사의 치료를 통해 자기 존중감을 회복하고 있는 그녀의 여정을 듣고 있고 감동을 받고 있다. 그들과 마르타는 박사가 그들과 마르타 그리고 그 외의 사람들이 참여할 수 있는 성 학대 생존자 여성 집단 구성을 촉진할 것을 요구한다.

박사는 마르타의 요구에 공감하며 그런 집단을 만드는 데 매우 관심을 갖고 있다. 그러나 그녀는 마르타 개인을 치료하고 있는 동안 마르타와의 경계를 유지하는 문제와 마르타가 속한 집단에 개입하게 될 때 야기될 복잡함에 대해 우려하고 있다. 또한 박사는 마르타의 친구들을 치료하는 것이 이중, 삼중의 관계일지도 모른다는 생각이 든다. 박사는 만일 그녀가 그 집단을 제공하지 않는다면 이 여성들은 그들이 원하는 도움을 받지 못할 것이라는 것을 안다. 왜냐하면 박사 이외의 다른 전문가가 그곳에 없기 때문이다. 박사는 윤리적 긴장과 자신의 도움을 찾는 여성들의 현실적인 필요를 채워주는 것 사이에서 갈등을 느낀다.

교실 토론을 위한 질문들

1. 이 사례에서 윤리적 질문이나 고려할 것은 무엇인가?
2. 마르타와 친구들이 백인 치료자에게 도움을 찾고 있는 유색인 여성들이라는 사실은 어떤 의미가 있나? 만일 그들이 백인이라면 박사는 어떻게 딜레마를 다룰 것인지에 대해 생각해보았나?
3. 만일 박사가 라틴계라면 자신의 딜레마를 다르게 경험할까?

그녀의 인종적 배경이 윤리적 딜레마에 대한 그녀의 관점에 어떻게 영향을 미치게 될까?

4. 박사가 마르타를 치료 회기 전에 라틴계 내담자를 경험한 적이 없었다고 가정해보자. 또한 인종과 민족성이 사회적 성 이슈 이전에 전제되었기 때문에 그녀의 치료에서 고려되지 않았다고 가정해보자. 이 사례에서 윤리적 이슈들에 대한 당신의 사고에 이런 정보가 어떻게 영향을 미치는가?
5. 만일 박사가 집단을 시작하려고 결정한다면 마르타와 친구들을 이용하거나 그들에게 해가 될 잠재적 요소가 있는가?

틴스달 박사가 여성 폭력에 대한 집단을 운영하라는 요구에 어떻게 행동해야 하는지에 대해 당신의 조언을 찾는다. 그녀는 당신에게 자신이 극단적인 동성애 여성주의자이고 이를 마르타와 친구들 그리고 공동체의 누구에게도 밝히지 않았다고 말한다. 이런 정보가 이 사례에 대한 당신의 생각에 어떻게 영향을 미칠까?

[표7.1]에서 보여주는 세 가지 다문화 의사 결정 단계를 적용하라. 틴스달 박사는 딜레마가 야기한 가능성에 대해 자신이 어떻게 준비해야 할까? 이 사례에서 문화적 윤리적 안내는 어떻게 균형이 될 수 있나?

교실 연습

1. 다문화적 요소들과의 윤리적 이중 관계의 가정적 보기에 대해 각 학생에게 질문하라. 학생들은 그들의 예들을 토론하고 나눈다.
2. 위의 두개의 윤리적 사례들 중 하나에 기초한 역할극을 만들라. 학생들에게 이중 관계가 포함된 상황에 대한 다양한

응답을 연습할 기회를 제공하라.

핵심 요점

이중 관계의 개념과 정신 건강 강령 그리고 그들을 해방시키는 연습은 문화적인 관점에서 기술되었다. 이 장에서 우리는 학생들에게 이중 관계 금지에 기초한 문화적 가설을 연습하도록 했다.

다음은 연습생들이 고려해야 할 요점들이다.

- 관계의 건강한 경계와 불건전한 경계에 대한 그들 자신의 정의.
- 이런 정의가 형성된 문화적 맥락.
- 비서구적 문화 형성도 정신 건강이 적절하게 적용되는 경우에 서구만큼 가치가 있다.
- 치료자의 부분에서 다른(예를 들면 비서구적) 관계 실천을 하는 상황이 다양한 내담자와 함께 작업할 때 도움이 될 것이다.
- 내담자의 복지가 치료자의 자기 노출로 인해 가장 잘 도움이 될 때 임상가들은 매우 유연하게 될 것이다.

[제8장]
비의도적인 문화적 편견

미국상담학회(ACA) 강령

미국상담학회(ACA)(1995)의 A.2.a항에는 '상담사들은 연령 · 피부색 · 문화 · 장애 · 민족 집단 · 성별 · 인종 · 종교 · 성 정체성 · 결혼 여부 또는 사회 경제적 지위 등에서 차별을 행하거나 관계하지 않는다'라고 되어 있다.

미국심리학회(APA) 강령

2002년의 미국심리학회(APA) 강령의 일반 원리들은 다음(원리 E)을 포함한다.

> 심리학자들은 [연령 · 사회적 성 · 사회적 성 정체성 · 인종 · 민족성 · 문화 · 태생 국가 · 종교 · 성적 정체성 · 장애 · 언어 그리고 사회 경제적 지위]에 근거한 한계로 자신의 직업에 영향을 받지 않도록 노력한다. 그리고 그들은 그런 편견에 근거해서 다른 사람의 행동들을 비난하거나 의도적으로 가담하지 않는다.

미국사회복지사협회(NASW) 강령

미국사회복지사협회(NASW)(1996) 강령은 다음을 포함한다.

> 사회복지사들은 어떤 사람들 · 집단 · 인종 · 민족 · 국가 · 피부색 · 연령 · 종교 · 성별 · 성 정체성 · 결혼 여부 · 정치적 신념 · 정신적 육체적 장애 · 다른 선호 · 개인적 특성 · 지위와 같은 제한으로 차별 · 이용 · 지배를 금하거나 제거하는 행동을 해야 한다.

* * *

윤리학의 모든 정신 건강 강령은 인종 · 성 · 동성애 차별 그리고 편견이나 다양한 형태의 차별적인 자유 방임적 행동을 실천자들에게 금하는 내용을 포함한다. 비록 그것이 대부분의 정신 건강 실천가들이 가시적인 차별적 행동을 하지 않을지라도 가끔 차별이 좀더 간접적으로 존재하게 될 때는 분명하지 않게 된다. 리들리(Ridley)(1995)는 상담과 치료에서 숨겨진 인종 차별적인 다수의 사례들에 대해 논의한다. 자신의 임상적 판단을 과신하는 실천가들은 자신에 대해 쉽게 노출하지 않는 내담자에게 편집증적으로 대하면서 내담자들을 과장되게 인식하며, 모든 사람들이 공정하고 평등하게 취급받고 있다고 사고하는 등 표피적 인식에 그치는 경향이 있다. 이는 숨겨져 있거나 비의도적인 편견의 본보기다.

상담 교육가로서의 우리 경험 중에 우리는 인종 차별과 성차별, 동성애 혐오의 비의도적인 형태들이 의도적인 편견이나 차별보다 더 현저한 것을 발견한다. 학생들과 수련생들은 자신들이 사람들을 수용하고 돌보는 자로서 보이기를 원한다. 그들 내부에서 인종주의적 또는 성차별주의적 태도와 신념을 발견하는 것은 가끔 의외로 놀라움을 가져온다. 그들은 스스로 자신의 이미지를 우아하고 도덕적인 존재로 여기고 있어서 자신의 개인적 편견과 화해하는 것이 어렵다. 이러한 인지적 부조화는 비의도적인 편견에 대한 언급을 어렵게 만든다. 상담 교육자들은 학생들에게 그들의 편견을 연구하고 드러내고 그렇게 하는 것을 위해 안전한 환경을 창조하고 치료 과정에 이러한 편견에 대한 잠재적 충돌을 연구하기를 '허용'해야 한다. 연습 8.1과 8.2는 상담교육실에서 인종에 대한 토론을 수월하게 시작하도록 디자인된 것들이다.

인종적 정체성 발달 모델들(Hardiman 2001 ; Helms & Cook 1999 ; Jackson 2001 ; Parham 1989)은 비의도적 편견을 위한 자기 점검의 과정을 시작하기 위한 유용한 작업 틀을 제공한다. 이런 모델들은 인종이 미국에서 구성된 것이고 심리학적으로 도전하기 위한 태도를 인식하도록 하는 '단계'를 제공한다. 정체성 발달 모델은 모든 사람이 인종과 상관없이, 세대를 통해 우리 사회에서 자리잡은 인종적 가치의 체계에 영향을 받는다는 가정을 한다. 인종에 의해 영향을 받아온 모든 사람들은 모두가 이런 도전을 자각하고 있다고 말하지 않는다. 사실, 유색인들과 백인들을 위한 모델들이 근본적으로 순진한 단계에서 시작하고 인종적 역동성의 현저함이나 결과에 대한 자각이 결핍되어 있다. 개인들이 인종적 차이에 대해 자각하게 되면, 가끔은 어린나이에서도 인종적 이해와 연대를 위한 잠재력이 성장한다. 그러나 역시 불행하게도 그 반대를 위한 잠재력도 있다.

우리는 학생들이 스스로 인종적 정체성 발달의 다양한 모델들을 획득한다고 생각한다. 헬름스와 쿡(Helms & Cook)(1999)은 유색인과 백인에 적합한 모델의 좋은 자원이다. 비제이싱헤

(Wijeysinghe)와 잭슨(2001)은 다인종적 개인들에게 정체성 발달의 모델들이 장점을 가지고 탁월하나 숨겨져 있는 자원이다. 다른 자원들은 [표8.1] 안에 있다.

[연습문제8.1] 인종에 대한 대화 시작하기
Part Ⅰ 참여자에게 다음 질문하기 : 당신에게 인종에 대해 말하는 것을 어렵게 하는 것이 무엇인가? 대답을 나누기 전에 참여자에게 조용히 그 질문에 대해 잠시 동안 생각할 것을 요청한다. 옳고 그른 답이 없다는 것을 확실히 하시오. 그들에게 스스로 정직할 것을 격려하시오. 참여자들과 그들의 대답을 나누고 당신은 그것을 칠판에 쓰시오. 여기에 특정한 패턴이 있는가? 이 질문 자체에 대한 그들의 내적 반응을 토론하시오. 당신은 그 질문에 불편함을 느꼈는가? 그것에 도전을 받았는가? 혼란스러운가? Part Ⅱ 다음의 질문을 하시오. 당신이 인종에 대해 말할 때 안전감을 느끼기 위해 필요한 것은 무엇인가?(위와 유사한 단계를 따르시오)

[연습문제8.2] 나는 얼마나 인종에 의해 영향을 받고 있나?
다음 질문들을 고려하시오 : 1. 동일한 인종의 사람들과 인종적 이슈들에 대해 말해본 나의 경험은 어떠하였나? 다른 인종들과의 경험은? 2. 이런 경험들이 다른 사람들과의 인종에 대해 지속적으로 언급하려는 나의 의지에 어떻게 영향을 미쳤나? 집단의 다른 구성원들과 당신의 대답을 나누시오. 그런 뒤 다음의 소집단 토론에 참여하시오. 1. 집단원에게 당신의 다문화 경험에 대해 말하시오. 2. 당신의 경험이 다른 인종 집단에 대한 당신의 느낌에 어떤 도전을 주었는가? 3. 당신과 어떤 인종 집단이 가장 유사점이 낮은가? 유사함이 가장 많다고 느끼는 집단은?

4. 당신의 경험이 개인과 가족과 다문화적 작업을 하기 위해 얼마나 잘 준비되었다고 생각하나?

[표8.1] 백인의 정체성 발달에 대한 자료

Fine, M., Weis, L., Powell, L. C., & Wong, L. M. (Eds). (1997). *Off-White: Readings on race, power, and society.* New York: Routledge.

Frankenberg, R. (1993). *White women, race matters: The social construction of whiteness.* Minneapolis: University of Minnesota Press.

Helms, J. E. (1990). *Black and White racial identity: Theory, research, and practice.* New York: Greenwood.

Johnson, A. G. (2001). *Privilege, power, and difference.* New York: Mcgraw-Hill.

Katz, J. H. (1978). *White awareness: Handbook for anti-racism training.* Norman: University of Oklahoma Press.

Kiselica, M. S. (Ed.). (1999). *Confronting prejudice and racism during multi-cultural training.* Alexandria, VA: American Counseling Association.

Kivel, P. (1996). *Uprooting racism: How White people can work for racial justice.* Gabriola Island, British Columbia, Canada: New Society.

Ponterotto, J. G. (1988). Racial consciousness development among White counselor education trainees: A stage model. *Journal of Multicultural Counseling and Development,* 16, 146-156.

Reynolds, T. L., & Ginter, E. J. (Eds.). (1999). *Racism: Healing its effects* [Special Issue]. *Journal of Counseling and Development,* 77(1).

Ridley, C. R. (1995). *Overcoming unintentional racism in counseling and therapy: A practitioner's guide to intentional intervention.* Thousand Oaks, CA: Sage.

Rowe, W., Bennett, S. K., & Atkinson, D. R. (1994). White racial identity models: A critique and alternative proposal. *The Counseling Psychologist,* 23, 364-367.

Schneider, B. (Ed.). (1998, Spring). *Whiteness: What is it?* [Special Issue]. *Hungry Mind Review.* St. Paul, MN: R. David Unowski.

Terry, R. W. (1970). *For Whites only.* Grand Rapids, MI: Eerdmans.

모델들과 유사성은 학생들에게 자신의 여정이나 인종적 의식에 관한 현재의 상태 속에 확인할 수 있는 단계 속에서 도움을 줄 수 있다. 이런 정체성 모델들은 우리 각자가 자각하지 못하는 편견을 가지고 있다는 의견을 규정한다. 이런 인정은 학생들에게 자신의 비의도적 편견을 드러내고 공유하는 데 안정감을 제공할 수 있다. [표8.2], [표8.3] 그리고 [표8.4]는 인종적 정체성 발달에 대한 세 모델의 요약 정리를 보여준다.

[표8.2] 유색인을 위한 인종적 정체성 발달 모델
천진함(Naive) -인종이나 인종 차별에 대한 의식적 사회적 각성이 거의 없거나 전혀 없음 -부모와 같은 영향력 있는 타자들의 세계관에 취약함 -적대감이나 두려움 없이 확실한 인종적 차이에 대해 흥미 만남 이전 / 확신 / 수용(Preencounter / Conformity / Acceptance) -내재화된 인종주의; 열등감, 부적절함, 수치심 -인종적 각인을 극복하기 위해 노력하고 백인의 승인을 추구함 -유럽 중심적 문화적 관점(예를 들면, 서구 가치와의 동일성) -이중적 사고(백인은 좋고; 유색인은 나쁘다) -사회적 목표: 백인과의 동화-통합 -반흑인 정서(극도의 수준) 만남 / 불화 / 저항(Encounter / Dissonance / Resistance) -자신의 개인적 인종 정체성에 대한 활발한 질문하기 -놓기는 아마도 사건, 워크숍, 개인적 만남 또는 인종 차별 대상이 되는 것을 포함 -내재화된 인종주의의 자기 점검 -개인은 자신의 세계를 재해석하기 시작하고 자신의 새로운 이해에 평가 시작 -갈등과 혼란, 인지적 부조화 시기 -새로운 인종적 정체성을 향한 여정을 시작할 결심 몰입 / 재정의(Immersion / Redefinition) -심리적 변형(metamorphosis) 단계 -인종주의가 내재화된 '이전의 자기'를 거부함 -자신의 인종적 집단에 대해 배우고자 하는 갈증 -자기 발견의 집중적 기간 -몇몇에게는 백인의 가치에 대한 거부

-자신의 인종을 성찰하는 새로운 대조 집단 형성 -이중적 사고하기(유색인은 좋고; 백인은 나쁘다) -백인으로부터 사회적 철수가 때로 필요 -인종적 정체성의 과시적 게시(display)(예를 들면, 자신을 타인에게 '증명하기') -분노와 죄의식, 새로운 정체성에 대한 불안정 **내재화 / 내적 성찰(Internalization / Introspection)** -정서적이고 인지적인 개방성(이것 또는 저것이라는 사고보다는) -이데올로기의 유연성; 다중적이고 비인종적인 관점 -자신 삶의 모든 영역에서 새로운 세계관의 융합과 통합(synthesis and integration) -인종적 정체성과 연관된 심리적 스트레스 감소 -자기 확신 -다른 사람을 판단하는 민족 중심적 토대에 대한 관심 -자기와 타자에 대한 비판적, 복합적 사고하기 -과거와 새로운 정체성 사이의 갈등 해결 **헌신 / 통합적 각성(Commitment/Integrative Awareness)** -사회적 변화를 향한 행동
[출처] Cross; Parham and Helms (1991); Helms and Cook(1999); Jackson(2001); Parham(1989)의 통합

학생들의 인종적 이해 증가를 향한 여정에 대한 발견과 토론은 비의도적 편견을 줄이는 데 중요한 발걸음이 된다. 연습 8.3은 그런 발견과 토론을 촉진하기 위해 디자인된 것이다. 나(CBW)는 항상 학생들에게 인종 정체성 단계에 근거한 진취적이고 퇴보적이고 평행적인(Helms & Cook 1999) 치료자-내담자 상호 작용에 대한 많은 예시들을 제공함으로써 연습하도록 한다. **점진적인 치료적 상호 작용(progressive therapeutic interactions)**은 치료자의 응답이 내담자보다 인종적 정체성 발달에 좀더 앞선 단계를 반영하는 것이고, **퇴행적 상호 작용(regressive interactions)**은 치료자의 응답이 최소한 내담자보

다 더 낮은 발달 단계를 반영하는 것이며 평행적인 상호 작용(parallel interactions)은 치료자와 내담자의 상호 작용이 인종적 의식에서 유사 단계에 있다는 것이다. 헬름스와 쿡(1999)은 치료자-내담자 상호 작용의 유용한 보기들을 다양한 단계에서 제공하고 세 단계들 모두 하나의 치료적 회기 안에서 발견된다고 말한다.

세 정신 건강 전문직에서의 윤리적 강령은 내담자에 대한 치료자의 문화적 편견에 대한 과도한 질책을 반대하는 조언 속에서 명확하게 드러난다. 이들 강령들은 인종과 민족성에 대한 언급을 제한히는 것이 아니라 사회직 싱, 연령, 언어, 성적 시향성 그리고 다른 잠재적 문화적 편견의 영역을 포함하고 있다. 이 장 전체에서 언급된 비슷한 연습과 토론들이 이러한 영영에 적용될 수 있다. 더 나아가 사회적 성 의식 발달(Downing & Roush 1985) 그리고 동성애자(레즈비언/게이)의 정체성 반달(Cass 1990)의 모델들은 여성들과 성적 소수자들에 대한 무의식적 편견을 드러내는 것에 대해 실습생들이 흥미를 갖도록 하는 유용한 자료들이 될 수 있다. 학생들의 언어・연령・사회적 성・종교 그리고 다른 편견들에 대한 탐사를 시자하기 위해 계획된 활동이 연습 8.4에 있다.

윤리적 사건으로 돌아가기 전에 우리가 하고 싶은 비의도적 편견에 대한 중요한 관점은 인종 억압이 최소한 4단계에서 일어난다는 것을 이해하는 것이다. 즉, 개인적 억압, 상호간의 억압, 조직적 억압 그리고 문화적 억압 등이 있다(Pontcrotto & 페데르센 1993). 우선 개인적 억압(individual oppression)이나 편견은 다른 사람에 대한 태도인데 이는 아마도 가시적인 표현이거나 그 반대일 수 있다. 상호간의 억압(interpersonal oppression)이나 편견은 사람들이 다른 사람과 개방적인 상호 작용을 부정적인 사고나 감정을 숨긴 개인적 특질에 근거할 때 나타난다. 조직적 억압(institutional oppression)이나 편견은 미국에서 힘과 지도력의 위치에 있는 백인들에게 주로 가시적으로 나타나고 좀더 비가시적으로는 조직적인 실천을 하기 위한 문화적 규범과 가치를 반영한다. 문화적 억압(cultural oppression)은 설명하기 가장 어려운데 그 이유는 우리가 살고 있는 사회적 모든 측면에서 드러나기 때문이다. 예를 들면, 인종적 소수자와 여성, 성적 소수자들에 대한 부정적이고 고정관념적인 언론에서 주로 묘사되는 것으로 증명된다. 이는 또한 우리의 언어 속에 새겨져 있다. 소수자, 문화적 차이, 스페인계(Hispanic) 그리고 동성애 등과 같은 용어들은 힘을 가진 자들에 의해 결정되고 정의된 언어들로서 언급된 대상 집단들이 이런 용어를 항상 채택하는 것은 아니다. .

[표8.3] 백인 인종 정체성 발달 모델
천진한(Naive) -연령적으로, 5세까지 -인종적 차이에 대해 순진한 호기심 -부정적 평가 없이 인종적 차이 인식하기 수용 / 접촉(Acceptance / Contact) -인종적 차이에 대해 문화적 평가를 배움(3세경부터 시작) -규범으로서의 '백인성' 수용; '타자들'(예를 들면, 유색인들)이 다르다; '우리'(예를 들면, 백인)는 그렇지 않다 -인종에 대한 문화적 신화 흡수하기(예를 들면, 누가 아름답고 위험하고 똑똑하거나 게으른가) -적극적인 형태: 인종적 혐오 표현하기, 집단 증오하기, 증오에 의한 범죄 저지르기 등(인구의 소수 비율이 속함) -수동적인 형태로는 인종주의에 저항하지 않기 -인종주의 부정, 저항('나는 인종주의자가 아니다')

저항 / 붕괴(Resistance / Disintegration)
-개인적 만남으로 이루어지는 인종적 불일치(disparity)로 인한 도덕적 딜레마에 따른 혼란과 교육을 통한 각성 등
-인종주의에 대한 질문과 도전하기
-유색인과 어떻게 연관을 맺어야 할지 불확실함(예를 들면, 과도한 친절함, 피부색에 대한 무관심, 피부색 의식하기 등)
-백인의 특권과 자신이 인종주의에 가담하게 됨을 면밀히 살피기
-백인 규범의 무의식적 내재화에 대한 연구(예를 들면, 가부장주의, '내가 당신을 돕겠다')
-다른 백인들에게서 소외(때로 더 이상 어울리지 않기 때문이 아니라 그들로부터 추방됨(ostracize), 다른 백인들보다 좀더 계몽되었다는 느낌)
-다른 백인들에 의한 '이전 상태로의 회귀' 강요당함(새로운 각성을 유지하기 어려움; 마음이 맞는 백인들과의 접촉이나 지지가 필요)
-수용받기 위해 과거로 돌아가는 경향(Hardiman and Helms는 대부분의 백인들이 이 단계에 있는 다른 백인들로부터 이방인 취급을 견딜 수 없다고 말한다)
-분노와 자기 비난, 죄책감(당신은 '너무 잘 알고 있고 느끼고 있다')

재통합(Reintegration)(Helms & Cook)
-비통합적 단계의 불안 완화하는 과정
-인종에 관하여 외부의 사회적 기준 형성하는 것으로 인지적 부조화 감소
-정보의 왜곡과 선택적 수용

사이비-독립성(Pseudo-Independence)(Helms & Cook)
-비인종차별적 백인으로서의 정체성
-인종주의자를 '나쁜' 인간으로 인식하기
- 백인의 규준을 찬성하는 유색인들이 더 우수하고 더 능력이 있거나 덜 위협적이라는 믿음

재정의 / 몰입(Redefinition/Immersion)
-백인 민족 배경에 대해 배우기
-다른 백인들과 유색인들과 관계를 재정의하기
-동일한 여정을 가는 다른 사람들의 자서전을 읽기
-반인종주의자 훈련에 가담
-동일한 여정의 다른 백인들과 연대하기
-인종주의자인 백인들과 분리하기(반인종주의자 백인 정체성 확립하기)
-새로운 세계관이 자신의 모든 역할의 부분이 된다

-사명은 더 이상 유색인을 '구하는' 것이 아니라 '백인들'을 이해하는 것이다(예를 들면, 타자를 돕기보다 자신에게 에너지를 새롭게 향하기) -사회적으로 구성된 '우월한' 집단 안에 존재하는 이슈들을 배열하기 -백인을 향한 다수의 유색인들이 느끼는 분노에 대한 방어보다 공감 -전쟁을 선택하는 것이 아니라 인종주의에 저항하는 사전 단계(proactive stance) -백인의 규준이 다수 중의 하나에 불과함을 이해하기 내재화 / 자율(Internalization / Autonomy) -백인 특권과 인종주의에 도전하는 것에 자기 흥미를 명확히 함 -'주의(isms)'들 간의 연관 이해하기 -문화적 인종적 정체성에 대한 지속적 연구와 이해 -다문화적 상호 인간적 연결의 발달 -인종주의에 대한 자신과 타인에 대한 관점에서의 인지적 유연성
[출처] Hardiman(2001)과 Helms & Cook(1999)의 통합

[표8.4] 백인 인종 의식의 유형
회피적(Avoidant) 연관되지 않은 것으로 인종적 이슈들을 기각하기(dismiss). 유색인에 관한 이슈들은 개인의 일상적 삶에 영향을 미치는 것으로 인식되지 않는다. 백인으로서 인종이 어떻게 개인의 삶의 경험을 형성하는가에 대해 인식이 거의 없다. 의존적(Dependent) 영향력 있는 타자들의 생각을 수용함. 유색인에 대한 신념이 사회적 맥락으로부터 흡수된다. 이 단계에서는 독립적인 사고가 거의 작용하지 않는다. 부조화적(Dissonant) 소수자 이슈들에 대하여 혼란되고 양가적이다. 정치적으로 올바른 언급들이 확신 없이 만들어진다. 인종적 불일치에 대한 문제 있는 질문들에 대한 대답을 찾기 위한 시도가 이루어진다. 지배적(Dominative) 인종적 특권이나 권리(entitlement)에 대한 느낌. 부정적 평가 그리고 유색인들의 문화나 습관을 지나치게 경시함. 백인 가치의 우월감에 대한 신념.

갈등적(Conflictive)
평등에 대한 지지. 소수자들이 너무 요구하지 않는 한 동등한 기회에 대한 믿음. 확언적인 행동은 유색인들에게 부당한 대우를 창조하는 것으로 봄.

통합적(Integrative)
문화적 다원주의에 대한 가치. 인종적 문화적 통합에 대한 신념. 인종과 문화가 동료와 친구 그리고 다른 친지에 대한 개인의 선택에 부정적 영향을 미치지 않는다.

반응적(Reactive)
모든 단계, 즉 개인적, 상호적, 제도적 그리고 문화적 인종 차별에 대한 의식을 드러냄. 사회적 정치적 그리고 경제적 영역에서 유색인이 동등하게 접근할 수 있는 과정이나 절차에 대한 믿음. 유색인을 향한 무의식적인 가부장적 보호 가능성도 있음.

[출처] Rowe, Bennett 그리고 Atkinson(1994)에서 참조

[연습문제8.3] 나의 인종 정체성 발달

다음 이슈들을 논의하라 :
1. 현재 당신이 위치한 곳과 그 이전의 삶에서 위치했던 곳은 어디인가?
2. 다음 상태(status)로 이전하기 위해 '포기'해야 했던 것은 무엇인가?
3. 잠재적 상담 과정과 내용은 다양한 계층의 내담자에서 생긴다.
4. 다양한 단계에 있는 내담자와 함께할 상담이 당신의 현재 단계에 주어진 다면 어떤 상담이 될 것인가?
5. 당신이 가장 효과적으로 상담할 것같이 느끼는 사람은 어떤 내담자 상태인가?
6. 어떤 내담자 상태가 최소한의 효과를 가지고 작업할 것 같은가?

성찰과 토론을 위한 질문들

1. 어떤 점에서 서비스 제공 체계가 백인 · 남성 · 이성애적 · 중산층의 견해를 비의도적으로 반영하나?
2. 비영어권자들에게 가능한 서비스가 되기 위해 정신 건강 센터들의 책임성은 무엇인가? 만일 실무자들이 내담자의 언어를 하지 못한다면 그들의 책임은 무엇인가?

3. 왜 모든 내담자들이 동일하지 않은 사안에 대해 그들이 동일한 것처럼 대우를 받고 있나? 정신 건강 서비스가 문화적으로 다양한 내담자들에게 적합한 응답을 하기 위해서 어떤 방법이 있을까?
4. 개인 실무자들 자신이 편견 없는 태도로 업무를 수행하고 있다고 확신하기 위한 그들 스스로의 책임은 무엇인가?
5. 인종적 정체성 발달 모델의 어떤 시점에 당신은 위치해 있나? 실무자로서의 작업 수행을 위해 당신의 각성 수준이 어떤 점에서 긍정적이고 부정적인가?
6. 상담사와 내담자를 위한 인종적 정체성 발달의 어떤 단계가 치료적 상호 작용을 육성하기에 가장 좋을까? 퇴행적인가? 진보적인가?

[연습문제8.4] 나눔의 원(Circle of Sharing)
1단계 집단을 동일한 크기의 두 집단으로 나눈다. 한 집단에게 방 한가운데 원을 만들어 둥글게 돌고나서 바깥쪽을 보고 설 것을 요청한다. 두 번째 집단에게는 그들 주위의 바깥 원을 형성하고 각 사람이 서로 얼굴을 마주보도록 한다. 2단계 집단에게 당신이 일련의 질문들을 할 것이라고 설명한다. 첫 번째 질문을 시작한 뒤 참여자들은 자신의 대답을 그들의 파트너와 공유한다. 각 쌍에게 각각의 질문당 2~3분을 허용한다. 3단계 계속된 각 질문들은, 밖의 원에 속한 참여자들이 시계 방향으로 움직여서 그들 우측의 사람에게 하게 된다. 나눔의 원 질문들 : 1. 당신의 삶 속에서 주위의 다른 사람들과 다르다는 느낌을 받을 때의 경험을 나누시오. 당신에게 그것은 어떤 것과 같았는가?

2. 인종 차별에 대한 최초의 기억을 나누시오. 당신과 다른 사람들에게 충격은 무엇이었나?
3. 당신이 직접 경험한 동성애 혐오의 최근 사건에 대해 나누시오. 당신의 반응은 무엇이었고 현재 그것에 대해 어떻게 느끼는가?
4. 당신이 가지고 있다고 인식하는 사회적 성에 대한 편견은 무엇인가?
5. 당신 자신과 다른 사람의 종교적 신념에 대해 아동으로서 당신이 배웠던 내용에 대해 나누시오
6. 장애를 가진 사람과 처음 만났던 경험에 대해 말하시오.
7. 영어를 말하는 데 어려움을 겪는 사람과 상호 작용할 때의 최근 경험에 대해 파트너에게 말하시오. 어떤 느낌을 받았나? 일반적으로 어떻게 느끼나?
8. 당신이 상담하기 가장 두려워하는 집단은 어떤 인종 또는 어떤 대상의 집단인가?

다음 비판적 윤리적 사건에서 전문가의 답변이 처음으로 나타난다. 전문가가 응답한 것에 대한 질문을 보기 위해서는 앞장의 [표7.1]을 참조하라. 우리는 전문가들에게 독자들이 자신들의 사고를 잠시나마 볼 수 있게 하도록, 다시 말해서 그들이 그 사례에 접근했을 때 마음에 떠올랐던 생각들을 글로 답변한 것을 공개하도록 요청했다. 우리는 특별히 훈련 중에 있는 연습생들에게, 전문가들이 윤리적이고 문화적인 이슈들이 겹쳐 있을 때 어떤 숙고를 하는지 개인적으로 알게 되는 것은 도움이 될 것이라고 생각했다. 따라서 각각의 전문가들이 답변을 통해 '생각한 것을 드러내는 것'과 같은 태도의 본보기라고 느낄 것이다. 우리의 목적은 항상 엄격하게 일직선적이 아닌 매우 인간적인 노력이 되게 하는 것으로 윤리적 의사 결정 과정을 탈신화화(demystify)하는 것이다. 우리는 이와 같은 여과되지 않은 발표 방식이 학생들과 훈련생들 스스로 자유롭게 문화와 연관된 윤리적 딜레마에 대한 대안적인 해법을 찾게 될 때 창의적으로 사고하는 데 도움이 될 것이라고 희망한다.

윤리적 딜레마 1

미키(Mickey)는 열여섯 살의 푸에르토리코 출신 소녀로 화목한 가정의 세 자매 중 맏딸이다. 미키는 동부에 있는 커다란 도시의 고등학교에서 매우 유명한 학생이다. 그녀는 학교 클럽이나 공동체 봉사에 활동적이며 똑똑하고 활발한 여학생이다. 그녀의 목표는 대학에서 건축학을 공부하는 것인데, 그 이유는 그녀가 '오래된 건물들과 도시 건물 그리고 삶 사이의 연관성에 매료되었기' 때문이다. 고등학교 마지막 학년이 되기 전 여름 방학 동안 미키의 가까운 친구들은 유럽에 함께 여행을 다녀왔는데, 여러 인종의 어린 남녀들이다.

여행하는 동안 미키는 그녀의 오랜 친구 중 하나인 몰리(Molly)에게 점점 끌리고 있는 자신을 발견하고 놀라게 되었다. 그녀의 감정은 그들이 돌아와서 마지막 학기를 시작한 뒤에도 지속되었다. 미키는 몰리를 '항상' 생각하고 그녀와 육체적으로 친밀한 접촉을 상상하는 자신을 발견한다. 그녀와 몰리는 함께 많은 시간을 보내고 있다. 그녀는 이런 감정을 몰리에게 표현하지는 않았고 만일 몰리가 미키가 느끼고 있었던 것을 안다면 '펄쩍 뛸까봐(freaked out)' 두렵다. 또는 미키 자신이 자기 감정을 만드는 것이 무엇인지 확신하지 못하고 있는데, 그 이유는 그녀에게는 항상 남자 친구들이 있었기 때문이다. 사실 그녀는 최근에 학교의 동급생인 한 젊은이와 데이트를 하고 있는데, 그녀는 그의 마음에 상처를 주고 싶지 않다.

미키는 자신이 레즈비언일지 모른다는 사실에 겁나고 그것을 어떻게 다룰지 상상할 수 없다. 그녀는 부모님들이 놀랄 것이라고 확신한다. 그녀의 친구들은 표면적으로는 게이나 레즈비언들을 당연히 수용해야 한다고 말한다. 그녀는 유럽 여행 후 그녀가 느낌 감정적 혼란에 대해 이야기하기 위해 학교 상담사인 에린 브래디(Erin Brady) 씨와 면담 약속을 잡기로 결정한다. 미키는 에린을 좋아하고 신뢰하며 가끔 비밀을 털어놓았던 적이 있다. 그녀는 에린이 그녀에게 모든 것이 정상이고 그녀는 '별난(freak)' 것이 아니라고 말하길 원한다. 에린은 20내 후반의 이성애자 백인 여성이고 학생들이 매우 좋아하며 학교 상담사로서 직업적 경력이 짧다. 에린은 미키에게 무엇이 일어나고 있는지 아무것도 모르고 있고, 단지 미키의 명백한 불안에 대해 아마 레즈비언이 아닐 것이라고 그녀를 안심시킨다. 에린은 미키에게 그녀가 겪고 있는 것은 후기 사춘기의 정상적 단계며 곧 지나갈 것이라고 말한다. 미키는 안도한다.

교실 토론을 위한 질문

1. 이 사례 안에 어떤 '비의도적 문화적 편견'이 분명히 있는가?
2. 에린이 미키와 상담하기에서 좀더 유리적으로 건전한 지향을 한다면 그것은 무엇일까?
3. 이 사례에서 내담자와 상담사에게 문화는 어떻게 그 역할을 담당하고 있나?

[전문가의 토론]

콜린 로간(Colleen Logan), Ph.D., LPC
휴스톤 빅토리아대학 조교수
휴스턴에서 개인 진료

이 토론의 목적은 정신 건강 임상가들이 자신과 다른 내담자들을 자신도 모르게 얼마나 비의도적으로 차별할 수 있는지 연구하기 위함이다. 상담사들은 특히 성 정체성 문제로 인해 고뇌하는 내담자들과 작업할 때 편견이나 잘못된 정보로 인해 부정적인 영향을 받고 있는 것으로 의심된다. 우리 모두처럼, 정신 건강 임상자들은 동성애가 부도덕하고 이성애보다 열등하다고 가르치는 사회에서 성장하고 교육을 받았다. 적절한 훈련을 받지 못한 상담사들은 성적 소수자들과 작업할 때 가끔 좌절을 경험하는데, 그들은 내담자들을 부적절하고 매우 비효율적인 이성애 패러다임 속에 맞추려고 시도하며 잠재적으로 내담자를 해치는 원인이 된다. 동성애 내담자를 기피하고, 경시하거나 비윤리적인 임상가의 모든 증상이다. 그러므로 정신 건강 임상가들 자신이 성적 소수자들을 직면하게 될 때 부딪히는 다양한 이슈들에 대한 교육을 받을 책임이 있다.

내담자 이야기

모든 상담 관계에서처럼, 최초의 과제는 내담자의 세계를 이해하기 위해 조심스럽고 공감적으로 경청하는 것이다. 모든 내담자들은 우리와 다르다고 할 수 있는데, 그들의 이야기의 내용과 의미에 대한 특별한 관심은 필수적이다. 정신 건강 임상가들은 내담자들과 온전히 함께 하면서 도울 수 있도록 편견 없이 자신의 경계를 넓히며 일방적인 판단을 하지 않고 경청한다.

미키의 사례에서 결정적 중요한 요소들은 그녀가 푸에르토리코인이고 가족애가 두터운 세 자매 중 장녀며 최근에 그녀의 오랜 여자 친구 몰리에게 사랑을 느껴서 매우 혼란스러워하고 있다는 사실을 포함하여 조심스럽게 접근해야 한다. 이런 감정들은 미키를 두렵게 하고 놀라게 하는데, 그 이유는 이런 감정에 대한 자각 이전에는 항상 그녀에게 남자 친구들이 있었고 최근까지도 젊은 남성과 데이트 중이었기 때문이다. 이러한 이상한 동성애 감정 때문에, 미키는 그녀가 레즈비언이라고 두려워한다. 그녀는 자신의 부모가 망연자실할까봐 이런 사실을 말하기를 죽을 만큼이나 두려워하고 있다. 그녀는 몰리에게도 자신을 미쳤다고 할까봐 말하지 못하고 두려워한다. 그녀의 친구들은 동성애자들을 수용하는 것처럼 보이지만, 만일 그녀가 몰리에게 매혹당한 그녀의 감정을 그들과 공유할 때 그들이 그녀를 수용할지 확신하지 못한다. 미키의 내적인 갈등은 백인 주류 문화에서 동성애주의가 터부시될 뿐 아니라 스페인계 소수 공동체에서도 그것은 철저하게 금기시되고 있다. 미키는 자신이 레즈비언일 미약한 가능성에 너무 당황해 하고 있어서 그녀의 감정이 평범한 것이고 더 이상 이성애자가 아니라고 여길 필요가 없을지도 모른다는 것에 대해서는 아마도 생각해보지도 못했을지도 모른다. 그 기저에는 레즈비언이 된다는 것은 수용될 수 없는 것이고 그녀의 '가까운(tight-knit)' 가족과 친구들이 부정적으로 반응할 것이고 더 나아가 그녀를 버리고 거부하는 것이다.

주류 백인 문화의 정신 건강 전문가들은 가족과 친구에 대한 미키가 느끼는 두려움의 진정한 의미를 놓치기 쉽다. 그녀의 가족과 친구와 동성애 감정을 토론하는 것은 그녀가 획득한 힘과 자기 정체성의 바로 그 기초에서 거부당하고 배척되는 것을 의미한다. 미키와 효율적으로 작업하기 위해서 푸에르토리코 공동체가 어떻게 동성애를 바라보는지 이해하는 것이 중요하다. 이것은 미키가 실제적인 레즈비언인가 아닌가에 상관없이 중요한데 그 이유는 거부와 배척에 대한 그녀의 근원적인 두려움이 그녀에게 자신의 감정을 탐색하는 것을 방해하고 그래서 자신의 성적 지향성, 이성애자인지, 양성애자인지 또는 실제적 이성애자인지를 수용할 수 있는 그녀의 능력을 방해하고 지연시킨다. 백인 상담사로서, 에린은 푸에르토리코 문화에 대해 잘 알고 있거나 그렇지 못할 것이다. 그녀는 가족과 친구가 문화적으로 뿌리박힌 이성애에 대한 가설들만큼 중요하다는 것을 인식하거나 이해하지 못할 것이다. 따라서 미키의 딜레마가 얼마나 큰지 완전하게는 모를 것이고 미키가 라틴 여성이며 레즈비언이 될 가능성을 해결하려고 고심할 때 느낄 분노와 고통 그리고 실망을 놓칠 것이다.

비의도적 편견은 또한 상담자 자신의 성적 지향성에 의해 단순히 제시될 수도 있다. 예를 들면, 이성애 상담사들은 자신의 내적 동성애 편견을 탐구하고 도전하는 데 실패할 것이다(Logan, 1996). 그리고 내담자가 사실 이성애자라는 확신을 갖도록 시도하는 것으로 자신의 내담자의 성적 정체성 탐구를 비하하거나 탈락시키게 된다. 한편, 게이나 레즈비언 치료자들은 반대의 경우에 잘못을 저지르는데 성적 정체성에 대해 질문하는 모든 사람을 게이나 레즈비언으로 가정하고 내담자에게 자신의 감정을 안전하고 확신 있는 환경에서 탐구할 기회를 부정한다. 에린의 경우, 그녀는 이성애자이므로 그녀 자신의 내적 동성애 편견을 탐구할 시간을 갖지 않았고 따라서 그녀는 모든 사람이 이성애자이고 미키의 감정과 갈등은 쉽게 경시되고 무시되었다. 더욱이, 에린은 미키의 감정을 기각하고 이성애적 편견에 사로잡힌 나머지, 어떤 젊은이들은 사춘기 동안에 동성에 매혹되는 자각을 하기 시작한다는 것을 인식하는 데 실패하여 하나의 '단계(phase)'로서 판단하였다. 사실, 맥클린톡(McClintock)과 허트(Herdt)(1996)에 의하면, 동성애 끌림은 이성애 젊은이가 성적 매혹을 느끼기 시작하는 나이인 10세경에 시작되고, 반면에 동성애 지향에 대한 자기 인식의 연령은 13세에서 16세 사이로 다양하다(D'Augelli & Hershberger, 1993 ; Hershberger & D'Augelli, 2000). 따라서 미키가 커밍아웃 과정의 초기 단계에 있고 그녀가 이성애라는 에린의 확신은 확실히 잘못된 것이고 비윤리적인 것이다.

내담자의 이야기를 '문화적인 귀'로 잘 맞춰서 듣게 될 때, 다음 이슈들은 미키와 효율적으로 작업할 수 있는 에린의 능력을 더욱다 뛰어나게 하는 중요한 초석으로 우뚝 설 것이다.

1. 미키의 문화적 배경을 이해하고 인정하는 것이 중요한데 이것은 미키가 푸에르토리코인이라는 것을 의미하다. 에린은 미키와 그녀의 가족이 미국 사회에 적응한 정도뿐 아니라 그녀의 민족 정체성 감각에 대한 확신이 있어야 한다. 더욱이 성 역할의 사회화와 종교의 강력한 문화적 영향뿐 아니라 대가족의 구성원을 포함하여 그녀 가족이 미키에 대한 영향력이 얼마나 강한지 이해하는 것이 필수적이다(Lee, 1997).
2. 이에 더해서, 미키의 신앙과 신화 그리고 동성애에 대한 편견을 탐구하는 것은 중요하다. 레즈비언이 의미하는 것과 의미하지 않는 것에 대한 정확하고 편견 없는 정

보는 미키가 자신의 성적 정체성을 이해하기 위한 능력에 매우 중요하다. 동성애를 비난하는 메시지는 모든 면에서 소수문화와 주류 문화 안에 있는 미키에게 위험하다. 이런 부정적 메시지의 강력하고 유해한 도전은 밝혀져야 하고 이해되어야 한다.

3. 이중 문화의 상담 경험에서 상담사들은 자신의 신앙과 한계 그리고 소수 문화에 대한 가치관을 연구해야 한다. 미키와 작업하는 데에서 에린은 그녀가 성적 소수자들에 대한 내재화된 편견이나 신화를 탐구해야 하는 것은 매우 중요하다. 우리 모두는 동성애는 비도덕적이고 이성애보다 열등하다고 가르친 동성애 편견을 가진 사회 안에서 성장했다. 이런 사실을 확인하지 않고 남겨두게 되면, 상담사들은 스스로를 비윤리적이고 비전문적으로 행동하게 되고 이런 내적 한계들의 투사가 내담자의 건강과 성장에 극도의 위험이 될 수도 있다.

문화적 고려

우선되고 가장 중요한 것은 미키의 커다란 감정을 이해하는 것이고 이는 그녀에게 에린과 자신의 딜레마를 공유하게 하는 용기다. 미키에게 갈등의 배경으로 작용하고 있는 문화적 맥락의 힘은 과소평가할 수 없다. 사실 만일 미키가 커밍아웃하는 과정이나 자신의 레즈비언 정체성을 수용하거나 또는 단순히 그녀의 감정을 탐구하는 정도일지라도 다음 이슈들은 고려되어야 한다.

첫째, 소수와 다수 문화 모두 동성애에 역사적 편견을 가지고 있다는 것을 인식하는 것이 중요하다. 미키는 그녀가 레즈비언인지 아닌지 생각하기 오래 전에 동성애에 대한 부정적인 편견을 배웠다. 사실 우리 모두처럼 그녀는 그녀가 아이였을 때부터 동성애에 대한 부정적 메시지로 위협을 받아왔으므로 그녀의 감정에 대해 혼란스럽고 두려워하는 것은 놀랄 일이 아니다. 백인 주류 문화의 편견과 그들의 민족 집단에 대한 잘못된 정보에 의해 도전받는 가족원들은 가끔 성적 소수자에 대한 편견을 확신하고 있다고 설명한다. 이런 분명한 부조화는 가끔 혼란스럽고 이중적 소수자인 내담자에게 더욱 어렵고 복잡한 커밍아웃 과정이 된다(Greene, 1997).

에스핀(Espin)(1987)은 “성 차별적이고 이성애 중심의 미국 사회적 맥락에서 자기와 타인에게 커밍아웃하는 것은 인종 차별적 사회 안의 이성애적이고 성차별적 라틴 문화의 혼합적인 맥락에서 커밍아웃하는 것”(p.35)이라고 설명하며 소수 민족으로서 개인의 성적 정체성을 탐구하는 도전을 하도록 강조한다. 소수 공동체 속에 속해 있어야 한다는 강한 억압이 있는데, 그 이유는 커밍아웃이 문자적으로 문화와 가족에 반역하는 행동으로 보이기 때문이다(Greene, 1994). 레즈비언으로서의 커밍아웃은 소수 민족 가족으로서 주류 백인 문화에 의해 통치되는 세계에서 확신과 이해받는 휴식처를 전통적으로 제공할, 지원과 정체성의 일차적 자원을 잃는 것을 의미한다. 미키의 딜레마는 푸에르토리코 여성으로서의 사회적 지위에 의해 가중된다. 라틴 여성들은 수동적이고 양육적이고 복종적이며 어른을 존경하고 남성들을 공경하기를 바란다. 여성들 사이의 감정적 육체적 가까움 또는 여자 친구 사이의 친밀함(amigas intimas) 은 가능하지만 여성 동성애는 강하게 거부된다(Espin, 1987). 사실 여성들 사이의 육체적 감정적 친밀함은 문화적으로 남성들 사이의 접촉을 줄이기 위해 계획된 것으로, 라틴 여성들은 결혼 전까지는 순결을 유지할 것으로 기대된다. 여성의 성을 부정하는 문화에서, 레즈비언주의는 남성이나 남편의 의무 밖일 뿐 아니라 외설적인 욕망의 표현인 성에 의식적으로 뻔뻔스럽게 가담하는 것으로 여겨졌다. 레즈비언들은 남성 증오자들로 여겨졌고 사물의 자연스런 순서를 파괴하는 황폐함으로 그리고 더욱 나쁜 것은 남성의 권위를 파기하려는 지저분한 시도에 능동적으로 가담하는 것으로 여겨졌다(Greene, 1994).

더욱이 미키는 자신의 감정을 언어화함으로써 더욱 큰 위기를 맞게 된다. 동성애에 대한 공적 노출은 생물학적인 가까운 가족뿐 아니라 먼 친척을 포함한 가족의 수치가 된다(Espin, 1987). 다른 사람에게 커밍아웃하는 것은 많은 세대에 영향을 미치고 매우 무거운 문화적 짐을 가져온다. 만일 미키가 레즈비언이고 친구와 가족에게 커밍아웃을 고려하기 시작한다면 돌봄은 미키의 안전과 복지를 확신하는 데 중점을 두어야 한다. 다시 말해 소수 민족의 가족들은 항상 지원과 안전의 장소가 되었다. 그러나 레즈비언으로 커밍아웃하는 것은 주된 반발을 살 수 있고 미키를 신체적인 위험에 빠뜨릴 수도 있다(Barret & Logan, 2002). 이것은 에린이 지역에 있는 게이와 레즈비언 자료들과 기관들을 아는 것이 중요한데, 그곳을 통해 미키가 커밍아웃 과정을 향해 갈 때 지원과 확신을 발견할 수 있기 때문이다.

이러한 문화적 역동성이 주어진다면, 왜 미키의 불안이 '거의 완전히 감지될 수' 있었는지 이해하기 쉽다. 그녀가 레즈비언이라는 것을 발견한다는 생각은 그녀의 문화적 정체성에서는 매우 금기시되고 저주가 되는 어떤 것으로 극도로 두려운 것이 틀림없다. 그녀가 에린이 그녀의 갈등을 청소년기의 단계로 경시하며 아마 레즈비언이 아니리고 확신했을 때, 그녀가 눈에 띄게 안심한 것은 놀랄 일이 아니다. 미키의 감정을 이처럼 빨리 격하한 것은 분명히 에린의 내재화된 동성애 편견과 이 영역에 대한 훈련의 결핍을 의미한다. 이성애 여성으로서 에린은 이성애를 확신하는 잘못을 저질렀고 그런 이유로 미키에게 안전하고 무비판적 환경에서 그녀의 감정을 탐구하는 것을 방해했다. 사춘기는 탐구의 시기임을 기억하는 것은 중요하다. 미키는 그녀의 동성애 감정을 탐구할 기회를 가져야 했다. 그녀의 성에 대한 갈등을 무시하는 것은 그녀의 사춘기 발달의 매우 중요한 부분을 무시하는 것이고 이로써 미키의 내적 혼란과 거대한 갈등을 가져올지도 모른다.

동성애 편견을 가진 사회에서, 성적 소수자 청소년이 자신의 성적 지향성을 청소년 후기까지 밝히는 것을 지체함은 비일상적인 것이 아니다. 특히 소녀들은, 미키의 경우에 확실한 것처럼, 소녀들 사이의 육체적 감정적 친밀함이 대세인 문화에서는 가까운 여자 친구들의 사회적 인정 때문에 그러하다. 한편, 동성애 감정과 행동은 자동적으로 동성애를 암시하는 것이 아님을 인식하는 것이 중요하다. 예를 들면, 소년들은 집단 자위를 하기도 하고 누가 오르가즘에 처음으로 도달할 수 있는지 경쟁하고 소녀들은 서로 사랑하기도 하고 손을 잡거나 팔짱을 끼고 걷기도 하고 키스까지도 한다. 이것이 그들이 필연적으로 게이이거나 레즈비언이라는 의미는 아니다. 그러나 이것은 청년들에게 그들의 감정을 탐구하는 데 필요한 시간과 공간을 제공해야 하는 것을 의미한다.

윤리적 관심과 질문들

에린이 ACA 윤리 강령 A.2.a항, '상담사들은 연령 · 피부색 · 문화 · 장애 · 민족 · 사회적 성 · 인종 · 종교 · 성적 정향 · 결혼 여부 또는 사회 경제적 지위에 근거하여 차별을 해서는 안 된다'를 어겼다는 것은 확실하다.

허시버거(Hershberger)와 드오겔리(D'Augelli)(2000)에 의하면, 상담사들은 그들이 동성애적 지향에 대한 편견과 잘못된 정보를 갖고 있으며 젊은이들에게 판단이나 거절에 대한 두려움 없이 그들의 관심에 대해 토론할 기회를 허락하지 않기 때문에 젊은이의 발달을 방해할 때 임상적 비윤리적 상황에 속하게 된다.

에린은 미키를 이성애자로 자동으로 가정하는 것으로 비윤리적인 행동을 하였다. 청년에게 질문한 것을 조급하게 명명하고 분류하는 것은 부적절하고 비윤리적이다. 오히려 청년에게 질문하기는 안전하고 확실한 환경 속에서 청년에게 여러 다른 질문을 통해 탐구하고 만나고 상호 작용할 기회를 제공해야 한다. 에린은 ACA 윤리 강령의 A.2.b항을 어겼다.

> 상담사들은 능동적으로 그들과 작업하는 내담자의 다양한 문화적 배경을 이해하려고 시도할 것이다. 이것은 상담사 자신의 문화적 / 민족적 / 인종적 정체성이 상담 과정에 대한 자신의 가치관이나 신념에 어떻게 영향을 미치는지를 배우는 데 제한이 없음을 포함한다.

미키의 걱정에 대한 에린의 건방지고 성급한 기각은 미키의 딜레마에 대한 이해나 인식의 결핍에 대한 명백한 결과다. 동성애에 대한 그녀의 확신은 레즈비언이 된다는 것에 대한 그녀의 두려움이나 근심을 고려하지 않았을 뿐 아니라 문화적 맥락도 고려하지 않았다. 미키에 대한 에린의 응답은 백인 이성애 여성으로서의 그녀의 가치관이나 신념을 분명하게 반영한다. 에린은 그녀 자신의 내재화된 동성애 편견을 탐색할 시간을 갖지 않았으며 그것이 얼마나 미키의 근심에 대한 공감과 이해를 위한 그녀의 능력에 영향을 미치는지 몰랐다. 에린은 그녀 자신의 성과 성적 정체성의 안전한 수준에 대한 평가뿐 아니라 성과 성 정체성 그리고 행동에 대한 그녀 자신의 감정을 탐색할 시간을 가질 필요가 있다. 덧붙여, 에린은 ACA 윤리 강령 C.2.a항을 어겼다.

> 상담자들은 그들의 교육과 훈련, 슈퍼비전 경험, 국가적 전문 자격과 적합하고 전문적 경험에 기초한 역량의 한계에서 치료한다. 상담사들은 지식과 개인적 자각, 민감성, 다양한 내담자 대중과 작업할 적절한 기술을 습득하기 위해 헌신할 것을 드러낸다.

이는 상담사들이 대학원 프로그램의 훈련을 거의 받고 있지 않고, 받았다 해도 소수라는 명백한 기록이 있다(Burke, 1989; Burke & Douce, 1991). 성적 정체성이나 지향의 이슈에 대해 갈등하는 청소년들의 관심을 위해 스스로 교육을 받아야 하는 것은 에린의 책임이다. 그녀는 문학 작품이나 책을 읽어서 또는 워크숍이나 다른 지속적인 교육 프로그램을 통해 교육을 받을 수 있다. 최근 몇 년 동안 지역과 국제적 차원에서 게이나 레즈비언, 양성애자나 청소년에 대한 문제에 직면하는 이슈들에 관련한 다수의 프로그램들이 있었다.

단일 문화적 다문화적 관점들

앞서 말한 것처럼, 에린은 그녀의 대학원 과정에서 성적 소수자에 관련한 여러 가지 이슈들에 관해 훈련을 거의 받지 않은 것 같다. 비록 최근에야 이러한 이슈들에 관해 관심이 좀더 증가했으나 아직까지 이런 이슈들은 가끔 다문화적인 계층의 작은 일부로 전락된다. 성적 정향이 사회적 성과 인종, 민족 배경과 사회 경제적 지위를 포괄하기 때문에 상담사 교육자들은 다문화 과정에 포함되는 모든 과정 속에 성적 정체성이나 지향에 대한 토론을 주입하는 것이 필수다. 문화적으로 대응하는 과정들은 성적 지향성에 대한 토론을 모든 민족과 문화 집단에 대한 대화 속에 포함해야 한다. 이런 방식으로 학생들은 이중 삼중의 소수자 상태에 연합된 이슈들을 이해하기 시작할 수 있고, 이런 내담자들에 대한 민감성과 적절한 대응을 배울 수 있다.

적절한 행동을 위한 선택

미키에 대해 적절하게 응답하기 위해 에린은 우선 자기 분석을 행해야 한다. 그렇게 하는 것이 그녀에게 사회적 동성애 편견이 얼마나 내재화되어 있는지 그리고 게이와 레즈비언 그리고 그런 의문을 가진 청년들에 대한 그녀의 사고에 신화와 편견이 얼마나 혼합되어 있는지 발견하는 데 도움이 될 것이다. 에린은 또한 다른 민족 집단, 특히 푸에르토리코 공동체에 대한 그녀의 가치와 사고, 감정을 탐색해야 한다. 그것을 실패함은 그녀를 미키에게 그리고 동일한 이슈로 갈등하고 있을 미래의 내담자들에게 민감할 수 없으며 비윤리적으로 반응할 위험에 처하게 한다.

에린은 게이와 레즈비언 그리고 의문을 가진 청년들이 직면한 다양한 이슈들에 관하여 스스로 교육받을 필요가 있다. 교육의 선택은 교육받은 동료들과 슈퍼바이저 또는 워크숍 참여, 성적 소수자 청년들의 대표자들을 포함한다. 그렇게 하는 것은 그녀에게 그들의 성적 정체성에 대해 의문을 가진 내담자의 과정을 이성애라고 가정하여 성장 과정을 억압하는 것이 아니라 객관적으로 촉진하도록 도울 것이다.
결론적으로, 에린이 동성애 감정으로 갈등하는 미키를 무시함으로써 비윤리적으로 행동했다는 것은 명백하다. 그렇게 함으로써 그녀는 미키가 안전하고 확실한 환경에서 그녀의 감정을 탐색할 기회를 부정했고, 문화적 맥락과 미키의 딜레마에 대한 도전을 묵살했다. 사실 그녀의 응답이 '비의도적'이었음에도 불구하고 오늘날과 같은 시대에는 서투른 변명처럼 들린다. 그리고 '몰랐다'고 주장하는 것은 성적 소수와 젊은이들과 작업할 때 더 이상 묵인될 수 없다.

윤리적 딜레마 2

샌디 로손(Sandy Lawson)은 미드웨스트의 여러 민족과 인종이 다양한 도시에 있는 정신 건강 센터에서 치료하고 있는 백인 수석 임상가다. 이 정신 건강 센터의 임상가들은 주로 석사와 박사급 백인들이다. 이 직위에 있은 지 몇 달 후, 샌디는 센터를 찾는 사람들이 주로 백인 중산층이라는 것을 인식하게 되었다. 더 낮은 사회 경제적 지위(SES : SocioEconomic Status)의 백인들과 다른 인종적 배경의 사람들은 적었고 내담자들은 더욱 그러하였다. 그녀는 센터가 인종 차별적 치료를 소홀하게 하고 있는 것은 아닌지 궁금했다.

교실 토론을 위한 질문들

1. 공동체 정신 건강 센터의 어떤 치료 기준이 가난한 사람들이나 유색인들이 찾아오지 못하게 하는지 당신은 인식했나?
2. 정신 건강 센터의 치료진들이 비의도적 문화적 편견에 휩싸여 있는지 여부를 탐구하려는 의지가 있다고 가정해보자. 자기 분석을 촉진하기 위해 어떤 단계들을 취해야 할까?
3. 센터의 정신 건강 서비스가 좀더 공동체에 공정하기 위해 어떤 전략들이 만들어질 수 있을까?

윤리적 딜레마 3

보스니아에서 최근에 망명한 15세 소녀 마야(Maya)는 일시적으로 백인 가족인 매스터슨(Masterson) 일가와 함께 살고 있는데, 그들의 교회는 그녀를 미국으로 이주하도록 스폰서가 되어주었다. 마야의 영어 실력은 이해할 수는 있지만 제한적이다. 매스터슨 부부는 마야가 정신 건강의 도움을 받도록 도왔는데 그 이유는, 그녀가 수면 장애가 있으며 지속적으로 신경이 날카로워 있고 자주 울고 가끔 이 나라에 오기 전 보스니아에서 목격한 학살 장면의 환각 때문이었다. 마야는 자신을 돌보기 위해 자신의 가정을 친절하게 개방한 가족에게 짐이 되고 있다는 것에 대해 우려한다.

매스터슨 가족은 마야를 정신 건강 센터에 데려왔으나 그곳에는 슬라브어를 할 줄 아는 직원이 아무도 없다는 소식을 듣는다. 마야와 그녀의 미국 가족은 그녀와 작업하도록 준비된 사람이 센터에 없다는 것에 실망했다. 그들은 마야가 필요한 도움을 받을 수 있는 다음 단계가 무엇인지 걱정하면서 센터를 떠났다. 다음날, 센터 장은 통역할 사람을 찾겠다는 제안을 전화로 해왔다. 비록 그들이 살고 있는 북서부 도시가 크지 않을지라도 지역 고등학교는 슬라브 학생들이 약간 있고 그들 중 다수가 마야처럼 피난민이라고 센터 소장은 설명한다. 아마 이 학생 중 한 명이 마야가 치료를 받을 수 있도록 통역할 수 있을 것이다. 마야는 그녀가 나약하다고 판단할지도 모를 그녀의 나라에서 온 비슷한 연령의 모르는 사람 앞에서 그녀의 문제에 대해 말하는 것을 난처해하며 이런 계획에 매우 불편함을 느낀다. 마야는 그녀 자신이 이미 충분히 문제의 원인이 되고 있다는 느낌 때문에 미국 가족에게 자신의 우려를 말하지 않는다.

교실 토론을 위한 질문들

1. 마야는 그녀의 입양 가족들을 즐겁게 해주고 싶으나 아직 정신 건강 센터가 제안한 해결에 대한 불편한 감정으로 갈등하고 있다. 이 딜레마에 대해 좀더 적절한 해결이 있을까?
2. 당신의 관점에서, 정신 건강 센터는 마야 같은 내담자를 위한 얼마만큼 적합한 서비스를 제공하고 만들어줘야 하는 책임을 갖게 되는 걸까?

교실 연습

1. 학생들에게 서구 문화의 한계를 반영하는 정신 건강의 영역에서 일상적 기관의 임상 실천이 무엇인지 찾도록 요구하라.
2. 또 다른 문화 속에서 도전받고 있는 내담자를 상담할 기회의 치료자 역할을 하는 학생들을 위한 일련의 역할극을 만들라.
3. 학생들에게 '성찰과 토론을 위한 질문들'에서 질문 5에 대한 그들의 해답을 역할극으로 만들라(치료의 장에서 문화적 편견에 대한 비의도적이거나 간접적인 표현들을 위한 인종적 정체성 발달의 단계를 암시하는 노톤과 확인을 하라). 특히 '치료자'와 '내담자' 역할이 평행적이고 퇴행적이고 그리고 진보적인 치료적 상호 작용을 표현하는 역할극을 만들라.

핵심 요점

윤리적 정신 건강 실천은 임상가들이 내담자를 인종과 사회적 성, 성적 지향 그리고 다른 다양한 특성에 의해 차별하는 것을 금지하도록 요구한다. 우리의 경험에 의하면, 드러내놓고 인종이나 다른 형태의 차별을 하는 임상가는 드물다. 임상가들은 의도적이라기보다는 비의도적으로 편견의 태도로 사고하거나 행동하는 것처럼 보인다. 이런 은밀한 형태의 차별이 확인하기 가장 어렵고 아마도 좀더 유세하다. 인종적 정체성 발달 모델들은 인종차별주의와 다른 주의들이 임상과 매일이 경험 속에서 드러나는 간접적 태도를 연구하기 위한 유용한 도구가 될 수 있다. 임상가들이 채택해야 할 중요한 과정들이 다음에 포함되어 있다.

- 훈련과 슈퍼비전에서 무엇이 그들의 편견과 문화적 편견을 드러낼 때 안전함을 느끼는지에 대해 확인.
- 다양한 목표 집단들의 개인적, 개인 상호저, 제도적 그리고 문화적인 억압에 개인적으로 참여하고 있는 방법에 대한 사고 깊은 성찰.
- 민족성과 인종 그리고 성적 지향성에 관한 '차이'에 대한 그들의 세계에서 그들이 만든 공간의 정도에 대한 성찰.
- 인종적, 사회적 성 혹은 성적 지향과 같이, 그들 자신과 동일한 문화적 특권을 공유하지 않는 내담자들과의 작업에서 그들 자신의 특권을 인식하지 못하도록 하는 잠재적인 해로운 영향을 그들이 얼마나 기꺼이 연구하는가에 대한 자기 탐색.

[제9장]
내담자 복지

미국상담학회 강령

미국상담학회(ACA)(1995)의 A.1.b항에는 '상담자들은 내담자의 이익과 복지를 촉진하기 위해 내담자 성장과 발달을 격려한다; 상담자들은 의존적 상담 관계를 만들지 않는다'고 서술되어 있다.

미국심리학회 강령

미국심리학회(APA) 윤리 강령의 원리 E(2002)는, '심리학자들은 모든 사람들의 위신과 가치를 존중하고 개인의 비밀 유지, 신뢰 그리고 자기 결정의 권리를 존중한다'를 포함한다.

미국사회복지사협회 강령

미국사회복지사협회(NASW) 강령은 '개인의 가치나 내적 권위'에 가치를 둔 윤리적 원리를 포함한다(1996). 이 가치에 따라 사회복지사들에게 '각 개인들을 돌봄과 존경으로 대우하고 개인적 차이와 문화적 민족적 다양성을 고려'할 것을 요구한다.

* * *

확실히, 윤리학의 정신 건강 강령의 항들에 포함된 우선되는 원리는 내담자의 복지나 최고의 이익을 보호하는 것이다. 그러나 이것은 해석이나 잘못 해석할 충분한 공간을 남겨둔 폭넓은 진술이다. 예를 들면, 내담사에게 최선의 이익이 된다는 가정 아래 내담자와 성적 관계를 맺는 치료자들에 대한 보고서들이 많다. 사실, 비윤리적인 임상가들이 자주하는 방어는 그런 관계가 내담자의 성장과 회복의 서비스 도중에 있었다는 것이다. 내담자에게 최선의 이익이 된다는 것을 누가 결정하나? 예를 들면 내담자-치료자 관계에서 행복한 결혼 커플로 공식적으로 되는 것이 비윤리적인가?

인종과 사회적 성, 민족성 그리고 성적 지향성의 사례에서, 그 이슈들은 덜 분명해질 수 있다. 정신 건강 윤리 강령은 자기 결정, 개인주의 그리고 분명한 관계 경계의 원리에 기초하기 때문에, 윤리적이고 여성 중심 문화에서의 존재 방식의 관계 속의 좀더 상호 의존적인 자기(self-in-relation) 패턴과 갈등하게 되는 전문적 자세를 지지한다. 이러한 모순들은 이중구속적 상황에 임상가들을 몰아넣는다. 즉, 내담자에게 최선을 다하는 것은 다양한 윤리적 강령과 갈등이 되기도 한다. 예를 들면, 자아정체성이 민족 체계와 분리될 수 없는 집단주의적 문화의 내담자는 집단 치료 회기에 자신의 가족원을 데려오기도 한다. 이것은 집단원의 비밀을 유지하는 중요성을 인식함과 동시에 문화적으로 민감하기를 희망하는 치료자에게 딜레마가 된다.

페데르센(1995)는 윤리적 강령과 문화 사이의 갈등에 잠재되어 있는 자원을 의존성의 개념에 대한 토론 속에 드러냈다. 많은 문화에서 다른 사람에게 의존함은 삶의 방법이다. 상호의존성의 강한 네트워크는 미국에서 여러 세대를 지낸 역사를 가진 유색인들뿐 아니라 다수의 이민자들의 경제적 심리적 생존에 중요하다. 그러나 윤리적 강령은 내담자들이 상담자에 의존되어 있는 치료적 관계를 반대하는 조언이다. 그러나 그런 관계들이 적어도 일시적으로 내담자에게 최선의 이익이 되지 않았는가? 상담자와의 강하고 의존적인 관계가 개인적 힘을 거의 느끼지 못하는 내담자에게 좀더 큰 자기 효율성을 향한 가교 역할을 할 수 있다는 것이 가능하지 않은가? 그리고 만일 이런 가능성이 실행 가능하다면, 내담자에게 최선의 이익이 되며 치유의 중요함과 궁극적으로 내담자에게 심리학적 해가 되는 것 사이에 경계가 어디 있을까? 우리는 이런 질문들을 치료자-내담자 관계에 놓여 있는 요소들을 연구하는 노력의 일환으로 한다.

내담자 복지에 관련하여 고려해야 할 또 다른 중요한 이슈는 임상가 입장에서의 사회적 행동주의에 대한 것이다. 상담과 심리적 전문직은 역사적으로 가족과 사회 집단 그리고 문화적 맥락에서 떨어져, 개인적 내담자에 국한된 초점을 두고 있었다. 때때로 집단과 가족 치료에서 조차 사회적, 정치적, 경제적 체계들이 내담자에게 영향을 미치는 것에 대한 숙고와 분석 없이 내적 집단이나 가족 내 역동성에 제한되어 있었다. 많은 다문화 전문가들은 치료자가 사회행동주의자로서의 노력을 할 것, 특히 제도적 억압에 도전할 것을 주장해왔다(Arredondo 등,

1996 ; Sue, 1995 ; Sue & Sue, 1999). 이러한 전문가들은 우리 사회의 힘의 분배와 심리학적 도전의 내재된 불평등을 지적하지만 역사적으로 낙인이 찍힌 수많은 민중들의 경제적 정치적 복지에 대해서는 언급하지 않는다. 그들은 정신 건강 임상가들에 의해 인종과 계급, 사회적 성을 가로질러 공유될 힘의 제도적 문화적 장벽을 거부하는 행동이 증가되어야 함을 논쟁한다.

슈(Sue)(1995)는 사회 정치적 변화의 노력이 상담 역할로 확장되어야 한다는 강력한 주장을 폈다. 그는 말하기를, "비록 상담 전문직은 개인적 변화와 발달이 중요한 목표이지만 진정한 장기적인 변화는 우리 사회의 구조 또한 변화하고 발달할 때만이 일어날 수 있다는 것을 인식해야 한다"(p.490). 슈는 상담자들이 내재화된 제도적 실천으로서의 한계와 편견 그리고 편견에 도전하는 노력을 시작해야 한다고 주장한다. 그는 변호사와 컨설턴트 그리고 변화 동인으로서의 역할을 포함하는 여러 가능성을 제안했다. ACA는 2000년 사회 정의를 위한 상담자의 부분에서 제정으로 이런 언급을 지지했다. 전통적인 치료자 역할에 체계적 변화 노력을 포함하는 확장된 아이디어에 대해 당신은 얼마나 동의하는가? 연습 9.1은 당신이 동의하는 정도를 탐색하도록 디자인되어 있다. 비판적 윤리적 사례들은 내담자 복지에 관한 이런 여러 다른 질문들을 아래에 언급한다.

성찰과 토론을 위한 질문들

1. 내가 존경이나 존중하기 어려운 사람들의 집단이 있나? 나의 태도는 종교적 신념, 문화적 사회화, 개인적 경험 또는 다른 요소들에 기초한 것인가? 나의 신념과 나의 전문성에 대한 기대 사이의 갈등을 어떻게 해결하나?
2. 자기 결정의 중요성을 인식하지 못하는 내담자와 어떻게 작

업해야 하나? 예를 들면, 내담자들이 종교적 교리나 희구에 집착하여 부정적 영향을 받고 있다고 내가 믿는 내담자와 함께 어떻게 작업하나?

3. 정신 건강에 대한 다른 문화의 정의에 대해 얼마나 알고 있나? 도움을 찾는 행동과 관련된 비서구적 문화 규범이나 패턴에 나의 치료적 지향성이 얼마나 적응적인가?
4. 문화적으로 적합한 내담자 행동과 문제가 되는 행동 사이의 차이를 나는 어떻게 결정하나? 예를 들면, 백인 사이의 미국 흑인에 의해 드러난 '건강 문화적 편집증(healthy cultural paranoia)'이 그들에게 언제 문제가 되나? 문화적 민감성으로 어떻게 그 결정을 할 수 있나?
5. 치료자에게 많은 권위와 힘을 부여하는 문화에 속한 내담자에 관하여 내담자 자율성을 지지하기 위해 나의 전문적 의무를 나는 어떻게 조화시킬 것인가?

[연습문제9.1] 상담자 주장(advocacy)

당신이 치료자로서의 역할에 ⓐ이미 종사하고 있거나 ⓑ종사하기를 편안하게 느끼는 활동을 확인하시오

활 동	이미 행함	하고자 함
1. 억압에 대해 내담자 교육	[ ]	[ ]
2. 내담자에게 반인종주의에 대한 서적 권유	[ ]	[ ]
3. 당신의 사무실에 반인종주의 자료 비치	[ ]	[ ]
4. 내담자에게 정치적 참여 권유	[ ]	[ ]
5. 성 차별 반대 자료 비치	[ ]	[ ]
6. 내담자와 억압 반대 관점 공유	[ ]	[ ]
7. 회기 중 동성애 긍정 태도 표출	[ ]	[ ]
8. 억압 반대 행동 참여	[ ]	[ ]
9. 내담자 권리 옹호	[ ]	[ ]

10. 사회 정의 위한 일에 참여	[ ]	[ ]
11. 인종주의나 성차별주의, 동성애 혐오의 내담자와 작업	[ ]	[ ]
12. 자신의 인종 차별과 성 차별, 동성애 혐오에 대해 활발하게 작업	[ ]	[ ]
13. 제도적 장애를 다루는 내담자 지원	[ ]	[ ]
14. 덜 배제하도록 하기 위한 제도들과 작업	[ ]	[ ]
15. 다양한 이슈들에 대한 개인 행위나 학파에 도전	[ ]	[ ]

윤리적 딜레마 1

마르크는 27세 나바호 남성으로 노스웨스트의 유명한 의과대학의 가족의학과 2학년생이다. 의과대학에 입학하자마자 곧 마르크는 이것이 자신을 가장 잘 달성할 궁극적인 직업인지 아닌지 의문이 들었다. 그는 자신의 인디언 공동체에 기여할 어떤 것을 원하고 그의 공동체가 직면한 극심한 의료 문제를 해결하기 위해 도움이 되도록 자신의 학위를 사용할 계획을 가졌다. 그러나 그가 의과대학에 남아 있을수록 마르크는 그의 영혼이 방해받고 결과적으로 사멸하거나 그가 거부하는 가치들로 채워질 것이다. 그는 그가 누구인지 그리고 그가 겪은 심리적 상처처럼 그의 민족에게 어떤 도움이 될 수 있을지 의심한다. 그는 의과대학이 그를 위한 것이 아니라고 결정하고 자퇴할 것이라고 한 교수에게 말했다.

마르크를 의과대학으로 오게 한 백인 교수는 마르크가 상담사와 만나 상담할 때까지 결정을 보류할 것을 제안한다. 그 교수는 그를 여성 나바호 인디안 상담사인 맨달래이(Mandalay) 박사에게 소개하여 그 박사가 마르크에게 레지던트를 마칠 것을 말해줄 것을 희망한다. 그 박사는 전문적으로 훈련받은 많은 미국 인디언들이 보호 구역에 필요하다고 믿고 마르크가 마음을 바꾸길 희망한다. 그녀는 그가 자신의 민족에 헌신할 것과 그들 모두가 '서구 가치'로서 인정하는 것에 대한 그의 저항을 존경한다. 그녀는 만일 마르크의 결정이 의사 훈련을 끝내는 것임에도 불구하고 그것을 존중하기를 원하지만 또한 미국 인디언이 겪는 곤경을 더 큰 그림으로 보길 원한다. 맨달래이 박사는 마르크의 의료 기술이 필요하다는 것을 안다. 그녀는 마르크에게 그녀의 편견이 치료에 영향을 미치길 원하지 않지만, 자신의 경험에 비추어 그가 서구 훈련 프로그램을 마칠 수 있는 사람이며 그와 그녀의 민족적 가치를 보유할 사람이라는 것을 안다. 그녀는 마르크에게 이것이 가능하다는 것을 보는 것을 돕고 싶다.

교실 토론을 위한 질문

1. 어떻게 맨달래이 박사가 주어진 그녀의 한계에서 윤리적 태도를 취하며 나아갈 수 있나?
2. 이 사례에서 문화적 윤리적 갈등은 무엇인가?

윤리적 딜레마 2

다니(Danni)는 15세인 백인 소녀로 학교의 상담사인 배인스(Baines) 씨에게 의뢰되었다. 다니는 항상 다소 소심하고 내성적인 학생으로 항상 다른 아이들과 '다르다'고 느꼈다. 그러나 교사들은 다니가 고학년이 되면서 변화를 느끼기 시작한다. 고학년 시기 동안, 다니는 검은 옷을 입고 하얀 화장을 하고 섬뜩한 사고와 감정에 대한 에세이를 쓰고 있다. 그녀의 성적은 A에서 B로 떨어지기 시작했다. 그녀는 노는 시간 동안 일련의 학생 집단과 사귀고 있는데, 그들은 '이상한' 외모 때문에 학교

당국자들이 걱정하고 있는 학생들이다. 그녀가 배인스 부인을 방문했을 때 다니는 이 집단만이 그녀를 받아들였다고 설명한다. 그녀는 처음으로 그들과 사귀면서 안도감을 느꼈고 삶에서 진정으로 중요한 것을 더욱 잘 통제하게 되었다고 말한다. 배인스 씨는 이 집단이 다니에게 평범함을 벗어나게 한 것으로 보였기 때문에 다니 자신과 그녀의 삶에 대한 감각을 탐구하는 데 최선의 장소가 아니라고 확신한다. 그녀는 다니에게 새로운 친구들에게서 멀어지고 자존감이나 소속감을 발전시킬 좀더 수용가능한 방법을 발견하도록 돕는 방법을 찾길 원한다.

교실 토론을 위한 질문

1. 다니에게 최선이 될 결정을 할 수 있는 다니의 능력이 무엇이라고 당신은 생각하나?
2. 이 사례에서 문화적 이슈들은 무엇인가?
3. 다문화적 윤리적 의사 결정 단계를 적용하는데 만일 당신이 다니를 만난다면, 무엇이 당신에게 잠재적인 윤리적 딜레마에 대한 최초 단서가 될 것인가? 어떻게 당신은 다니의 복지에 대한 고려와 다니의 결정에 대한 민감성을 조화시킬까?

윤리적 딜레마 3

토미(Tommy)는 12세 흑인 소년으로, 그의 아버지가 미국 흑인 심리학 인턴인 매리 콜린스(Mary Collins)에게 치료를 받도록 데려왔다. 토미의 엄마는 토미가 여덟 살 때 사망하였다. 그 뒤로 토미의 아버지 로렌스(Lawrence)는 거의 데이트도 하지 않으며 재혼도 하지 않고 토미를 대가족 구성원들의 도움을 받아가며 양육했다. 로렌스는 토미가 대부분의 것들에 대해 흥미와 에너지가 결핍되어 있다고 걱정한다. 토미는 가까운 친구도 없이 학교에 다니며 아버지와 스포츠를 관람하는 것을 제외하고는 거의 고립되어 지낸다. 그는 조용하고 부끄럼이 많고 로렌스에게는 '패배자이고 두려움이 많은' 아이로 보인다. 로렌스는 토미가 엄마의 기일이 되면 더 의기소침해지는 것 같다고 말한다. 로렌스는 이때마다 토미와 특별한 부자간의 정을 쌓기를 시도하나 아직도 아내의 갑작스런 죽음으로 스스로 어려움을 겪고 있음을 인정하고 때때로 그의 아들을 위해 '그곳에 존재하고' 있으려고 노력해야 한다. 올해 토미는 여느 때보다 더 우울해보였다.

매리는 토미와 심리 치료의 과정을 시작했고 즉각적으로 친밀한 관계 확립에 성공했다. 매리는 아이를 좋아하는 30대 초반의 미혼 여성으로, 토미가 매우 열심이라는 것을 발견했다. 그녀는 그의 아버지의 처음 설명과 달리 얼마나 그가 말을 많이 하는지 놀랐다. 단지 몇 회기 후에 토미의 감정은 놀랄 만큼 개선되었는데, 그는 즐겁고 활발하고 그리고 치료에 몰두했다. 아버지와는 점차적으로 더 친밀해지고 있다. 매리는 로렌스에게 토미 엄마의 죽음에 대해 개방적으로 말할 수 있도록 도왔다. 매리는 토미와 엄마에 대한 애착을 인지했고 로렌스에게 그녀의 해석, 즉 토미가 그녀에게 긍정적인 모성 전이를 하고 있다는 것을 알렸다. 매리는 토미의 전이가 이 시점에 치료적이라고 믿었고 토미의 개방성과 유약함을 허용하였다. 그녀의 목표는 토미의 그녀에 대한 의존성이 그의 아버지와 대가족들 그리고 결과적으로 친구들과 더 깊은 감정적 연결로 변화되기 시작하도록 돕는 것이다.

토미의 회기가 끝나는 어느 오후, 토미는 매리에게 그의 아버지가 그를 데리러올 수 없어서 버스를 타고 집에 가야 한다고 말했다. 그는 차비를 잊고 왔고 매리에게 50센트를 빌려줄 수 있냐고 물었다. 매리는 토미에게 그 돈을 빌려주는 데 주저하지 않았고 작별 인사를 하기 전에 어디에서 버스를 탈지 알고 있는지 확인했다. 그 후 슈퍼비전에서, 매리의 슈퍼바이저며 백인 심리분석학자인 패이스 매닝(Faith Manning) 박사는 매리의 태도에 대해 관심을 표명했다. 그는 매리가 치료를 끝내는 시간에 토미에게 감정적으로 해로울 수 있는 엄마 역할로 한 발짝 들어섰다고 믿었다.

매닝 박사는 그녀와 매리가 슈퍼비전에서 자신의 가족을 갖기를 원하는 미혼 여성의 역전이 이슈에 대해 여러 회기를 다룰 것을 제안했다. 매리는 이에 반대하지 않았으나 그녀가 자신의 개인적 욕구가 아니라 토미에게 최선의 이익이 되도록 한 행동이라고 굳게 믿고 있다. 매리의 경험에서 흑인 가족에게 어머니는 민족적 네트워크의 감정적 영적 건강의 중심(hub)이다. 매리는 토미와의 친밀한 관계가 그에게 자신의 엄마의 죽음을 좀더 충분히 애도할 수 있게 돕고 자신 안에 새로운 신념을 발견하고 다른 사람과 연결할 그의 능력을 발견할 수 있다고 믿는다. 그녀는 박사와 어떻게 문화적 역동이 그녀의 치료적 접근 안에 있는지 토론하고 싶다. 그러나 그녀와 박사는 결코 인종이나 문화의 이슈들을 꺼낸 적이 없고 매리는 박사가 그녀의 관점을 이해하거나 수용하리라고 확신하지 않는다.

교실 토론을 위한 질문들

1. 토미가 매리에게 의존하게 되는 잠재적 위험은 무엇인가? 잠재적 이익은 무엇인가?
2. 시나리오에서 보여준 것처럼, 매리와 박사는 결코 인종이나 민족성 또는 문화를 슈퍼비전에서 토론한 적이 없으나 이런 요소들이 중요하게 드러나고 있다. 이것이 윤리적인 관심인

가? 이 이슈들을 드러내는 것은 누구의 책임인가?

3. 다문화적 의사 결정 단계를 이 사례에 적용한다면, ⓐ 토미의 치료에서 문화적 지식이나 민감성이 얼마나 중요한가? ⓑ 가능한 윤리적 갈등에 어떤 징조가 있나? 그리고 ⓒ 어떤 윤리적 강령이 이 사례에 연관되어 있나?
4. 다문화적 훈련을 받는 백인 여성 치료자가 토미와 작업한 매리처럼 성공할 수 있을까?
5. 매리의 슈퍼비전에서 문화와 윤리에 균형을 잡기 위해 당신은 박사에게 어떻게 조언을 할 수 있을까? 동시에 토미를 치료하는 매리에게 어떻게 조언할 것인가?

교실 연습

1. 학생들에게 인권과 여러 다른 지지 유형에 대한 그들의 과거 경험을 공유하도록 요청한다. 무엇이 그들 행동에 도전이었나? 인권 옹호와 목표 집단의 내담자와의 작업 사이에 그들이 연결할 수 있는 것은 무엇인가?
2. 내담자가 여성 권리에 대한 치료자의 태도와 행동에 대해 도전하는 내담자-치료자 시나리오의 역할극을 하라. 어떻게 당신은 대응할 것인가? 어떻게 내담자의 요구에 대해 느낄 것인가?
3. 소집단 토론에서 학생들에게 임상적 슈퍼비전의 내용 속에서 그들이 토론한 다양성에 연관된 주제들에 대한 표를 만들 것을 요청하라. 그 주제가 그들로부터 시작된 것인지 또는 슈퍼바이저에 의한 것인지 그리고 그들의 인종이나 슈퍼바이저나 내담자의 인종이 주어진 주제의 요소가 된 것인 여부를 표시하라.

핵심 요점

내담자의 위엄과 복지를 증진함은 문화적 의미로 가득 찬 사업이다. 그것은 내담자 복지의 토대로서 윤리적 강령에 존재하는 의존성, 자기 결정 그리고 개인적 비밀이 다른 문화적 관점에서는 다른 정의를 갖는다는 점이다. 베트남 피난민을 위한 복지가 미국 흑인 7세대인 전문 여성을 위한 복지에서의 중요성과 동일한가? 또는 14세 백인 동성애 청소년에게 그의 부모가 그녀의 성적 지향 때문에 그녀와 의절한다고 위협하고 있는 소녀의 복지적 중요 성과는? 어디에서 임상가들은 자신을 내담자들과 그들의 격려를 위협하는 문화적 체제에 직면하나?

다음은 임상가들이 고려해야 할 요점들이다.

- 그들은 얼마나 많은 의지로 목표 집단 내 내담자들의 복지를 증진하기 위한 사회적/정치적 변호에 노력하고 있나.
- 얼마나 열심히 치료자와 그들의 도움을 찾는 내담자 사이의 내면의 힘의 차이를 인식하나.
- 어떻게 그들이 내담자와 강한 치료적 연합과 내담자 의존성 사이의 차이를 식별하는지 그리고 어떤 문화적 렌즈로 이 차이를 그려내는가.
- 어떻게 그들은 '내담자를 위한 최선의 이익'을 결정하고 어떻게 그들은 내담자의 최선의 이익 안에서 그들과 내담자의 불화를 다루는가
- 그들은 내담자 복지가 문화적으로 결정되는 그 설명에 그들은 어떻게 연관이 되나.

[제10장]
서비스의 물물 교환

미국상담학회 강령

미국상담학회(ACA) 강령의 A.10.c항(1995)은 다음과 같은 교환의 이슈들에 대해 언급한다 :

> 상담사들은 일반적으로 상담 서비스의 대가로 내담자에서 물건이나 서비스를 받는 것을 거부하는데, 그럴 경우 전문적 관계의 왜곡이나 갈등, 착취 등의 내재된 가능성이 나타나기 때문이다. 상담사들은 만일 그 관계가 착취적이 아닐 경우에만 교환이 허용되고 만일 내담자가 그것을 요청하고 명백한 계약서가 체결되고 그런 결정이 공동체의 전문인들이 수용한 관례일 경우에만 가능하다.

미국심리학회 강령

미국심리학회(APA) 강령(2002)의 6.05항에는 '심리학자들은 ① 임상적으로 금지되지 않고 ② 결과적인 합의가 착취적이 아닐 때만 교환 가능하다'고 규정되어 있다.

미국사회복지협회 강령

미국사회복지협회(NASW) 강령(1996)의 1.13.b항에서 언급한 것은,

> 사회복지사들은 전문적 서비스의 대가로 내담자에게 물건이나 서비스를 받는 것을 피해야 한다. 교환의 합의, 특히 서비스를 포함하는 것은 내담자와 사회복지사의 관계의 적합한 경계, 이익의 갈등, 착취에 대한 가능성을 초래한다. 사회복지사들은 그런 합의가 지역 공동체의 전문인들 사이에 수용되고 강요 없이 협상하며 서비스 제공에 본질적으로 고려되고 내담자의 동기나 내담자에게 동의를 구한다는 것을 보여줄 수 있는 상황으로만 제한되어 있다. 내담자에게 전문적 서비스의 대가로 물건과 서비스를 받는 사회복지사들은 이 합의가 내담자와 전문적 관계에 해가 되지 않으리라는 것을 표현해야 할 책무가 있다.

*　　*　　*

각각의 윤리 강령에서 치료의 물물 교환은 금지된 것이 아니라 특정 환경과 조건 안에서 허용된다. 웰펠(1998)에 의하면, 서비스 교환은 문제가 있는데 그것이 본래 이중 관계를 야기하기 때문이다. 이는 고용주와 고용인 합의가 치료 관계에 함께 내재하는 것이다. 서비스 가치에 대한 양쪽 당사자들의 갈등적인 감정이 그런 합의에 치료의 가치를 복잡하게 만든다. ACA 강령(1995)에는 교환이 '만일 그런 협약이 공동체의 전문가들 사이에서 수용된다면' 가능하다고 말한다(A.10.c항). NASW 강령도 유사한 설명을 한다. 물물 교환이 가능한 공동체에서 일하는 전문가들은 이런 동의를 얼마나 잘 다룰지에 대한 안내를 위해 경험 있는 동료들에게 조언을 들을 것을 추천한다. 치료의 대가로 서비스보다 물건으로 받는 것은 문제가 덜 될

수 있다. 비록 상담사와 내담자가 정당하다고 동의했더라도 치료 회기의 특정한 횟수에 상응하는 물건의 가치에 대한 평가는 간단하지 않을 것이다(Welfel, 1998). 만일 그것이 만족스런 협상이 되지 않는다면, 그것은 치료적 가치에 관해 물건의 가치에 대한 문제며 유사한 일들이 서비스가 교환될 때처럼 일어날 것이다.

물물 교환에 대한 윤리 강령들은 내재적인 가정들을 포함한다. 첫째, 치료자의 경제적 위치가 내담자의 금전적 지불보다 물건이나 서비스로 대신 받을 정도의 여유가 있다는 가정이 있다. 비록 이것이 다수에게 의심할 바 없이 사실일지라도, 확실히 이런 경우가 모든 치료자에게 해당되는 것은 아니며, 내담자가 오직 물물 교환만을 선택할 수밖에 없는 치료자들을 위해 제한적으로 가능하다. 비록 이런 이슈가 물물 교환이 이루어지는 태도에 직접적으로 언급되는 것은 아니지만, 이는 사회 문화적, 특히 사회 경제적 지위에 따라 적용된다. 여기서 어느 치료자가 무료 진료의 대상이 되는지 내담자를 수용할 위치에 있는지에 대한 질문이 야기된다. 이것은 계층 차이가 얼마나 치료자-내담자 관계에 영향을 미치는가에 대한 관심을 야기한다.

치료에서 치료자-내담자의 계층 차이와 계층의 영향은 일반적 정신 건강 문헌에서 거의 다루어지지 않았고 다문화 치료 문헌에서 깊이 있게 연구되지 않고 있다. 아직 사회차별주의(classism)는 인종주의와 성차별주의 그리고 동성애 혐오 사이에서 탐구될 가치가 있고 특히 미국처럼 계층화된 사회에서는 그러하다. 헬름스와 쿡(1999)은 치료에서 사회 경제적 지위의 영향을 탐구하는 몇 안 되는 학자들 중에 속한다(Sue & Sue, 1999 참조). 부분적으로 치료자들에게서 '만연한 죄의식

(affluent guilt)'에 대한 토론은 이런 역동성이 역전이라는 용어로 드러나는 것을 암시한다. 이것은 특히 경제적으로 어려운 역사를 함께 한 구성원들 중에서 경제적으로 성공한 치료자들에게 문제가 될 수 있다. 그들은 자신의 내담자들을 내담자나 모두 자신을 위한 결정이 되도록 완전히 검토하지 않고 경제적으로 내담자를 도와야 한다는 억압을 느낄지도 모른다.

또 다른 가정은 치료자들과 내담자들은 물물 교환의 계약으로 일어날 수 있는 문제를 다시 언급하기 위한 자원들에 동등한 접근성을 갖는다는 점이다. 치료비에 대한 기준에는 만일 내담자들이 치료에 대한 불만이 있어도 그들은 환불되지 않는 선택을 한다. 그들은 또한 다른 주체들, 즉 주 소재 자격과 불만 조정 기구(state licensing and grievance board)와 주나 국가 전문가 연합의 주체들에게 치료자에 대한 불만을 표출할 수 있다. 비록 치료비로 물물 교환을 이용한 내담자일지라도 동일한 선택권을 가지며, 그들의 경제적 상황은 그들의 적극적 불만을 언급할 수 있는 자원들에 접근하는 것에 제약을 받을 것이다. 구체적 행동에 대한 치료자의 선택 역시, 비밀 유지에 대한 제약의 부분으로 제한된다.

우리가 제시하고자 하는 마지막 요점은 '사고를 위한 양식(food for thought)'의 범주 아래 우리가 위치하는 것이다. 이 책을 통해, 우리는 정신 건강 실천과 슈퍼비전 안에 내재된 것들이 윤리 강령 속에 반영된 주된 정신 건강 패러다임에 대해 활발히 질문하도록 격려하는 것이다. 이런 취지에서 우리는 다음과 같은 질문을 한다. 만일 북미 정신 건강 전문직이 원주민 문화적 패턴인 물건의 나눔과 교역에서 나온 것이라면, 만일 아무런 금전적인 대가에 대한 기대 없이 서비스가 필요한 곳에 적절한 때 제공되거나 정신 건강을 실천하는 데 무료 상담이 단순히 개인의 직업적 부분이 아니라 개인의 업무가 되는 것처럼 행해진다면 그것은 어떻게 보일 것인가? 물론, 당신은 상상적 시나리오에서 삶을 살 만큼 충분히 벌 수 있을지 궁금할 것이다. 우리는 당신에게 다문화적 관점에서 가능한 답변들에 대해 생각하도록 요청한다.

성찰과 토론을 위한 질문들

1. 어떤 근거에서 (강령에서 언급한 용어가 아니라 나 스스로) 서비스를 위한 물물 교환이 적절한지 결정할 것인가?
2. 물물 교환의 동의가 치료적 관계에 절충안이 되지 않는다는 것을 어떻게 확신할 수 있나?
3. 만일 내가 내담자가 치료 대신에 제공하는 서비스에 만족하지 않는다면 어떻게 하나? 나는 내담자와 이에 대해 치료 중 치료 밖에서 이에 대해 문제를 제기하나 또는 전혀 하지 못하나?
4. 물건의 질이나 서비스에 대한 나의 필요가 치료에 적합하지 않다는 것을 어떻게 확신하나?
5. 내담자와 나 사이에 가능한 힘의 불균형, 즉 ⓐ 치료적 관계 ⓑ 서비스 동의 그리고 ⓒ 그들 사이의 관계를 어떻게 감시(monitor)하나?

윤리적 딜레마 1

미국 인디언 심리학자인 샘 마트손 박사는 서부 농촌 공동체의 유일한 치료자다. 그는 자주 그의 수입을 교육이나 조언과 같은 다른 전문적인 사업을 통해 충당하면서 치료의 대가로 빈곤한 내담자들에게 물물 교환으로 물건이나 서비스를 받아왔다. 이런 약속은 항상 모든 사람이 만족해왔다. 그러나 최근 샘의 사업은 경제적으로 내리막을 달리게 되었다. 샘은 처음에 이에 대해 별로 우려하지 않았다. 그는 가난한 가정에서 자랐고 경제적 어려움 속에서 생존하는 법을 어렸을 때 터득했다. 게다가 샘의 삶의 스타일은 단순하고, 대부분 그의 삶의 필요는 조언이나 교육에서 나오는 수입을 통해 가능했다.

성공적인 백인 청부업자인 릭 다니엘(Rick Daniels)은 샘이 좋아하는 내담자 중 한 사람이다. 샘은 4개월 동안 릭에게 일시적으로 경제적 어려움을 주는 비용이 많이 소요되는 이혼에 대한 치료를 진행하고 있었다. 릭은 이혼으로 인한 우울을 다루기 위해 치료 회기 대신에 샘의 목장을 수리한다. 릭은 1960년대에 성장했고, 그 시절의 아이들은 '카우보이와 인디언' 놀이를 하고 놀았다. 릭은 항상 미국 인디언 문화에 매료되어 있었고 샘은 릭이 만나본 최초의 '진짜' 미국 인디언이었다.

릭의 이혼으로 인한 우울이 극복되고 샘은 끝낼 것을 결정한다. 릭은 샘에게 그의 치료 회기들이 정말 효과적이라고 샘의 말에 응답하고 샘을 위해 그가 하고 있는 수선조차 치료적이라고 말한다. 릭은 그들의 약속이 서로에게 도움이 되고 치료를 지속하고 싶다고 농담한다.

교실 토론을 위한 질문들

1. 이 사례에서 윤리적 문화적 이슈들은 무엇인가?
2. 이 사례에서 윤리적 결정을 하는 것에 영향을 미치는 전이와 역전이 이슈들은 무엇인가?

[전문가의 토론]

마이클 틀라누스타 가렛(Michael Tlanusta Garrett), Ph.D.
서부 캐롤라이나대학교 인간서비스학부 상담학 부교수

내담자의 이야기

'문화적 귀(cultural ear)'를 가지고 내담자의 이야기를 듣기 위해 내담자의 이야기와 내담자와 치료자 사이의 관계를 모두 고려하는 것은 중요하다. 그들에 대해 우리가 알고 있는 것은 무엇인가? 무엇보다도 내담자의 세계관을 고려하는 것은 유익하다. 우리는 내담자가 백인 중년 남성이고 그래서 다수의 일원으로서 의당 따라오는 사회적 권리를 가지고 있음을 확실히 안다. 우리는 내담자가 경제적으로 '성공적'이었고 좀더 높은 사회 경제적 지위(socioeconomic status : SES)와 그 지위에 부합되는 특권뿐 아니라 그에 따른 삶에 익숙해 있거나 그렇지 않을 것이다. 또한 릭이 기혼이었으나 이혼했고 아마도 이혼에 따른 많은 어려운 변화를 겪었을 터이고 그 결과 상실에 대해 경험했을 것이다. 사례에 대한 설명에 의하면, 우울과 경제적인 어려움이 그 어려움 중에 포함되어 있다. 릭의 이혼으로 인한 정신적 감정적 스트레스는 아마 이 시점에서 그의 정체성이나 전반적인 관계에 의문을 갖게 했을 것이다.

또한 릭은 아마도 그 시절 미디어를 통해 영구화된 '인디언'에 대한 고정된 관점을 가지고 성장했을 것이며 이 편견들(그들이 좋거나 나쁘다)은 결코 도전받은 적이 없었고, 샘과의 상호 작용이 그가 미국 원주민과 최초로 맺은 것이었다고 생각된다. 릭의 원주민 문화에 대한 매혹과 그 문화의 구성원으로서 치료자와 맺은 음모는 아마 릭의 환경이 그에게 자신과 타인 그리고 삶에 대해 좀더 배울 기회를 제공하고 있는 것을 찾는 내적 과정에 대한 무엇인가를 말해준다. 그러나 현재 주어진 내담자/치료자 관계에서, 치료적 진행을 방해할 수 있는 의존성을 야기할지도 모른다.

관계의 역동성을 좀더 잘 이해하기 위해 치료자의 세계관을 고려하는 것은 도움이 될 수 있을 것이다. 우리가 치료자에 대해 무엇을 알고 있나? 샘은 미국 원주민으로 낮은 SES 가족에서 성장했으나 교육과 경제적인 '성공'은 확실하게 달성했다.

그러나 이것은 앞서 언급한 '수입이 낮은 내담자에게 서비스를 제공하고 물건을 대신 받는 것'처럼, 마치 샘이 친절함과 관대함, 인간 관계의 조화에 대한 관심을 중시함과 다른 사람의 필요에 도움을 주는 것과 같은 원주민의 전통적 가치를 가지고 성장했다는 것처럼 여겨진다. 우선적으로 샘은 그의 경험에 의해, 도움이 필요한 사람처럼 된다는 것이 무엇인지 알며, 그리고 그들을 위해 존재하며, 때로 그들을 위해 그 자신을 희생하기조차 하는 것이 그의 문화적 정체성의 주요한 부분을 차지함을 아마 알 것이다. 그러나 샘이 좋아하는 내담자 중 한 사람이 릭이라는 사실은 의미심장하다. 내담자와 치료자 양쪽의 역동을 탐색할 필요가 있다. 원주민 박사급의 상담자와 상담 교육가로서 내 자신의 문화적 배경의 상황을 고려할 때, 나는 백인 내담자와 원주민 치료자 사이의 관계에서 유사하게 보이는 역동성 같은 것으로 여겨진다. 내담자에 대한 불경스러움이 아니라, 나는 코미디언 윌리엄스와 리(Williams & Ree)가 생각나는데, 그들은 위시워스(Wishiwas)(예를 들면, 'I wish I was')로 알려진 부족을 묘사한다. 치료적 관계에서 내담자의 목적은 그가 아마 그 자신의 정체성과 화해하기 위한 방법을 찾는 취약한 시점에서 전이를 드러내고 있는 것 같다. 아마 그 자신의 순진함과 그때의 문화적 정체성 발달 단계의 의존성 속에서 샘은 노출된 관계에서 이러한 역동을 깨닫거나 깨닫지 못하고 자신을 '선한 인디언'으로 단순하게 만들고 도움을 주려고 시도하려는지도 모른다.

문화적 관심들

치료자가 이 사례에서 언급된 문화적 이슈를 묻기 위해 필요한 질문들은 무엇일까? 치료자들은 치료자들이 자신과 내담자의 문화적 배경이 이 사례에서 그들이 다루는 것에 영향을 미칠지에 대한 탐색을 하기 위해 무엇을 원할까? 이 사례에 포함된 다른 사람들의 문화적 배경은 무엇인가? 치료자 스스로 이 사건에서 제안된 문화적 이슈들에 대해 묻고 싶은 여러 질문들이 있다.

1. 인간으로서 릭이 가장 깊은 내면에 간직한 가치와 신념은 무엇일까? 샘이 인간으로서 그리고 전문가로서 가장 깊은 내면에 간직한 가치와 신념은 무엇일까?
2. 릭과 샘이 그들 문화적 특성(즉 • 인종 • 민족성 • 사회적 성 • 성적 지향 • 연령 • 계층 • 종교/영성 • 특별한 것 • 매력적인 것 • 언어 • 출신국 • 지리적 근원)의 결과로서 갖고 있거나 갖지 않은 특권은 무엇인가?
3. 릭과 샘 사이의 치료 중 일어난 내용과 과정에서 영향을 미친 특권이 어떻게 유사하거나 차이가 있나?
4. 릭과 샘의 삶에 억압은 어떻게 영향을 미쳤고 이런 영향이 치료적 관계에서 어떻게 작용하나?
5. 문화적 세계관이 주어져 있다면, 릭은 자신의 치료자를 어떻게 바라보나? 또한 샘은 자신의 내담자를 어떻게 인식하나?
6. 문화적 관점을 통해서 릭은 치료를 어떻게 정의하며 샘은 어떻게 정의하나?
7. 릭과 샘의 의사 소통 관점은 어떻게 유사하고 다른가?
8. 릭과 샘은 인종적 정체성 발달의 어떤 단계에 있는가?
9. 인종적/문화적 정체성 발달 단계에 대한 릭과 샘의 관점에 기초한 상담의 의미는 무엇인가?
10. 릭의 문화적 정체성에 기초하여, 그가 일반적 치료에 기대하는 것과 특별히 치료자에게 기대하는 것은 무엇인가? 샘의 문화적 정체성에 기초하여 그가 일반적 치료에 기대하고 특별히 그의 내담자에게 기대하는 것은 무엇인가?

치료자들이 그 사례에 적절한 문화적 이슈들을 좀더 잘 이해하기 위해 자신에게 질문하고 싶은 질문들이 있다. 덧붙여서, 치료자들은 자신의 문화적 배경을 좀더 탐색하기 위해 동일한 질문들을 자신에게 하길 원하고 이것이 이 사례나 유사한 사례들을 다루는 데 어떻게 영향을 미칠지 알고 싶어한다.

윤리적 관심과 질문들

그 사례에서 고려해야 할 중요한 윤리적 이슈들은 무엇인가? 어떤 윤리적 강령을 어겼는가? 문화적 요소들이 윤리적 강령들이 이 사례에 적용되는 방법에 영향을 미쳤나? 문화가 고려되지 않게 될 때 윤리적 질문들과 이슈들은 차이가 있나?

이 사례에서 고려해야 할 중요한 윤리적 이슈들이 있다. ACA(1995) 윤리 강령에 의하면, 다음의 기준들은 신중히 적용되어야 한다.

A.1.b. 긍정적 성장과 발달

이 기준은 다소 '상담사들은 양육적인 의존적 상담 관계를 피한다'고 언급한다. 샘은 릭에게 치료의 계약자로서 자신의 서비스와 교환을 허용하고 격려하기조차 하면서 자신을 경제적으로 파산할지도 모를 의존성을 갖게 하고자 할지도 모르는 경제적 속박에 얽매이게 할 뿐 아니라 잠재적으로 릭에게 이익이 되지 않을지도 모르는 치료적 방법에 감정적으로 의존하도록 허용하게 된다(A.6.a항, '이중 관계' 참조).

A.1.c. 상담 계획

이 기준은 '상담사들과 그들의 내담자들은 통합적이고 개인적 상담 계획들을 고안하는 작업을 함께 한다'고 말한다. 릭과 샘 사이의 거래에 대해 현재 주어진 상황인, 내담자와 치료자 모두 상담 계획을 매우 다른 관점에서 보는 것 같으며 이를 언급할 필요가 있다.

A.5. 개인의 필요와 가치들

이 기준은 다소 '상담사들은 내담자들의 비용에서 그들의 개인적 욕구들을 만족시킬 행동들을 기피한다'고 언급한다. 비록 이 사례에서, 양쪽 당사자들이 현재 약속에서 이익을 취하는 것처럼 보여도, 샘은 자신의 목장을 수리하기 위한 개인적 욕구를 만족시킬 상황을 만들었다(A.6.a항, '이중 관계' 참조).

A.10.b.과 A.10.b. 상담비와 교환

이 기준은 상담사들이 사례비 구조가 내담자에게 부적절할 때 적절한 비용에 필적하는 서비스를 제공하려는 시도를 해야 한다는 것을 의미한다. 즉, '상담사들은 관계가 착취적이지 않을 경우에만 상호 교환에 참여할 수 있으며, 만일 내담자가 이를 요청하고 명백하게 계약서를 작성하고 그런 계약이 그 공동체의 전문가들 사이에서 수용되는 경우에만 가능하다.' 분명히 릭과 샘은 현재 계약에 동의했고 그것은 내담자 측에서 원한 경우다. 우리가 모르는 부분은 단지 치료 회기와 보수 서비스와 교환하는 내용에 대해 확실히 문서화된 계약서로 작성되었는지 여부다.
또한 샘이 이곳 공동체의 유일한 치료사이고 그곳에서 치료의 대가로 물건이나 서비스를 교환하는 것이 일상적일 뿐 아니라 내담자의 주어진 사회 경제적 지위에서 필요함을 고려하는 것은 중요하다. 그래서 물건이나 서비스 교환은 샘의 문화적 배경에서는 자연스러울 뿐 아니라 상황적으로 필수적이라고 할 수 있다. 이런 면에서 릭과 샘 사이의 계약에서 문화적 요소들은 고려되어야 하는 것은 중요하다.
덧붙여서, '상담사들은 일반적으로 내담자로부터 전문적 관계를 왜곡, 이용하거나 갈등이 일어날 수 있는 본질적인 잠재력 때문에 내담자들로부터 물질이나 서비스를 받는 것을 삼간다'(A.10.C)는 기준을 언급함은 중요하다. 여기서 언급되는 이슈들은 물질이나 서비스로 교환되는 데 적합하다는 점이 아니라 좀더 중요한 치료적 관계에서 어떤 영향을 미치는가다.

A.11.c. 적절한 종결

이 기준은 다음과 같이 언급되는데, '상담사들은 상담 관계를 내담자가 가능한 시기라고 동의할 때 끝내고 그 시기는 내담자가 더 이상 이익을 얻지 못하며 서비스가 더 이상 요구되지 않는 점이 이성적으로 분명할 때다. 비록 내담자가 아직 치료가 유익하고 서비스를 교환하는 데 현재 동의할지라도, 내담자와 같이 결정한 치료적 목표에 기초하여 내담자에게 이익이 되거나 필요한 치료인지 아닌지 믿는 것은 치료자의 특권이다. 우리는 특정 치료적 목표가 내담자와 치료자 사이에서 결정되었던 것이 무엇인지 현재 진행되는 사건에서 알지 못한다. 그럼에도 불구하고 이 시점에서 종결하는 것은 아직 치료자의 특권이다

단일 문화적 다문화적 관점

서구적/단일 문화적 그리고 다문화적 관점들은 이 사례에 적용될 때 어떻게 다르고 유사한가? 서구의 정신 건강 교육과 훈련 그리고 실천이 다문화적 관점으로부터의 사례를 연구하는 데 도움이 되거나 방해가 되나?
주된 미국의 가치와 신념에 기초한 서구 다문화적 접근은 물건이나 서비스를 위한 사례비와 전문적 관계에서의 객관성의 중요성을 강조한다. 이것은 자본주의와 경쟁, 개인주의 그리고 '성공한' 공동체 구성원의 증거로서 부와 위치의 획득에 있는 기본적인 가치에 기초한다. 다문화적 접근으로부터 샘의 고향인 원주민 전통을 고려한다면, 과정보다 인간에 관심을 두는 주관적 관계의 중요성을 좀더 강조하고, 이에 속한 모든 사람들의 소유를 위한 협조와 공유의 강조 그리고 개인적 욕구 너머 공동체 욕구에 대한 강조, 무엇보다 조화와 균형의 근본적 사회적 영적 중요성에 공헌한다.

서구 정신 건강 교육과 훈련 그리고 실천은 교환을 위한 균등함을 유지하기 위한 동일한 가치의 특정 체계로 치료 서비스, 즉 시간에 대한 구조적 접근 그리고 내담자가 성찰과 더 나은 건강과 독립으로 효율적으로 기능하도록 객관적 관계 속에서 내담자에서 상담자로의 한 방향으로 자기 노출을 통해 말하기에 초점을 두는 서비스에 대한 금전적 지불과 같은 차원 내담자를 고려하는 치료적 과정과의 문화에 기초한 규범을 가정하는 경향이 있다. 원주민 전통의 관점으로는, 의료진으로부터 치료를 구하는 것은 그 사람에게 존경과 겸손함을 가지고 접근하며 안전하고 친근한 관계를 직접적으로 아니면 가까운 가족, 친구 또는 존경받는 어른을 통해서 담배 · 담요 · 기념품 · 공예품 · 음식 등(그러나 일반적으로 돈은 받지 않는데, 돈은 동일한 가치로 여겨지지 않기 때문이다) 적절하다고 여겨지는 물건으로 그 사람에게 표시한다. 그리고 가족원이나 공동체는 치유 과정의 부분으로서 참여하고 환경이나 영적 관계뿐 아니라 개인과 가족 그리고 공동체 관계의 조화와 균형을 지속하고 유지한다. 물론 이것은 특정 사람들이 의존하는 다양할 수 있는 문화적 맥락과 환경에 대한 일반화이지만 그것은 더 넓은 관점에서 사실일 수도 있다.

어떤 경우에는 분명하게 사실인데, 즉 문화적 관점으로부터 치유를 정의해야 하고 내담자와 치료자의 정의를 비교하여 확장된 것을 연구해야 한다. 문화에 기초한 과정으로서 돌봄의 과정을 바라보지 말고, 치료적 변화가 일어날 것으로 기대되는 바로 그 체제뿐 아니라 내용과 과정 모두의 상대적인 특성을 검열하는 것이 쉽다. 윤리적 질문이거나 이슈들은 문화가 어떤 특정 순간이라고 여겨질 때 매우 차이가 날 것이다. 윤리적이거나 적합한 것 또는 한 문화적 맥락에서 요구되는 것은 아마도 다른 곳에서는 그렇지 않을 것이다. 가끔, 다양한 문화적 맥락이나 세계관에 의해 제시된 요구들 사이의 조화를 이루기 위한 도전이 있다. 여기에 제시된 사례에서도 그렇다.

적절한 행동을 위한 선택들

이 사례에서 윤리적 사고와 행위를 위한 선택들은 무엇인가? 문화와 윤리가 균형을 이룰 때 무엇처럼 보이나? 그렇지 않을 때는 무엇처럼 보이나?

릭과 샘 모두 치료적 과정에서 매우 다른 위치에 도달하였는데 한 사람은 치료적 관계를 지속하기를 원하고 반면에 다른 사람은 더 이상 필요하다고 느끼지 않는다. 내담자의 관점에서 이것을 보면, 당신과 작업을 잘 진행해왔고 삶의 가장 어려운 도전을 다루는 방법으로서 안전함을 느낀 어떤 것을 왜 떠나야 하나? 치료자의 관점에서 보면 내담자가 목적한 성장에 도달하였다고 여겨질 때 불필요한 치료를 왜 지속하나?

윤리적이고 치료적 관점으로부터, 내담자가 그의 관점에서 성장에 대해 가치를 매기고 그 달성된 목표를 재관찰하고 원래의 치료적 목표로 돌아가서 관계를 맺는 것은 중요하다고 여겨진다. 또한 내담자가 치료적 관계의 안전함을 떠나고 그 스스로 삶을 직면하는 것에 대해 가진 불안을 언급하는 것은 중요하게 여겨진다. 치료가 영원히 지속될 수 없기 때문에 내담자의 욕구가 치료에 의존하지 않고, '저 밖에 존재하는 삶'을 만날 수 있는 방법을 탐색하는 것이 도움이 될 것이다. 또한 이 시점에서 내담자와 상담사 사이의 관계의 역동성을 내담자나 치료자의 의존성을 야기하는 전이/역전이 이슈들을 해결하고 언급하기 위한 탐색이 도움이 될 수 있을 것이다.
어떤 행동이 이 시점에서 취해져야 할지 고려하지 말고, 우선적으로 내담자가 자기 마음을 가장 고려해야 할 필요가 있다. 치료 과정의 목적 중 일부는 내담자에게 현재 이슈들뿐 아니라 미래에 일어날지도 모를 이와 유사하거나 다른 이슈들과 자신과 다른 사람 그리고 삶에 더 잘 적응하도록 돕는 것이다. 이율배반적으로, 우리는 내담자를 위해 오래 지속되는 독립을 창출하기 위해 일시적인 의존성을 창출한다. 그것이 그것 안에 있는 문화적 가치다. 그러나 어떤 원주민이 말한 것처럼, '지식은 바람과 같아서 일단 그것을 잡으면 당신은 어디로든 갈 수 있다'(Yellow Horse, Padilla, 1994, p.12 재인용). 그 진리는 내담자와 치료자 모두에게 적용할 수 있다. 그러나 문제는 그것이 갈라지는 것이 중요할 때가 도달할 때까지 함께 어떻게 해야 하는가에 달려 있다고 할 것이다.

윤리적 딜레마 2

바바라 윌슨(Barbara Wilson) 부인은 40대의 미국 흑인 여성으로, 그녀의 목사는 그녀를 27세 유대인 사회복지사 스티븐 아델만(Steven Adelmann) 씨에게 의뢰하였다. 스티븐은 가난한 사람들에게 사회적 권리와 봉사를 포함한 가족 역사를 진행할 노력으로 경제적으로 억압받는 남부 흑인 공동체에서 임상하기로 선택하였다. 스티븐의 가족은 자신보다 가난한 사람들을 돕는 중요성과 사회적 정의감을 강하게 주입시켰다. 그는 공동체의 노인들과 다른 지도자들에게 다가가서 그들의 신뢰를 얻었다. 존스(Jones) 목사는 여러 가지 가족적인 문제가 있는 그의 남부 침례교인들을 스티븐에게 의뢰하였다. 바바라는 1년 전, 그녀가 운전하고 있는 차 사고로 아들이 사망한 이래 존스 목사에게 상담을 의뢰하였다. 바바라는 다시 의존적이 된 것을 느끼기 시작하였고 최근에 자살에 대한 생각을 갖게 되었다. 존스 목사는 더 강한 정신 건강 치료를 위해 바바라를 스티븐에게 보냈다.

바바라는 존스 목사의 권유로 스티븐을 만나는 데 동의하였으나 어떻게 그녀가 그의 봉사에 대해 지불할 것인가에 대해 매우 걱정하였다. 바바라는 생계를 위해 가정집 청소를 하고 있었고 경제적인 자원이 제한되어 있었다. 스티븐은 비용을 깎아줄 것을 제안했지만, 바바라는 그 만한 작은 돈조차 지불할 수 없었다. 바바라는 스티븐의 비용을 깎아주는 제안에 편안하지 못했고 12회 치료 회기 동안 정원 일로 서비스와 교환하기로 했다. 스티븐은 이런 제안에 아무런 문제가 없었고, 그는 경제적으로 매우 여유가 있었으며, 더욱이 정원 일은 바바라에게 매우 치료적일 것이라고 믿었다. 6회기 뒤 스티븐은 바바라가 우울로 인해 어떤 종류의 일도 통제할 수 없다는 것을 알아차렸다. 그는 바바라가 그를 위해 정원 일을 시작하지 않았다는 것에 대해 신경을 썼다. 그가 관심을 둔 것은 바바라가 물물교환을 관철하지 않은 것이 그녀의 우울일 뿐 아니라 그가 그녀의 치료에 대해 어떻게 느끼는 바를 시사하는 것이다.

스티븐은 바바라와 이 문제에 대해 토론하기로 결정하고 그녀가 치료에서 이익을 얻고 있는지 직접적으로 물었다. 바바라는 처음에 경계심을 느꼈고, 수년 동안 가난한 미혼 흑인 여성으로서 느끼는 고통이나 슬픔을 이해할 수 있다고 확신할 수 없는 이 젊은 백인 남성에게 자기를 노출하는 것을 다소 불편해하고 있다. 그러나 그녀는 진실하게 도움을 주려는 진지하고 솔직한 젊은이인 스티븐에 대한 존스 목사의 관점에 동의한다. 바바라는 이전에 자신이 은폐했음을 시인하고 현재 치료에 헌신한다. 이후 6회기가 지나고 치료가 종결 시점이 되었다. 스티븐은 바바라에게 이 이슈들을 말하고 그녀가 아직도 우울해

보인다고 염려했다. 바바라는 그에게 좀더 자신이 감정적으로 안정되고 자기 확신을 느낄 때까지 종결하고 싶지 않다고 말한다. 바바라는 아직도 스티븐을 위해 정원 일을 시작하지 않았다.

교실 토론을 위한 질문들

1. 스티븐이 바바라와 작업하는 데 야기된 문화적 요소들은 무엇인가? 어떤 방법으로 스티븐의 접근에 그의 가족의 메시지가 긍정적인 영향을 미쳤나? 어떤 방법으로 그것들이 관계되나? 만일 당신이 스티븐을 슈퍼비전하게 된다면, 당신은 이 이슈들에 대해 어떻게 말할까?
2. 바바라의 인종, 사회 경제적 지위 그리고 영성이 잠재적으로 치료 과정에 어떤 영향을 미치나? 이 시나리오에서 어떤 '빨간 깃발들(red flags)'이 드러나는가?
3. 만일 당신이 바바라를 치료한다면 다른 어떤 것을 시도할 것인가? 당신은 그녀의 조심성을 어떻게 표명할 것인가?
4. 어떤 윤리적 고려가 바바라와 스티븐의 교환 약속에 반영되어 있나? 당신은 어떻게 그녀의 치료자로서 '진료비'를 처리할 것인가?
5. 존스 목사로부터 의뢰가 지속적으로 이루어진다면, 스티븐이 자신의 내담자를 윤리적으로 적절하게 치료하기 위한 필요한 자각적인 문화적 자각, 예민성 그리고 지식의 영역은 무엇인가?

교실 연습

1. 학생들이 교실에서 물물 교환에 대해 그들의 생각과 안전한 수준에 대하여 나누도록 한다. 그들이 내담자와 그들의 '원

칙들(policies)'을 설명할 실습 기회를 갖는 다양한 역할 놀이를 만든다.

2. 소집단에서 학생들은 노출된 형태에서 드러난 치료비와 교환에 대략적인 언급을 해본다.

핵심 요점

비록 APA와 ACA 그리고 NASW 윤리 강령은 정신 건강 서비스의 교환을 금지하지는 않을지라도 여러 경고들로부터 임상가들이 그런 약속을 시작하기 전에 재고하도록 권유한다. 우리는 경고 자체가 확실히 이유가 있음에도 특정 문화적인 상황, 특히 SES 관점에서 유래한다고 제안한다. 우리는 임상가들이 내담자와 치료비에 대해 얘기할 때 그들의 사회 경제적 지위를 염두에 두도록 권유한다. 임상가들은 다음의 행동을 하여야 한다.

- 돈과 경제에 대한 그들 자신의 태도를 탐구할 것 : 그들의 가족 안에서 돈을 어떻게 취급했나? 가족원들은 돈에 대해 어떤 감정을 갖고 있나? 즉, 죄책감, 권리 또는 불안인가? 이런 메시지가 내담자와의 그들의 계약에서 어떻게 드러날 것인가?
- 교환과 이것이 이루어지는 조건 그리고 지불되지 않은 가능성에 대해 어떻게 준비해야 하는지에 대한 그들의 생각을 다른 임상가나 슈퍼바이저와 토론하라.
- 돈이나 교환으로도 상담비를 지불하지 못하는 내담자와 종결을 결정해야 하는 시점을 고려해보라.

[제11장]
의존성 육성하기

미국상담학회 강령

미국상담학회(ACA) 윤리 강령의 A.1.b항에는, '상담사들은 양육을 위한 의존적인 상담 관계를 피한다'고 서술되어 있다(1995). 또한 다른 정신 건강 강령들처럼, ACA 강령에서 내담자 의존성을 피하기 위한 참조가 다른 부분에도 포함되어 있나. 예를 들면, 이중 관계에 대한 앞 장에서 인용된 (A.6.a항) 강령은 상담자들에게 내담자의 의존성을 이용하지 말 것을 조언한다. 또한 A.5.a항에서 상담자들은 '자신들의 욕구를 내담자의 경비로 채우려는 행동을 피해야 한다'고 조언한다.

미국심리학회 강령

유사하게, 미국심리학회(APA) 강령(2002)은 심리학자들에게서 개인적 문제가 치료에서 방해받을 때 치료를 제공하거나 지속하는 것으로 내담자의 신뢰를 이용하는 것에 반대하도록 주의할 것을 포함하고 있다(Standard 2.06). 이것은 심리학자들이 부적절한 감정과 흥미 또는 내담자에 의존하게 될지도 모를 상황을 내포한다.

미국사회복지사협회 강령

미국사회복지사협회(NASW)의 윤리 강령(1996)은 다음과 같은 경우에 집합주의의 중요성에 대해 언급하는데,

> 사회복지사들은 사람들과의 관계가 변화를 위한 중요한 견인차가 된다고 이해한다. 사회복지사들은 돕는 과정에서 사람들을 파트너로서 여긴다. 사회복지사들은 개인과 가족, 사회 집단, 조직들 그리고 공동체들의 안녕(well-being)을 향상하고 유지, 회복, 발전시키기 위해 의도적인 노력을 추구한다.

* * *

성공적인 상담과 치료적 실천에는 내담자들이 치료자의 도움과 안내를 받기 위해 왔을 때 최소한 일시적으로 의존성을 양육하기 위한 잠재적인 면을 갖는다. 치료자에게 자연스런 의존성(또는 신뢰)은 다른 사람과의 관계에서 '도움이 필요한 자(needy)'가 되는 것을 반대하는 서구적인 금지와 배치된다. 우리는 자신 이외의 다른 사람에게 의존하지 않으며, 윗입술을 굳게 다물고, 자신의 두 발로 서서, 만일 자신이 옳다고 여기는 것이 있다면 그것을 스스로 행하는 것에 가치를 두는 메시지를 받는다. 정신 건강 실천에 기초한 윤리적 원리는 자율성과 독립성의 가치를 반영한다. 주류 문화, 특히 심리 치료에서 자아(the self)는 인간 '되기(be-ing)'의 핵심에 존재하고 우리 경험의 중심에 있다. 집단과 가족에서조차 비록 상호적 역동이 발견될지라도 집단과 가족원들의 개인적 발달의 목적과 '증상

을 보이는 환자(identified patient)'를 돕는 것은 개인주의를 강조하는 것이다.

이전의 내담자 복지와 연관된 장(제9장)에서 우리는 집합적 문화의 핵심 요소로서 의존성 또는 상호의존성을 토론하였다. 많은 민족들의 문화에서 개인은 가속과 공동체 그리고 인종의 중요성보다는 이차적으로 여겨진다(Helms & Cook, 1999 ; Sue & Sue, 1999). 독립성보다 상호의존성은 이들 문화의 규범이다. 따라서 이것은 상담자들의 문화가 아마도 개인주의와 집단주의 사이에 위치하는 것으로 그들의 접근을 평가하기 위해 집단주의에 가치를 둔 내담자와 함께 작업하는 것이 필요하다. 상담사들은 또한 그들의 개인적 경험을 탐색하고 자율성과 의존성에 대해 느끼는 것이 유익할 것이다. 연습 11.1은 이런 가치를 연습할 수 있는 자기-평가의 도구다. 연습의 목적은 상호의존성이나 독립성 중 어느 것이 다른 것보다 더 좋은 것이라고 주장하지 않는다. 사실, 대부분의 우리는 다른 사람들과 다른 상황, 다른 시기에 그리고 때로는 다른 상황에서 동일한 사람들의 양상 안에서 작업한다. 연습의 목적은 당신의 독립과 상호의존성을 어떻게 경험하는가에 대한 더 확실한 감각을 이끌어내는 것이다. 당신이 자신의 한계를 깨달을수록 그 한계들은 당신이 다른 관점을 가진 사람들과 하는 작업에 부정적인 영향을 덜 미칠 것이다.

[연습문제11 1] 상호의존성과 독립성의 가치를 평가하기
Part I : 경험 용지를 길게 세로로 반을 나누어 두 칸을 만든다. 왼쪽 칸에 독립적 행동과 의사 결정에 대한 개인적 경험에 대해 가능한 한 많은 예를 적는다. 가능한 예들은 다음과 같은 것을 포함할 것이다. -당신이 독립적으로 작업하는 프로젝트

-독립적인 작업을 위해 제삼자에게 평가받기
-혼자 겪는 도전
-외압 없이 내린 주요 결정
-당신이 자랑스럽게 성취한 어떤 것
-운동 결과

오른쪽 칸에는 당신의 팀이나 집단 작업의 경험을 적는다. 이것은 다음과 같은 내용을 포함할 것이다.
-다른 전문가들과 협력 작업
-팀 스포츠
-다른 사람에게서 중요한 정보를 이끌어낸 결정
-가족이나 집단 치료
-일반 대중(grassroots) 구조 노력
-공동체 서비스
-공동체적 참여
*각 칸에 가능한 한 많은 활동이나 사건들을 작성한다.

Part Ⅱ: 감정
작성된 표의 각각을 살펴본다. 당신이 나열한 항목들과 연합된 감정에 대해 확인하고 서술한다. 성취감 · 타인과의 연결 · 긍지 · 후회 · 수치심 · 불안 · 안정 또는 분노의 감정이 있나? 당신의 감정을 확인한 뒤에 당신의 목록을 재점검하고 어떤 패턴을 서술하시오. 예를 들면, 독립적 노력보다 집단 작업을 즐기는 경향이 있거나 그 반대 등, 또는 단지 어떤 특정 환경에서 그러하거나 또는 특정 상황에서 그러한가? 어떤 활동들이 당신에게 더 큰 만족을 주는 경향이 있나?

Part Ⅲ: 가치
가치와 연합된 감정이나 활동에 근거한 가치들을 확인한다. 다음 질문들을 탐색한다.
-누가 또는 무엇이 나의 가치에 영향을 미쳤나?
-나의 가치에 대해 안정적인가? 다시 말해서, 만일 이들 가치에 대해 도전을 받게 되면 나의 믿음에 대해 확신할 것인가?
-독립성과 상호의존성에 관한 나의 신념이 다른 지향을 가진 사람들의 관점에 어떻게 영향을 줄까?
-나의 가치가 치료자로서 나의 접근에 어떻게 영향을 미칠까?

또한 상담자는 타인이 그들에게 의존하는 것에 대한 느낌을 탐구하는 것은 중요하다. 사실 여부에 상관없이 치료자들은 그들의 교육과 훈련 그리고 그들이 보유한 지혜의 가치로 인해 많은 내담자들의 눈에 권력적인 지위를 갖고 있는 것으로 여겨진다. 내담자들은 치료자들이 그들에게 최선이 무엇인지 알고 있다는 믿음을 갖고서 치료자들에게 조언을 구하며 의존할 것이다. 개인적인 삶이 불안정하거나 도움이 없는 치료자들은 그들을 존경하는 내담자들이 주는 권위를 즐기기 시작할 것이다. 이것은 특별히 그들의 문화적 가치가 연장자나 교육받은 사람들, 권력의 위치에 있는 사람들에게 존경을 표하는 내담자들과 작업할 때 문제가 될 것이다. 윤리적 취급에서 문화적 감수성의 균형은 매우 도전적일 수 있다.

훈련생들에게 치료 상황에 그들이 도달하기 전에 이런 딜레마에 대해 숙고할 기회가 주어지는 것은 중요하다. 연습 11.2는 그들의 삶과 일에서 상호의존성이나 의존성에 대한 문화적 규범의 도전에 대해 생각하도록 학생들을 격려하기 위해 계획되었다.

의존성과 상호 의존 그리고 우리의 신념과 경험에 대한 그들의 도전과 같은 문화적 규범을 분석함은 확실히 유용한 활동이다. 그러나 자기 탐색을 하는 것은 자신이나 타인에 대한 우리의 관점을 실제적으로 변화시키지 않으며 인지적 과정으로만 남을 수 있다. 우리 자신과 다른 문화를 실제적으로 접촉함은 우리를 이지적인 차원을 넘어 우리의 신념을 재평가하도록 하며 타인에 대한 우리의 믿음이나 행동을 변화 가능하게 한다(Bohan, 1996 ; Diaz-Lazaro & Cohen, 2001). 디아즈 라자로(Diaz-Lazaro)와 코헨(Cohen)(2001)은 다문화적 상담 과정에 있는 학생들이 ⓐ 문화적으로 다른 집단에서 자신들이 소수자가 되는 문화적 행사에 참여했거나 ⓑ 집단에 의해 형성된 단체나 공동체 상황에 노출되었다거나 ⓒ 문화적으로 다른 집단의 구성원들과 의미 있는 상호 작용을 했던 집중 행동을 설명했다. 이 연구에 의한 자료에서 교류 문화적 만남은 다문화적 역량을 발달하는 데 중요함이 드러났다.

내담자 의존성의 이슈에 대한 윤리적 접근을 하는 토론 내용에서, 임상가들이 문화적 상황 — 이는 종교적 또는 영적 상황, 이웃으로서의 축하 또는 공동체 행사들을 포함할 수 있다 — 에서 시간을 보내는 것이 중요하다고 지적함이 유용할 것이다. 이 속에서 집단주의가 실제적으로 실천되고 있고 사람들이 그들의 경험에 대해 토론한다. 실습생의 흥미가 관음적이거나 남용한다고 집단원이 느낄 가능성을 축소하기 위해, 서로의 관계를 통해 봉사할 수 있는 개인(예를 들면, 동료)으로서의 정체성은 도움이 될 수 있다. 우리가 실습생에게 이런 활동을 하고 있는 동안 고려하도록 요구하는 질문은 독립, 분리, 자율적인 서구적 임상에 대한 대안이 그들이 함께 작업하고 있는 사람들 중 어떤 사람들에게는 좀더 감정적인 건강 가능성에 대한 것이냐.

[연습문제11.2] 의존과 독립에 대한 이전의 메시지
Ⅰ. 소집단에서 독립성의 가치에 대해 가능한 한 많은 문화적 메시지, 언급들 그리고 격언들을 확인한다. 1. 2. 3. 4. 5.

의존성의 가치에 대해 가능한 한 많은 문화적 표현을 확인한다.
1.
2.
3.
4.
5.

Ⅱ. 타인과 당신이 연관된 것을 반영하는 메시지 옆에는 별표를 한다.

Ⅲ. 당신이(ⓐ) 유사한 관점을 가진 내담자와, 의존성과 독립성에 대해 배운 것에 잠재적인 도전에 대해 의논한다.

성찰과 토론을 위한 질문들

1. 의존성을 어떻게 정의하나? 내담자가 너무 의존적이라고 어떤 기준에 의해 결정하는가? 치료적 관계에 대한 적절한 신뢰와 의존성 사이를 어떻게 구별하나?
2. 자기와 타자 사이의 차이가 서구 문화적 실천보다 덜 강조되는 문화에 대해 나의 느낌은 무엇인가? 어려운 인생의 결정을 할 때 다른 사람의 관점에 의존하는 사람들에 대해 나는 어떻게 생각하나? 그들 자신이 아니라 가족들의 관점에 기초한 결정을 하는 사람들에 대해 어떻게 생각하나?
3. 그들의 부모와 함께 사는 성인에 대한 나의 태도는 무엇인가? 내가 그들을 '자기 스스로 부양'할 수 없는 사람으로 여기나? 자기 스스로를 부양하는 것이 항상 선호될 수 있는 것인가? 나는 자기 스스로 삶을 영위하는 개인을 좋아하는 경향이 있는 것인가? 내 자신이 스스로 영위하는 삶을 산다고 여기는가?
4. 어느 정도 권력을 갖게 되는 상황을 나는 어떻게 조절하고

있나? 이런 경험들에 대해 좋아했거나 싫어했던 것은 무엇인가? 권력에 대한 나의 경험과 느낌이 내가 내담자와 작업하는 방법에 어떻게 영향을 미치는가?

5. 내가 내 자신의 감정이나 의존적 욕구를 만족시키기 위해 내담자를 이용하고 있을지도 모를 가능성에 대해 경고를 하는 것은 어떤 경고 사인일까?
6. 감정적으로 혼자라고 느꼈을 삶의 순간들을 나는 어떻게 조절해왔나? 다른 사람에게 도움을 요청하거나 더 위축되거나 자신이 '도움이 필요한 사람'으로 경험하거나 또는 도피할 활동 속으로 들어가거나 하는 경향이 있나? 나의 행위가 내담자와 어떻게 활용될 것인가?

윤리적 딜레마 1

차우 통(Chau Thuong) 씨는 내담자들이 아시아인이거나 아시아계 미국인들인 지역 공동체의 정신 건강 의료원에서 일하는 베트남계 미국인 사회복지사다. 대부분의 내담자들은 정신 건강 의료원에 많은 수의 아시아계 미국인 직원들이 있음에도 불구하고 의료원에 찾아오는 것을 힘들어하기 때문에 차우는 자신의 내담자들을 공동체 상황에서 만난다. 차우의 내담자들은 어린아이부터 노인까지의 연령대이고 그들의 다수가 출신국에서 미국으로 이주해올 때 극심한 심리적 외상이나 경제적 어려움을 경험했던 사람들이다. 차우는 그녀의 내담자들을 위한 협력적인 돌봄을 위해 다양한 공동체 자원, 즉 교회와 학교 그리고 다른 기관들과 긴밀하게 일한다. 차우 자신이 건강 센터에서 일하고 있는 여러 해동안 내담자들을 매우 잘 돌보려고 했고 그녀의 내담자들은 그녀를 매우 신뢰하게 되었다.

차우의 내담자 중에 50대 중반 여성인 리송(Li-Song)은 특히 어려운 시기를 겪고 있는 중이다. 그녀의 남편이 최근에 오랜 투병 끝에 사망했다. 리송은 남편이 병원에서 퇴원한 후에 남편을 주로 돌보았던 사람이었다. 그녀는 자신의 남편을 돕기 위해 좀더 노력해야 했어야 한다고 생각한다. 그녀의 남편 사망 식후부터 베트남에서의 마지막 수개월간에 대한 리송의 무서운 기억(flashback)들 — 두 번의 수용소와 가족들이 그녀 앞에서 처참하게 죽어갔던 경험들 — 이 다시 시작되었고 그녀는 지속적으로 자살 충동을 느끼고 있다. 차우는 일시적인 입원이나 약을 복용할 것을 제안하였으나 리송은 의심하고 거절하였다. 리송은 또한 자녀와 함께 살라는 차우의 제안을 거절하였다. 리송은 가족을 부양하는 성인이 된 자녀에게 부담이 되고자 하지 않았다.

결과적으로 차우는 리송의 집에서 자신이 안전한 것을 확인하기 위해 그녀를 돌보면서 그 밤을 보냈다. 그 다음날 차우는 리송이 아직도 자살하려고 하기 때문에 그녀를 억지로 입원시켰다. 정신과 주치의 두간(Dugan) 박사는 차우가 그녀를 즉시 입원시키지 않고 그녀와 밤을 보냈다는 것에 주의를 주었다. 그는 차우에게 부적절한 경계로 내담자의 의존성을 키웠다는 잘못에 대해 보고할 것을 결정했다.

교실 토론을 위한 질문

1. 민족성과 문화가 차우의 내담자 리송에 대한 차우의 행동에 어떻게 영향을 미치나?
2. 민족성과 문화는 유감에 대한 보고를 결정한 두간 박사에게 어떻게 영향을 미치나?
3. 만일 이 사례에서 당신이 윤리적 잘못이 일어났는지에 대해 결정할 책임이 있다면 어떤 부가적인 정보를 찾아야 할까?

윤리적 딜레마 2

마곳(Margot)는 30세 백인 변호사로 40세 흑인 심리학자인 마이크 바톤(Mike Barton) 박사에게 식욕부진(anorexia) 치료를 받기 위해 왔다. 섭식 장애에 대한 마이크의 치료적 접근은 내담자들의 건강하지 못한 섭식 행동을 다시 강화하는 주된 자원이 그들의 일상적 환경에 있다는 신념 아래 내담자를 잠시 동안 사회적으로 격리하는 것이다. 마이크의 사회 격리 방법은 내담자들을 여러 주일 동안 그가 운영하고 정신 건강사들과 의료진들 그리고 영양사들이 직원으로 있는 요양소에 보낸다. 마이크는 점차적으로 내담자들을 그들의 삶 속에 '중독적'이라고 부르는 사람들과 멀리하도록 도우면서 사회적 상황으로 돌려보낸다. 내담자들이 요양소에 격리되어 있는 동안 마이크와 다른 직원들은 내담자들을 매일 만나서 그들과 치료하게 된다. 마이크의 접근은 많은 내담자들에게 성공적이었고 그는 이 분야에서 전문적인 확고한 명성을 얻고 있다.

마곳을 치료하는 동안 마이크는 다른 직원들이 마곳이 마이크만이 그녀의 문제를 정말로 이해하는 유일한 사람이라는 느낌을 가지고 그를 제외한 다른 사람들과 작업하기를 거절하고 있다는 보고를 접하기 시작한다. 직원들은 또한 마곳이 마이크에게 성적인 감정을 갖고 있는 것 같다고 보고한다. 그들은 이런 의심에 대한 구체적인 증거가 있는 것은 아니었고 단순히 그들의 임상적 육감에 의해 마곳을 비꼬는 근거가 된다. 마이크 혼자와 작업하고 싶어하는 환자들이 있었던 것이 이번이 처음이 아니었고 그는 항상 그것을 거절해왔다. 그러나 마곳은 그녀가 수용소의 다른 사람과 작업해야 한다는 그의 주장에 반응하지 않고 있다. 오늘 그들의 회기에서, 마곳은 만일 마이크가 그녀의 요구를 들어주지 않으면 음식 섭취를 중단하겠다고 위협했다. 마이크는 마곳의 그에 대한 신뢰를 위험에 처하게 하고 싶지 않고 아직 그녀는 그에게 너무 의존하고 있다는 생각이 들었다. 그는 그들의 회기를 끝낼 것을 고려하고 있는데 그 이유는 단지 마곳의 의존성 때문만이 아니라 직원들이 마곳에 대한 그의 행동을 오해할 가능성이 있기 때문이기도 하다.

교실 토론을 위한 질문

1. 이 각본에서 연관된 윤리적 강령은 무엇인가?
2. 인종적 문화적 이슈들은 무엇인가? 특히 흑인 남성들에 대한 고정 관념이 마이크와 그의 직원 그리고 내담자 사이의 역동 속에서 어떻게 다양하게 존재하나?
3. 마곳과 마이크가 직면한 딜레마를 위해 그는 더 좋은 준비를 어떻게 해야 할까? 그것은 각본에서 암시하는 어떤 경고 사인이 있는가? 만일 그렇다면 어떻게 그는 그것들을 다루어야 하나?
4. 마이크는 마곳의 성적 전이에 대한 보고에 대해 어떻게 말해야 하나?

윤리적 딜레마 3

신시아 멘도자(Cynthia Mendoza)는 30대 독신 여성인 중남미계 가족 사회복지사로 주된 전문적 관심은 남서부의 노동자 계급의 농촌 공동체의 멕시코계 미국인 가족들과 일하는 것이다. 그녀는 대부분의 내담자들과 같은 공동체에 살고 있고 그녀가 가족을 치료하지 않을 때는 지역 정치에 활발하게 관여하고 있다. 신시아는 특히 라틴 어린이들이 더 낮은 학문적인 과정에 놓여 있는 백인 위주의 학교에서 인종주의가 자행되는 것에 대해 관심을 갖고 있다. 그녀 스스로 이들을 위해 변호인이 되고 그들과 지역 학교 위원회 사이의 가교 역할을 하고 있다. 공동체 안의 멕시코계 미국 시민들은 신시아에게 와서 저항의 시위나 그들 대변인이 되어줄 것을 의뢰한다. 신시아는 그녀의 가족들이 그녀에게 준 신뢰와 존중을 받는 느낌이다. 그녀는 강하고 지적인 여성으로 그들에게 힘을 주기 위해 열정적이다.

교실 토론을 위한 질문

1. 이 각본에서의 문화적 이슈는 무엇인가?
2. 어떤 윤리적 '빨간 깃발'이 존재하나? 예를 들면, 어린이들을 위한 그녀의 변호에 대한 의존성은 윤리적 문제인가?
3. 신시아가 멕시코계 미국 가정들의 권리를 옹호하는 동안 잠재적으로 윤리적인 침해를 어떻게 방지할 수 있을까?

교실 연습

1. 소집단으로 학생들을 나눈다. 각 집단에게 다음의 각본을 준비하도록 한다. ⓐ 내담자 의존성이 좋은 치료적인 면이 되고 ⓑ 치료자의 분리가 내담자 복지를 방해하고 ⓒ 치료자의 분리가 임상적으로 드러난 경우. 학생들이 그들의 각본을 전체 학급원들과 토론한다. 학생들이 만든 각본 중 하나를 역할 연기한다.

핵심 요점

윤리적 강령은 치료자에게 내담자의 치료적 관계에서 의존성을 키우지 말도록 권고한다. 의존성은 그들에 대한 내담자의 의존성뿐 아니라 그들 자신의 내담자에 대한 의존성을 모두 말한다. 동시에 치료자들은 내담자의 복지를 위해 동반자로서 치료를 인식하도록 고무된다. 다음은 실습생들이 고려해야 할 중요한 요점들이다.

- 내담자들과 치료적 관계를 위해 그들 자신의 욕구를 돌보기 위한 건강한 방법은 내담자의 욕구에 초점을 유지하는 것이다.
- 상호의존성이 치료 상황에서 효과적으로 작용할 수 있는 방법들.

[제12장]
능력의 경계

미국상담학회 강령

미국상담학회(ACA)의 A.2.b항(1995)은 '상담사들은 그들이 함께 작업하는 내담자들의 다양한 문화적 배경을 이해하려는 적극적인 시도를 할 것이다. 이것은 제한적이지 않으나 상담자 자신의 문화적/민족적/인종적 정체성이 상담 과정에 대한 그/녀의 가치와 신념에 어떻게 도전할지 배우는 것을 포함한다'라고 설명한다.

미국심리학회 강령

미국심리학회(APA)의 기준 2.01ⓑ항(2002)에서 설명하기를,

> 심리학적 훈련에서 과학적이거나 전문적 지식의 영역에서는 연령과 사회적 성·성 정체성·인종·민족성·문화·출생국·종교·성적 지향·장애·언어·사회 경제적 지위 등과 관련된 요소들에 대한 이해가 그들의 연구나 서비스의 효율적인 수행에 필수적이다. 심리학자들은 훈련과 경험, 자문 또는 슈퍼비전이 그들 서

비스의 능력을 확인하거나 적절한 의뢰를 하는 데 필요하다.

미국사회복지사협회 강령

미국사회복지사협회(NASW) 강령의 국가적 연합의 기준 1.05항(1996)에서 설명하는 것은,

> 사회복지사들은 모든 문화에 존재하는 힘을 재인식하기 위해, 인간 행동과 사회에서 문화와 그 기능을 이해해야 한다. 사회복지사들은 내담자의 문화에 대한 기초적 지식을 갖고 있어야 하고 내담자 문화와 다른 사람과 문화적 집단 사이의 차이에 대해 민감하여 서비스를 제공하는 데 능력을 드러낼 수 있어야 한다. 사회복지사들은 사회적 다양성과 인종·민족성·출신국·피부색·성별·성적 지향·연령·결혼 여부·정치적 신념·종교·정신이나 육체적 장애 등으로 인해 억압이나 사회적 다양성의 특성을 이해하려고 해야 하며 이에 대한 교육을 받아야 한다.

* * *

다문화 상담의 지식과 기술은 문화적으로 다양한 사회에서 유능한 실천을 위한 중요함으로 여겨진다. 정신 건강 강령의 각각은 문화적 다양성에 대한 교육과 훈련에 대한 분명한 기준을 제시한다. 적절한 훈련을 받는 것의 실패는 비윤리적 실천이 인정되는 위험을 증가시킨다. ACA와 APA 모두 다문화적 실천의 능력을 위한 외면적 안내 지침을 표현한 활자화된 문서가 있다(APA, 1993 ; Arredondo 등, 1996). 이런 지침은 능력을 갖춘 상담의 차원(예를 들면, 자신의 경계에 대한 자각, 다양한 문화에 대한 지식 그리고 문화적으로 수용적인 상담 기술과 접근에 대한 적용 기술)을 드러내고, 각 차원과 관련된 중요한 기술들을 설명한다(안내 지침의 토론을 위해 제4장 참

조). ACA와 APA의 안내 지침은 훈련생들이 다문화 상황에서 직면하는 도전을 막기 위해 유용한 자원이다. 다문화적 능력에 대한 강조는 전문적 정신 건강 구조에 의해 수립된 기준들에 제한되지 않는다. 많은 주립 자격증에 대한 목록은 정신 건강 실천 자격을 취득하기 위한 필수적인 것으로 사회 문화적 기초에 대한 과목들의 목록이 정해져 있다. 자격증에서 구두 시험은 임상가의 문화적 능력을 두드리는 요구의 영역을 포함한다. 또한 상담와 심리 그리고 사회 복지 프로그램에 대한 인정은 교육 과정에서의 다문화적 내용을 포함하고 있어야 한다. 따라서 정신 건강 전문직과 연관된 기관들은 임상가 사이의 다문화적 능력을 확인하기 위한 결정적 단계를 거쳐야 한다.

문화적 능력의 중요성에 대해 넓은 범위의 기초적인 의견 일치와 같은 것은 명확히 명시된 훈련 과정의 결핍인 것이다. 결과적으로 다문화 능력을 위한 기준이 되는 교육 과정이 있는 것이 아니고 문화적 능력의 결과가 된 특정 치료 기법이나 지속적인 훈련 경험을 지지하는 어떤 명확한 연구 결과가 있는 것이 아니다. 실험적 증거 또한 효과적인 치료나 결과를 위해 간행된 안내 지침으로 정의된 문화적 능력과 연결되지 않는다. 이러한 사실은 임상가들이 경쟁적으로 실천하고 최소한으로 도전하지 않고 있을 때 결정할 과제다. 이 사실은 개인 실습생들의 능력에 대한 개인적 평가 사이에 발생하는 모순에 의해 악화된다. 어떤 전문가들은 일반적 상담 교육이나 훈련의 배경이 충분히 문화적 집단의 범주에 효과적이라는 것을 느낄 것이다. 다른 사람들은 다양한 내담자들과 수년 동안의 경험 이후에도 문화적 능력의 수준을 보강하기 위해 적극적으로 일할 것이다. 문화적 능력을 위한 특정 훈련이 필수적인가에 대한 질문이나 얼마나 정신 건강 교육자들 사이에서 그것이 지속적으로 논의되고 있는가다.

웰펠(1998)은 정신 건강 훈련 안에 전문적 능력의 3요소를 정하는데, 이는 교육과 정규 훈련과 슈퍼비전 경험이다. 이러한 요소들은 명백히 이 장의 처음에 있는 윤리적 강령 각각의 부분에 반영되어 있다. 정의되어야 하는 것은 얼마나 각각의 요소가 다문화적 실천을 위해 충분한가다. 다문화 상담의 한 과정이 최소한으로 요구되는 역량을 발휘할 수 있을까? 훈련 프로그램들이 그들 교수진 사이의 다양성을 드러내기 위해 요구되어야 하나? 훈련생들이 문화적으로 다양한 상황에서 훈련과 실천을 끝미쳐야 하나? 훈련 프로그램이 다양한 내담자에게 서비스를 제공할 지역 단체에서 실천자들과 동반자 관계를 발달시켜줄 것으로 기대되나? 이런 요소들이 문화적 능력을 이끄나? 이러한 질문들에 대해 좀더 답변하기 위한 후속 연구들이 좀더 명확하게 다문화적 훈련의 지속성과 윤리적 다문화 실천을 강화하기를 희망한다.

우리는 부가적이고 지속적인 슈퍼비전과 훈련을 기대하는 다문화 훈련을 위한 최소한의 욕구에 대해 주장한다. 최근에, 상담과 심리학에 대한 인정은 이 분야에서 매우 일반적으로 요구된다. 그들은 다문화적 이슈나 다양한 내담자들과의 임상 경험의 교육 과정을 기대한다. 이런 기대의 정도, 중요도와 깊이는 상세하게 진술된 것은 아니다. 따라서 훈련 프로그램의 범위는 질적으로 다문화적 훈련을 요구하는 최소한의 인정을 받기 위한 것에서부터 학생들의 슈퍼비전 경험까지 다양하다. 훈련 프로그램은 또한 교수진의 다양한 정도에 따라 매우 다양해진다. 우리의 가설은 가장 큰 문화적 다양성인데, 특히 인종적 다양성이며 교수진 사이에서 학생들만큼의 다양성과 교육 과정 안에 문화적 내용에 대해 최대한 중점을 두는 것을 말한다. 우리의 좀더 확장된 가설은 다양한 교수진들에 의해 배운 하나 이상의 다문화적 치료 과정 수강을 포함하며 다문화적 이슈들에 대해 지속적인 교육을 받으려는 훈련 졸업생들이 윤리적이며 적당하게 실천을 하는 것이다. 훈련 경험의 점검표로 연습 12.1을 보기 바란다.

[연습문제12.1] 다문화 훈련 경험 점검표

다음 표에 각각에 당신이 단 한 번 또는 지속적으로 참여하였는지 여부를 표시한다. 각각의 질문은 특별히 다문화 상담이나 치료 영역에 대한 것이다.

	한 번	지속적
1. 읽 기	[ ]	[ ]
2. 워크숍, 세미나 또는 내부자 서비스 훈련	[ ]	[ ]
3. 지속적 교육 워크숍	[ ]	[ ]
4. 대학원 과정	[ ]	[ ]
5. 문화적 차이에 대한 개인적 경험	[ ]	[ ]
6. 전문적 경험	[ ]	[ ]
7. 슈퍼비전	[ ]	[ ]
8. 집중 훈련이나 박사 후 작업	[ ]	[ ]
9. 또래 토론	[ ]	[ ]
10. 자 문	[ ]	[ ]
11. 컨퍼런스 과정	[ ]	[ ]
12. 상급 훈련 기관	[ ]	[ ]

성찰과 토론을 위한 질문

1. 다문화 상담 능력에 익숙한가? 만일 그렇지 않다면 그 이유는? 문화적으로 나와 차이가 있는 내담자와 작업하기 위해 어떻게 준비해야 하나? 교육과 훈련은 무엇이고 이 영역에서 지속적인 교육을 위한 기회를 찾아야 하나?

2. 다문화적 상담 이론에 대한 토론과 반대에 대해 알고 있나? 예를 들면, 다문화와 다양한 상담 사이의 차이를 이해하고 있나? 문화상대주의에 대해 동의하나 반대하나?
3. 문화 이슈에 대해 에믹(emic) 또는 에틱(etic) 접근을 선호하나? 상담에서 '피부색에 무관심한' 순간은?
4. 치료에서 문화적 이슈들에 대한 슈퍼비전과 자문을 위한 내 영역에서 무슨 자원이 있나? 만일 나와 유사하지 않거나 민족적, 성적 지향성, 사회적 성 또는 장애의 이슈를 포함하는 다른 다문화적 사례를 만난다면?
5. 어떤 내담자 집단과 효과적인 치료를 위해 그들의 언어를 어느 정도 유창하게 할 필요가 있을까? 내가 하고자 하는 영역에서 훈련받은 이중 언어 통역자의 필요성에 대해 느끼나?
6. 내가 문화적 능력의 태도를 실천하지 못한다는 유감스런 보고서가 있다면, 어떤 교육적, 훈련적, 슈퍼비전 그리고 지속적 교육 경험을 받을 수 있을까?

윤리적 딜레마 1

델리아 루드리게츠(Delia Rodriguez)는 헨리 알코트(Henry Alcott) 박사의 과거 내담자로 그의 치료에 대해 매우 불만을 가지고 있다. 델리아는 윤리 강령 A.2.b를 위배한 것으로 ACA에 알코트 박사에 대해 보고할 것을 고려중이다. 델리아는 알코트 박사와 8개월 동안 만성적 일반화된 불안으로 치료를 받았다. 알코트 박사와 치료를 시작하기 바로 전에 델리아는 명문대 신문방송학과를 졸업했다. 델리아는 텔레비전 뉴스 기자로서 인생을 시작하기 위해 동부 해안에서 백인 공동체가 있는 서부로 이주했다.

델리아는 멕시코계 미국인 3세로 남부 캘리포니아의 가난한 가정에서 성장했다. 델리아 가족은 그녀가 어렸을 때부터 재능과 지혜가 있음을 인정했다. 그들은 그녀에게 대학 교육을 시키기 위해 그들이 모을 수 있는 모든 돈을 저축했다. 델리아의 가족은 그녀의 성공에 대해 자랑스러워했다. 그녀는 모든 가족 중에 유일하게 대학교를 졸업한 사람이었다. 델리아는 가족과 매우 가까웠고 자기를 위한 가족들의 희생에 대해 감사하고 있다. 그녀는 그녀의 부모가 자녀들에게 좀더 나은 삶을 물려주기 위해 고생하며 민족적 차별을 견뎌야 했던 것에 대해 생각할 때마다 분노가 일었다. 델리아는 그녀의 부모가 했던 굴종을 견디기보다는 이를 만날 때마다 인종주의에 저항할 것을 결심했다.

델리아의 알코트 박사 치료는 그녀의 새로운 직장에서 스트레스로 시달릴 때였다. 한편으로 델리아는 자신의 성공에 대한 확신을 느끼기도 하고 다른 한편으로는 방송인으로서 경쟁적 세계에서 불안과 실패에 대한 느낌이 들기도 했다. 알코트 박사와 진료를 받는 동안 델리아는 그녀의 노력에도 불구하고 동료들에게 배척당하는 것 같은 모호한 사건들을 만나게 되었다. 델리아는 또한 새로운 친구들을 사귀기 어려웠고 매우 외로웠다. 그녀의 가족은 멀리 있었고 그녀의 새로운 직장에서의 의무는 가족을 만나는 것을 방해했다. 행동치료사인 알코트 박사는 그녀가 좀더 직장이나 사회적 상황 속으로 들어가는 전략을 치료에 사용하였다. 델리아의 치료는 6개월 후 그녀가 새로운 행동을 시도해야 하기 때문에 종결한다고 알코트가 제안함으로써 종결되었다.

델리아는 현재 새로운 치료사인 펠리시아 산체스(Felicia Sanchez) 박사와 만나고 있는데, 그녀 또한 남미인 쿠바계 미국인으로, 그녀도 인종적 문화적 정체성을 적극적으로 탐구하는 사람이다. 산체스 박사의 치료를 통해서 델리아는 알코트 박사가 그녀가 직장이나 사회적 상황에서 경험하는 갈등의 핵심이 되는 인종적 사회적 성 문화적 이슈들의 가능성을 탐색하지 않았다는 것을 알게 되었다. 불만 속에서 그녀는 알코트 박사가 인종적 사회적 성 문화의 이슈들을 야기하는 것에 실패했다고 고발하고 있다. 델리아는 알코트 박사가 유색인 내담자를 치료할 능력이 없다고 믿는다. 산체스 박사는 델리아에게 불만의 방향을 결정하기 전에 이런 감정을 탐구하도록 격려하였다.

교실 토론을 위한 질문

1. 알코트 박사가 델리아를 치료할 때 그의 능력을 초과하는 치료를 했나? 그는 자신의 문화적 능력의 주장에 대해 도움이 되는 어떤 경험에 대해 보고해야 하나?
2. 민족적 인종적 정체성이 델리아의 갈등의 핵심에 어떤 방법으로 존재하나? 알코트 박사는 이런 이슈들에 대해 어떻게 말해야 하나?
3. 알코트 박사가 다문화적 상담에 대한 교육과 훈련에 대한 자료를 준비할 수 있다고 가정해보자. 그러면 델리아와의 민족적 이슈들을 탐구하는 데 실패한 것이 어떤 설명이 될까?
4. 만일 알코트 박사가 행동주의적 치료는 사회 문화적 이슈들에 대해 관심을 두지 않고 직접적인 행동 변화에 관심을 둔다고 주장한다면, 그는 임상적으로 잘못에 대해 죄책감을 그래도 갖고 있을까?
5. 당신 역시 행동주의자이고 델리아를 단지 6회기 동안 만난다고 가정해보자. 어떻게 당신은 민족적 인종적 이슈들에 대해 언급할 것인가?

6. 델리아가 이전의 치료에 대해 보고하도록 한 산체스 박사의 윤리적 책임은 무엇인가?
7. 당신은 알코트 박사가 유색인 내담자를 치료할 자격이 없다는 델리아의 주장에 동의하나?

[전문가의 토론]

산드라 로페즈-베즈(Sandra I. Lopez-Baez), Ph. D., NCC, CCMHC, LPCC
샬로츠빌(Charlottesville), 버지니아

나는 상담 교육가 · 임상가 · 조언가 · 대중 연설가로서의 다중적 역할을 하고 있는 정신 건강 상담사다. 위에 주어진 사건을 읽으면서 나의 첫 번째 인상은 알코트 박사의 '행동주의'적 치료가 내담자의 현실과 문화적 맥락을 무시한 접근이라는 것이었다. 그러한 접근은 맥락적 다양함을 배제한 표현된 증상학을 강조하는 것이다. 내담자의 문화적 맥락은 이 사례에서 중요한데, 그 이유는 이 사례에서 불안이 동료들과의 과정 없이 일어나고 있는 증상에 대한 정보를 제공하기 때문이다. 만약 알코트 박사가 델리아의 문화적 배경과 현재 삶의 상황을 치료에서 고려할 것을 포함했더라면, 이 내담자의 불안은 적응 불가능한 '만성적 일반화된 불안'이라기보다 적응 가능한 문화 적응 스트레스의 결과물로 여겨질 수 있었다. 여기서 질문이 야기되는데, 행동주의는 문화 적응 스트레스를 위한 적절한 치료가 되지 못하며 이 사례에 타당하지 않은가?

알코트 박사의 접근이 델리아의 정신 건강 체계와 치료적 서비스에 관한 지식과 이해를 고려하는 데 실패하였다. 이러한 '심리학적 관심(psychological mindedness)'(Garcia & Zea, 1997)에 대한 결핍이 치료에 방해가 된다. 내담자의 지식과 치료적 관계에 대한 기대 그리고 과정은 치료자에게 일어나지 않았다. 치료자가 자신의 역할로 인식한 것은 내담자의 치료자에 대한 역할의 부분이 아니다. 한 예가, 만일 델리아가 '적절한 역할' 행동으로서 알코트 박사의 조언을 기대한다면, 그녀는 증상을 경감하는 접근보다는 그의 치료 방법을 조언으로서 잘못 취급하는 것이다. 슈 & 슈(1999)는 이런 이슈들에 대해 언급하기를, "치료자의 책임감은 소수자인 내담자의 도움을 위한 심리학적 상황이나 틀에 의존한다." 따라서 내담자의 상황을 이해함은 소수자인 내담자의 치료적 서비스를 주는 데 적극적이다. 알코트 박사의 치료 선택이 중요한 것은 그것이 미즈 델리아의 문화적인 연계 안의 개인으로서 상황을 온전히 이해하는 데 실패한 것을 설명하기 때문이며, 그 속에서 불안은 병리학적 존재이기보다는 정상적인 결과물이 된다.

내담자 이야기

델리아 양의 이야기를 듣기 위해 '문화적인 귀'를 사용할 때, 'etic / emic' 모델은 적절한 것 같다. 이 모델은 다른 집단의 문화적 규범을 관찰하고 연구하기 위한 틀을 제공한다. 내부자적(-emic) 접근은 그 문화 안의 내부로부터 단지 한 문화의 행동을 관찰하고 집단 구성원이 무엇을 중요한 것으로 지정하는지만 고려한다. 역으로 외부자적(-etic) 접근은 문화를 특정 십단이나 체계의 외부로부터 연구하는데, 이는 행동의 외적 측면만 고려하기 때문이다. 이런 모델은 내담자의 증상들이 드러나는 맥락이 증상 자체가 치료자에게 말하는 것만큼 중요한 것이라는 언급을 지지한다. 푸에르토리코 여성으로서 정신 건강 상담을 하면서 나는 델리아가 속한 멕시코 미국인의 라틴, 스페인계 집단의 일부다. 나의 민족적 / 인종적 정체성은 내가 누구이고 인간으로서 전문인으로서 누구인지 통합한다. 치료자로서 나는 나의 내담자들의 삶의 다양한 타당한 측면을 탐구한다. 이 과정은 그들의 민족적 / 인종적 정체성, 문화 섭변(acculturation) 그리고 수류 문화에 대한 적응의 평가를 포함한다. 이런 변인들은 내담자의 지지 체계(가족 · 친구들 · 교회)에 영향을 미치고 그들의 증후군들에 요인을 제공할 수도 있다.

문화에 초점을 둘 때 내담자의 이야기는 새로운 의미를 갖는다. 이야기들은 내담자가 억압과 차별에 어떻게 적응하고 두 문화가 겹치는 곳에서 힘이 들며 새로운 환경에 좀더 잘 적응하가 위해 자신의 신념 체계를 수정할지에 대한 설명을 담고 있을 것이다. 내담자의 새로운 문화에 대한 적응은 치료자들이 자주 간과하고 있다. 이는 많은 내담자들에게 결핍된 기본적 기술을 요구하는 과도기다. 이 과정은 직장과 가정에서 동시에 작용하는 새로운 환경의 무언의 규칙 속에 있는 습득되는 성찰을 요구한다. '순진한(naive)' 관찰자에게 이 과정은 소수자들을 억압할 수 있는 주류 문화 집단에 의해 요구되는 적응보다는 임상적 의미가 있는 것으로 여겨질 것이다.

문화적 고려사항들

알코트 박사는 델리아 양에게 그녀가 치료에서 해결하려는 기대와 방문의 목적 그리고 얼마나 그것들이 연결되어 있는지에 대한 정보가 무엇인지를 묻는 데 실패하였는데 이는 의미심장하다. 그런 정보는 치료자에게 내담자의 역할 기대에 대한 성찰을 준다. 치료에서의 과거 경험과 가족 배경, 민족과 인종적 문화적 정체성에 대한 질문들은 내담자의 세계관을 이해하는 데 필수적이다. 세계관은 개인적 가치와 신념, 감정 그리고 행동에 스며들어 있고 치료적 관계가 형성할 목표를 구성한다. 더 나아가서 치료자는 또한 그 자신의 세계관에 의해 결정된 일련의 가설들을 갖고 있다. 내담자 치료자 세계관의 지향에서의 차이와 공통성은 소수자 내담자 경험에 적합한 치료 계획을 만들기 위해 필요한 깊이를 제공한다.

로드리게츠의 사례는 세계관의 다양함을 언급하는 데 실패함이 치료적 관계의 발전의 결핍을 얼마나 야기하는지 보여준다. 행동주의는 그 단순한 형태로 모든 행동이 조건적인 반응을 통해 학습되고 새로운 행동 연습을 통해 탈학습할 수 있다는 가정을 한다. 내담자에게는 오늘날 세계에서 억압적 사회 정치적 현실을 무시하는 내담자에게 (치료자에 의한) 예상된 통제의 요소가 있다. 로드리게츠가 당한 배척의 이야기는, 동료나 직장 환경에서 결핍된 지지 그리고 대가족의 지원을 받을 수 없이 왕따가 된 것은 그녀가 새로운 환경에 이주함으로 인해 야기된 일련의 문제들에 의해 이루어졌다. 이러한 그녀 삶에서의 '균형 파괴'는 스트레스와 불안을 일으켰고 이는 문화 변용의 과정에 의해 야기된 것으로 새로운 균형과 조화의 결과가 되었다. 로드리게츠가 그녀의 문화적 안주를 돕고 격려한 적절한 지지 체계를 발견할 때, 그녀의 증상은 행동으로 이 과정을 보여준다.

새로운 치료자 산체스(Sanchez) 박사는 부수적 증상으로 문화적인 안주 과정을 인식한다. 증상을 만드는 이슈들을 활발하게 탐색함으로써, 좀더 높은 단계의 적응이 획득된다. 따라서 증상들은 가라앉거나 사라진다. 치료자가 이 과정을 이해하기 위해 '민족적(ethnic)'일 필요가 있는 것이 아니라 다소 민족 문화적 변수들과 연령, 사회적 성 그리고 내담자와 치료자 사이에 존재하는 차이에 대한 자각이 필요하다는 것이 저자의 믿음이다. 이 정보는 적절한 슈퍼비전과 훈련을 통해 달성될 수 있다.

윤리적 관심들

알코트 박사에 의한 행동적 이론과 개입의 사용은 내담자들의 개인적 차이, 특히 그들의 문화적 배경이나 정체성을 고려하는 데 실패한다. 이것은 윤리의 모든 강령들로 승인된 선행의 원리와 갈등 속에 있다. 이 원리는 ACA 윤리 강령(1995), 즉 '상담사의 일차적 책임은 내담자의 복지 증진과 위신을 존중하는 것이다'(A.1.a항)는 언급에 대한 성찰이다. 행동적 개입의 사용은 내담자의 문화적 배경과 배제의 배경적 이야기를 설명하는 데 실패한다. 더욱이 A.2.b항의 '차이를 존중하기'는 상담사들이 '그들과 작업하는 내담자들의 다양한 문화적 배경을 이해'할 것을 조언한다. 알코트 박사의 상담 이론으로 행동주의 선택은 치료 계획에 그러한 지식을 적용하고 문화적 차이에 대해 인식해야 하는 것을 면제하는 하는 것이다.

바루스(Baruth)와 매닝(Manning)(1999)에 의하면, 모든 문화의 사람들은 그들 자신의 변화(autoplastic approach)와 환경을 변화시키는 것(alloplastic approach)이거나 또는 이 둘을 조합하는 것으로 그들의 환경에 적응한다. 이런 접근은 다문화적 심리치료나 상담이 내담자가 환경을 변화하도록 돕는 것에 반하여 내담자의 변화를 지향하는 범위에 대한 관심을 갖는 질문을 한다. 내담자가 억압적 환경에 적응하는 것을 돕는 일이 건강한 것인가? 그것이 그들의 최선의 이익이 되나?

로드리게츠의 '내담자로서의 권리'는 '내담자에게 노출(Disclosure to Clients)'의 항인 ACA(1995) 윤리 강령의 A.3.a.항에 언급된 것이다. 이 강령의 항은 상담사가 상담 서비스의 목적와 목표, 기술, 과정과 한계를 내담자에게 알리는 것을 말한다. 이런 요구 사항은 치료를 위해 '동의를 위해 알려진 것'을 제공하기 위해 상담 과정의 내담자 이해를 촉진한다. 이는 로드리게츠가 과정이나 사용된 기술 그리고 특별히 알코트 박사가 그녀의 문화적 배경에 대한 지식과 이해를 갖고 있는지 여부를 이해한다는 것은 중요하다. 그렇지 않으면 그녀의 승인은 과정에 대한 잘못된 지식에 근거한다.

ACA(1995)의 윤리 강령 E.5.b항은 상담사의 문화적 민감성을 언급한다. 이것은 특히 '상담사들은 문화가 내담자의 문제가 정의되는 태도에 영향을 미친다는 것을 인식한다.' 이것은 내담자 문제를 조언할 진단과 치료에 영향을 미치는 중요한 변수로서 내담자의 사회 경제적, 문화적 경험을 포함한다.

단일 문화적 그리고 다문화적 관점들

정신 건강 임상가들은 내담자의 세계관뿐 아니라 그들 자신의 세계관을 형성하는 사회 정치적 역동성을 인식하게 된다. 이것은 다원 사회에서 다중적 세계관이 공존한다는 인정이 중요한다. 단일 문화적 세계관을 지지하는 치료자의 위험은 그들이 '문화적으로 폐쇄적'이고 '이론에 얽매여 있다'는 것이다. 보호는 그 속에서 개인들은 다양한 가치들과 관점들을 항해하는 다원적 현실을 부정하는 것이다. '이론에 근거한' 관점에서는 단지 하나의 이론이나 일련의 기술들이 모든 내담자들에게 개인적 차이를 무시하고 적용된다. 이러한 선택은 모든 내담자들에게 그들의 차이나 다양성을 무시하게 된다.

인종적이고 문화적인 역동성은 조력 과정에 있고 그리고 그것이 무시될 때 잘못된 진단과 혼란 그리고 편견의 강화를 하게 되어 내담자에게 부가적인 고통이 된다. 억압에서 생존하기 위한 소수자인 내담자에게 그들은 그들의 유약함을 약화시키기 위해 다른 사람들의 모호하거나 더러운 인종 편견적 태도를 식별하는 방법을 배워야 한다. 치료자에 의해 제대로 이해되지 않을 때, 그런 행동은 극도의 경계나 방어 그리고 편집증이라고 까지 잘못 명명될 수 있다. 다양한 내담자와 작업하는 훈련의 결핍은 단일문화주의에 대한 언급과 주류 문화에 의해 강화된 가치들의 보편성에 대한 가정을 강화한다.

민족 중심적 단일문화주의는 다원 사회에서 역기능적이다(Sue & Sue, 1999). 정신건강 전문가들은 가치와 한계 그리고 한 집단이 다른 집단보다 우월하고 주류 집단이 모든 사람에게 자신의 기준을 강요하려 하는 보편성에 대한 언급 아래 조직적인 억압을 용서하는 것이 '이슈가 아닌' 것이라는 신념의 가설을 해체해야 한다.

상담 전문직은 우리에게 다양한 사회에서 서비스를 받기 위해 요구되는 지식과 이해를 갖추도록 책임을 부여한다. 상담사가 다문화적인 자각을 갖는 것은 개인적 성장과 현존하는 다양한 세계관을 이해할 공간을 위한 자기 '확장'의 형태를 요구한다. 선형적이고 양분적인 위계적 세계관은 단순히 접근 가능한 다중의 가능성 중의 하나다. 우리는 이 도전을 만드는 전문가다.

적합한 행동을 위한 선택들
Alcott 박사는 소수자 내담자와 작업하기 위해 훈련과 수퍼비전이 필요하다. 비록 치료적 접근이 어떤 문제에 효율적일지라도, 내담자가 가지고 온 모든 문제에 보편적으로 적용 가능한 것은 아니다. 더욱이 문화와 인종이 진단의 과정과 치료 계획에 어떻게 영향을 미치는지 이해하는 것은 효율적 치료적 과정으로 필요하다. ACA 윤리강령을 안내하는 보편적 원리들은 자율성, 유해하지 않음, 선행, 정의 그리고 충실을 포함한다. 이런 원리들은 상담사들에게 그들의 내담자들에 대한 돌봄의 가장 높은 기준을 제공할 책임이 있다. 이를 달성하기 위해 상담사들은 내담자들이 당면한 도전과 현재의 사회적 상황에 대한 지식이 있어야 한다.
미국 사회가 더욱 다원적이 되어감에 따라 상담사들은 증가하는 다양한 내담자들에게 서비스를 제공해야 한다. 따라서 상담사들은 효율적 치료 서비스를 제공할 필요한 지식과 정보를 찾아야 한다. Asa Hilliard(1984)는 이런 상태를 다음과 같이 가장 잘 요약을 했다. "문화적 민감성은 전문적 능력의 선행조건이다. 이것은 단순히 공평의 이슈만은 아니다"(p.20). 내담자의 문화적 이슈에 대한 이해와 민감성은 직접적으로 윤리적 서비스 제공에 연관되어 있다.

윤리적 딜레마 2

매리베스 돈놀란(Marybeth Donnolan) 박사는 백인 여성 심리학자로 부부와 연관된 이슈의 전문가다. 부부와 작업하는 그녀의 접근은 각 배우자의 감정과 소망이 고려되고 의사 소통되는 동등한 역할이 성공적인 관계의 핵심이라는 원리에 근거한다. 돈놀란 박사는 모든 문화가 그녀의 철학을 공유하는 것이 아니라는 것을 인식한다. 그녀는 배우자 사이의 위계적 관계가 있는 문화 출신인 부부들에게 이것을 실천하게 하고 있다.

지난 여러 해 동안 돈놀란 박사의 치료는 현재 증가하고 있는 돌봄을 포함해서 정신 건강 임상의 장 안의 일반적 변화에 부정적인 영향을 주기 시작했다. 또한 그녀의 진료실이 있는 공동체는 최근에 동유럽인들과 아시아 이민자가 매우 많이 유입되고 있다. 돈놀란 박사는 자신의 임상을 다문화적 상담의 영역으로 확장시키기로 결정했다. 그녀는 다문화 상담에서 슈퍼비전을 찾거나 좀더 교육을 받으려고 시도하거나 시간을 내지도 않았다. 그녀는 다문화 상담의 과정으로 구성된 그녀의 대학원 교육으로 다수의 범주에 속한 내담자들과 작업하는 데 자신이 잘 준비되어 있다고 느꼈다. 더욱이 그녀는 그녀의 공동체에 살고 있는 민족들 중에는 전문가인 슈퍼바이저들이나 훈련을 받을 기회가 없다는 것을 알고 있다. 돈놀란 박사는 그녀의 영역에서 많은 임상가의 특별한 슈퍼비전이나 훈련 없이 다른 문화의 내담자들을 정규적으로 본다는 것을 알고 있다. 그녀는 그녀의 새로운 내담자들을 위한 준비로 다른 문화적 집단의 패턴과 규범에 대해 저널의 기사나 책을 읽기로 결정한다. 그녀는 부부 문제 전문가로서의 그녀 경력이 타민족 내담자와 작업하기 위한 강한 근거가 된다고 확신한다.

교실 토론을 위한 질문들

1. 어떤 종류의 훈련이나 교육이 다양한 민족이나 인종과 작업하는 임상가들에게 요구되나? 돈놀란 박사의 훈련이 이 요구들을 가능하게 하나?
2. 능력이 있는 임상의 한 척도는 공동체 기준과 일치한다. 이 영역에서 다른 임상가들이 특별한 훈련 없이 민족적으로 다양한 내담자들을 치료한다는 사실이 그녀가 받은 훈련이 충분하다는 그녀의 주장을 지지할까?
3. 돈놀란 박사가 그녀의 전문적 민족 위원회의 추가적인 훈련이나 슈퍼비전을 받지 않는 것에 대한 그녀의 결정을 확인하기로 결정하였다고 가정해보자. 만일 당신이 그 위원회에 앉아 있다면, 당신은 그녀에게 어떻게 조언할 것인가?

윤리적 딜레마 3

흑인인 배리 샌더슨(Barry Sanderson) 씨는 청소년의 불안을 다루는 전문 임상 사회복지사다. 스콧(Scott)은 열여덟 살인 고등학생으로 배리에게 그의 성적 정체성에 대한 극도의 불안한 감정에 도움을 받고자 왔다. 스콧은 여자에게 관심이 없었고 최근에는 그의 또래인 탐(Tom)을 만났는데 그에게 매우 매혹적인 감정을 느꼈다. 그는 탐에게 접근하고 싶으나 그가 '다른 남자를 선택'하려고 시도한 적이 없기 때문에 불안하다. 스콧은 탐이 동성애자인지도 모르고 만일 그가 동성애자라면, 탐이 그와 같이 데이트를 하려고 할지 안 할지 알지 못한다. 스콧의 또 다른 관심은 백인인 탐이 흑인인 스콧과 다른 인종 간 관계를 허용할지에 대한 것이다. 스콧의 불안은 지난 몇 주간 매우 커져서 그는 집중하는 데 어려움을 겪게 되고 학습에 지장을 받는 정도가 되었다. 그는 또한 몸무게도 줄고 수면 장애도 생겼다. 스콧은 다른 소년과 사랑에 빠졌다는 것을 부모에게 말하지 않았는데, 그 이유는 그들의 반응이 두려웠기 때문이었다. 사실 스콧은 그의 감정에 대해 누구에게도 말하지 않았다.

스콧은 배리를 만나고 나서 마침내 누군가에게 말할 기회를 가졌다는 것에 안도한다. 배리는 스콧의 이야기를 듣고 스콧과 그의 동성애 감정을 공유하면서 그와 함께 작업할 수 있을지 자신의 능력에 대해 의심이 들었다. 배리는 전에 동성애자와 작업한 적이 없었고 동성애에 대해 마음이 편하지 않았다. 그는 그의 전문적 윤리가 성적 지향의 편견에 대한 차별을 용서하지 않고 있고, 그래서 그가 스콧을 동성애자이기 때문에 다른 사람에게 보낸다면 윤리적인 폭력이 될까봐 걱정한다. 배리는 스콧의 불안을 조절하는 것을 도울 수 있다고 확신하지만,

그 자신의 동성애 혐오가 그들 모두에게 문제가 될 것이라는 두려움이 있다. 스콧은 배리에게 그가 배리를 선택한 주요한 이유 중 하나는 배리가 단지 흑인 치료자이기 때문이라고 말한다. 인종적 이슈가 스콧의 관심에 있기 때문에 그는 배리가 이러한 이슈들을 구별하는 것을 도울 완벽한 사람이라고 생각했다.

교실 토론을 위한 질문들

1. 스콧을 윤리적으로 치료하기 위한 배리의 선택은 무엇인가?
2. 당신은 인종에만 기초한 면에서 당신과 내담자가 불편해하는 것에 어떻게 대응할 것인가? 당신이 내담자를 다룰 전문성을 갖고 있을 때 인종적으로 유사한 치료자를 요구하는 내담자를 어떻게 취급할 것인가?
3. 치료자가 내담자가 가진 이슈에 대한 깊은 편견을 보유한 경우 치료자의 윤리적 책임은 무엇인가?

교실 연습

1. 당신과 다른 인종 집단, 사회적 성 또는 성적 지향의 치료자를 내담자가 요구하는 상황에서의 역할극을 하시오. 적당한 치료자가 없고 당신이 그 내담자를 치료할 것이라고 가정하라.
2. 소집단에서 만일 당신이 거의 경험이 없지만 경험을 얻고 싶은 욕망이 있는 분야의 문제를 가진 누군가를 치료할 기회를 갖게 된 경우 취한 단계들에 대해 설명하시오. 그런 내담자를 치료할 결정을 하는 윤리적 위원회에 당신은 어떻게 확신을 줄 것인가? 교실에서 당신의 소집단 토론을 공유하라.
3. 그들의 준비와 훈련에 대해 지역 다문화 전문가를 인터뷰하시오. 그들 훈련에서 가장 도움이 되는 측면이라고 고려되는

것이 무엇인지 질문하시오.

핵심 요점

상담사들에게 다문화 상담 능력을 드러내기 위해 필요한 것은 모든 정신 건강 윤리 강령에서 경시되고 있다. 그러나 다문화적 능력을 구성하여 윤리적 다문화 임상의 특성을 나타내는 훈련 프로그램에서 고려할 수 있는 차이가 있다. 사회 문화적 현상에 대한 지식을 고려하는 국가적 자격 요구와 문화적 능력에 대한 안내나 정의가 표현되어 있음에도 불구하고, 임상가의 문화적 능력의 수준들은 매우 다양하고 결과적으로 훈련과는 일치하지 않을 수 있다. 비윤리적으로 치료하는 위험은 다문화적 훈련에서 규준 결핍으로 나타나는 전문적 환경 속에서 확실히 존재한다. 따라서 임상가들이 언급해야 할 요점들은 다음과 같다.

- 문화적으로 다른 내담자의 범주와 전문적 능력을 증진시킬 그들의 헌신적 노력.
- 문화적 능력을 확장하기 위한 전략을 확인하기.
- 교육이나 훈련이 윤리적 다문화적 임상을 위한 충분한 기초를 제공하는지 여부.
- 문화적 차이에 대한 교육과 훈련 그리고 세계관이 그들에게 유사하지 않은 문화 출신인 내담자를 치료하는 능력을 제공하는지 또는 그들의 윤리적 책임이 제공되어야 하는지를 그들이 어떻게 알 것인지에 대해 숙고하기.

□참고 문헌

American Counseling Association. (1995). *Code of ethics and standards of practice.* Alexandria, VA : Author.

American Psychological Association. (1995). Guidelines for providers of psychological services to ethnic, linguistic and culturally diverse populations. *American Psychologist*, 48(1), 45-48.

American Psychological Association. (2002). Ethical principles of psychologists and code of conduct. Washington, DC : Author. Available on the World Wide Web at : www.apa.org.ethics.

American Psychological Association. (1992). *Ethical principles of psychologists and code of conduct.* Washington, DC : Author.

Arredondo, P. A., & Arciniega, G. M. (2001). Strategies and techniques for counselor training based on the multicultural counseling competencies. *Journal of Multicultural Counseling and Development*, 29(4), 263-273.

Arredondo, P., Toporek, R., Brown, S., Jones, J., Locke, D. C., Sanchez, J., & Stadler, H. (1996). *Operationalization of the multicultural counseling competencies.* Alexandria, VA : American Counseling Association.

Barret, B., & Logan, C. (2002). *Counseling gay men and lesbians : A practice primer*. Pacific Grove, CA : Brooks / Cole.

Baruth, L. G., & Manning, M. L. (1999). *Multicultural counseling and psychotherapy : A lifestyle*. Upper Saddle River, NJ : Merrill.

Basic Behavior Science Task Force of the National Advisory Mental Health Council. (1996). Basic behavior science research for mental health : Sociocultural and environmental processes. *American Psychologist*, 51, 722-731.

Bernal, M. E., & Castro, F. G. (1994). Are clinical psychologists prepared for service and research with ethnic minorities? *American Psychologist*, 37, 780-787.

Bernard, J. M., & Goodyear, R. K. (1998). *Fundamentals of clinical supervision* (2nd ed.). Boston, MA : Allyn & Bacon.

Bohan, J. (1996). *Psychology and sexual orientation : Coming to terms*. New York : Routledge.

Brown, L. S., & Root, M. P. P. (Eds.). (1990). *Diversity and complexity in feminist therapy*. New York : Harrington Park.

Brown, S. P., & Parham, T. A., & Yonker, R. (1996). Influence of a cross-cultural training course on racial identity attitudes of White females and males : A preliminary perspective. *Journal of Counseling and Development*, 74(5), 510-516.

Buhrke, R. A. (1989). Incorporation of lesbian and gay issues into counseling training : A resource guide. *Journal of Counseling and Development*, 68, 77-80.

Buhrke, R. A., & Douce, L. (1991). Training issues for counseling psychologists in working with lesbian women and gay men. *The Counseling Psychologist*, 19, 216-234.

Casas, J. M. (1984). Policy, training, and research in counseling psychology. The racial / ethnic minority perspective. In S. D. Brown & R. W. Lent (Eds.), *Handbook of counseling psychology* (pp.785-831). New York : John Wiley.

Cass, V. C. (1990). The implications of homosexual identity formation for the Kinsey model and scale of sexual preference. In D. P. McWirther, S. A. Sanders, & J. M. Reinisch (Eds.), *Homosexuality / heterosexuality :*

The Kinsey scale and current research (pp.239–266). New York : Oxford University Press.

Collins, P. H. (1990). *Black feminist thought : Knowledge, consciousness, and the politics of empowerment.* New York : Routledge.

Comas-Diaz, L., & Greene, B. (Eds.). (1994). *Women of color : Integrating ethnic and gender identities in psychotherapy.* New York : Guillford.

Corey, G., Corey, M., & Callanan, P. (1993). *Issues and ethics in the helping profession* (4th ed.). Pacific Grove, CA : Brooks / Cole.

Coser, L. (1956). *The functions of social conflict.* New York : Free Press.

Cross, T. L. (1988, Summer). Services to minority populations : What does it mean to be a culturally competent professional? *Focal Point.* Portland, OR : Portland State University, Research and Training Center.

Cross, W. E. (1991). *Shades of black.* Philadelphia : Temple University Press.

Cross, W. E., Parham, T. A., & Heck, R. (1991). In R. L. Jones (Ed.), *Black Psychology* (pp.319–338). Berkeley, CA : Cobb & Henry.

D'Andrea, M., Daniels, J., & Heck, R. (1991). Evaluating the impact of multicultural counseling training. *Journal of Counseling and Development,* 70, 143–150.

D'Augelli, A. R., & Hershberger, S. L. (1993). Lesbian, gay and bisexual youth in community setting : Personal challenges and mental health problems. *American Journal of Community Psychology,* 21. 1–28.

Diaz-Lazaro, C. M., & Cohen, B. B. (2001). Cross-cultural contact in counselor training. *Journal of Multicultural Counseling and Development,* 29(1), 41–56.

Downing, N. E., & Roush, K. L. (1985). Passive acceptance to active commitment : A model of feminist identity development for women. *Counseling Psychologist,* 13, 695–709.

Espin, O. M. (1987). Issues of identity in the psychology of Latina lesbians. In the Boston Lesbian Psychologies Collective (Eds.), *Lesbian psychologies : Explorations and challenges* (pp.35–56). Chicago : University of Illinois Press.

Estrada, D., Frame, M. W., & Williams, C. B. (2002). *Journal of Multicultural Counseling and Development.* Submitted for publication.

Garcia, J. G., & Zea, M. C. (Eds.). (1997). *Psychological interventions and research with Latino populations.* Boston : Allyn & Bacon.

Goodyear, R. K., & Guzardo, C. R. (2000). Psychotherapy supervision and training. In S. D. Brown & R. W. Lent (Eds.), *Handbook of counseling psychology* (3rd. ed., pp.83-108). New York : John Wiley.

Green, B. (1994). Lesbian women of color : Triple jeopardy. In L. Comas-Diaz & B. Greene (Eds.), *Women of Color : Integrating ethnic and gender identities in psychotherapy.* New York : Guilford.

Green, B. (1997). Ethnic minority lesbians and gay men : Mental health and treatment issues. In B. Greene (Ed.), *Ethnic and cultural diversity among lesbians and gay men.* New York : Guilford.

Hardiman, R. (2001). Reflections on White identity development theory. In C. L. Wijeyesinghe & B. W. Jackson III (Eds.), *New perspectives on racial identity development : A theoretical and practical anthology* (pp.108-128). New York : New York University Press.

Helms, J. E. (Ed.). (1990). *Black and white racial identity : Theory, research, and practice.* Westport, CT : Greenwood Press.

Helms, J. E., & Cook, D. A. (1999). *Using race and culture in counseling and psychotherapy : Theory and process.* Needham Heights, MA : Allyn & Bacon.

Herlihy, B., & Corey, G. (1996). *ACA ethical standards casebook.* Alexandria, VA : American Counseling Association.

Hershberger, S. L., & D'Augelli, A. R. (2000). Issues in counseling lesbian, gay, and bisexual adolescents. In R. N. Perez, K. A. Debord, & K. J. Bieschke (Eds.), *Handbook of counseling and psychotherapy with lesbian, gay, and bisexual clients.* Washington, DC : American Psychological Association.

Hilliard, Asa. (1985). Multicultural dimensions of counseling and human development in an age of technology. *Journal of Non-White Concerns in Personnel and Guidance,* 13, 17-27.

Ibrahim, F. A., & Arredondo, P. M. (1986). Ethical standards for cross-cultural counseling : Counselor preparation, practice, assessment, and research. *Journal of Counseling and Development*, 64, 349-352.

Ibrahim, F. A., & Kahn, H. (1987). Assessment of worldviews. *Psychological Reports*, 60, 163-176.

Ivey, A. E. (1987). Reaction : Cultural intentionality : The core of effective helping. *Counselor Education and Supervision*, 26, 168-172.

Ivey, A. E., Ivey, M. B., Simek-Morgan, L. (1997) *Counseling and Psychotherapy : A multicultural perspective*. Needham Heights, MA : Allyn & Bacon.

Ivey, A. E., Pedersen, P. B., & Ivey, M. B. (2001). *Intentional group counseling : A microskills approach*. Belmont, CA : Wadsworth.

Jackson, B. W., III. (2001). Black identity development : Further analysis and elaboration. In C. L. Wijeyesinghe & B. W. Jackson III (Eds.), *New perspectives on racial identity development : A theoretical and practical anthology* (pp.8-31). New York : New York University Press.

Jordan, A. E., & Meara, N. M. (1990). Ethics and the professional practice of psychologists : The role of virtues and principles. *Professional Psychology : Research and Practice*, 21(2), 107-114.

Kitchner, K. S. (1984). Intuition, critical evaluation and ethical principles : The foundation for ethical decisions in counseling psychology. *The Counseling Psychologist*, 12, 43-55.

Kluckhohn, F., & Strodbeck, F. (1961). *Variation in value orientation*. Evanston, IL : Row Pedersen.

LaFromboise, T. D., Foster, S., & James, A. (1995). Ethics in multicultural counseling. In P. B. Pedersen, J. G. Draguns, W. J. Lonner, & J. E. Trimble (Eds.), *Counseling across cultures* (4th ed., pp.47-72). Thousand Oaks, CA : Sage.

Landrine, H. (Ed.). (1995). *Bringing cultural diversity to feminist psychology : Theory, research, and practice*. Washington, DC : American Psychological Association.

Lappin, J., & Hardy, K. V. (1997). Keeping context in view : The heart of supervision. In T. C. Todd & C. L. Storm (Eds.), *The complete systemic supervisor : context, philosophy, and pragmatics* (pp.41-58). Boston : Allyn & Bacon.

Lee, C. C. (1997). The promise and pitfalls of multicultural counseling. In C. C. Lee (Ed.), *Multicultural issues in counseling : New approaches to diversity*. Alexandria, VA : American Counseling Association.

Leventhal, G. S. (1979). Effects of external conflict on resource allocation and fairness within groups and organizations. In W. G. Austen & S. Worchel (Eds.), *The social psychology of intergroup relations*. Monterey, CA : Brooks / Cole.

Lloyd, A. (1987). Stimulus paper : Multicultural counseling : Does it belong in a counselor education program? *Counselor Education and Supervision*, 26, 164-167.

Logan, C. R. (1996). Homophobia? No, Homoprejudice. *The Journal of Homosexuality*, 31(3), 31-53.

MacDonald, C. (2001, November). *A guide to moral decision making*. Retrieved December 13, 2001, from the World Wide Web at : http//http://www.ethics.ubc.ca/chrismac/publications/guide.html.

McClintock, M. K., & Herdt, G, (1996). Rethinking puberty : The development of sexual attraction. *Current Directions in Psychological Science*, 5, 178-183.

Metra, R. J., Stringham, E. M., & Ponterotto, J. G. (1988). Simulating culture shock in counseling trainees : An experiential exercise for cross-cultural training. *Journal of Counseling and Development*, 66, 242-245.

Mio, J. S. (1989). Experiential involvement as an adjunct to teaching cultural sensitivity. *Journal of Multicultural Counseling and Development*, 17, 38-46.

Mio, J. S., & Iwamasa, G. (1993). To do, or not to do : That is the question for White cross-cultural researchers. *The Counseling Psychologist*, 21, 197-212.

Mio, J. S., & Morris, D. R. (1990). Cross-cultural issues in psychology training programs : An invitation for discussion. *Professional Psychology : Research and Practice*, 21, 234-241.

National Association of Social Workers. (1996). *Code of ethics.* Washington, DC : Author.

O'Byrne, K., & Rosenberg, J. I. (1998). The practice of supervision : A sociocultural perspective. *Counselor Education and Supervision*, 38, 34-42.

Opotow, S. (1990). Moral exclusion and injustice. An introduction. *Journal of Social Issues*, 46, 1-20.

Pack-Brown, S. P., Whittington-Clark, L. E., & Parker, W. M. (1998). *Images of me : A guide to group work with African-American women.* Framingham : Microtraining Associates.

Pack-Brown, S. P., Williams, C. B. (2000). To discriminate or not to discriminate : Culture and ethics. *Counseling Today.* Alexandria, VA : American Counseling Association.

Padilla, S. (1994). *A natural education : Native American ideas and thoughts.* Summertown, TN : Book.

Parham, T. A. (1989). Cycles of psychological Nigrescence. *The Counseling Psychologist*, 17, 187-226.

Parham, T. A. (1993). Reaction : White researchers conducting multicultural counseling research : Can their efforts be "Mo Betta"? *The Counseling Psychologist*, 21, 250-256.

Parker, W. M. (1987). Reaction : Flexibility : A primer for multicultural counseling. *Counselor Education and Supervision*, 26, 176-180.

Pedersen, P. (1987). Ten frequent assumptions of cultural bias in counseling. *Journal of Multicultural Counseling and Development*, 16-24.

Pedersen, P. (1988). *A handbook for developing multicultural awareness. Alexandria,* VA : AACD.

Pedersen, P. (1995). *A handbook for developing multicultural awareness. Alexandria,* VA : American Counseling Association.

Pedersen, P. B. (1997a). The cultural context of the American Counseling Association Code of Ethics. *Journal of Counseling & Development*, 76, 16-24.

Pedersen, P. B. (1997b, July). The positive consequences of a culturalcentered perspective. *Counseling Today*, 40(1), 20.

Pedersen, P. B. (1998). *Multiculturalism as a fourth force*. Philadelphia : Brunner / Mazel.

Pedersen, P. B. (2000). *A handbook for developing multicultural awareness* (3rd ed.). Alexandria, VA : American Counseling Association.

Pedersen, P. B., & Hernandez, D. (1997). *Decisional dialogues in a cultural context*. Thousand Oaks, CA : Sage.

Ponterotto, J. G., & Pedersen, P. B. (1993). *Preventing prejudice : A guide for counselors and educators*. Newbury Park, CA : Sage.

Remley, T. P., & Herlihy, B. (2001). Ethical, legal, and professional issues in counseling. *Upper Saddle River*, NJ : Merrill / Prentice Hall.

Ridley, C. R. (1995). *Overcoming unintentional racism in counseling and therapy : A practitioner's guide to intentional intervention*. Thousand Oaks, CA : Sage.

Robinson, T. L., & Howard-Hamilton, M. R. (2000). *The convergence of race, ethnicity, and gender. Multiple identities in counseling*. Upper Saddle River. NJ : Prentice Hall.

Rowe, W., Bennett, S. K., & Atkinson, D. R. (1994). White racial identity models : A critique and alternative proposal. *The Counseling Psychologist*, 23, 364-367.

Staub, E. (1987). *Moral exclusion and extreme destructiveness : Personal goal theory, differential evaluation, moral equilibrium and steps along the continuum of destruction*. Paper presented at American Psychological Association meeting, New York.

Steinman, S. O., Richardson, N. F., & McEnroe, T. (1998). *The ethical decision-making manual for helping professionals*. Pacific Grove, CA : Brooks / Cole.

Sue, D. W. (1995). Multicultural organizational development : Implications for the counseling profession. In J. G. Ponterotto, J. M. Casas, L. A. Suzuki. & C. M. Alexander (Eds.), *Handbook of multicultural counseling* (pp.474-492). Thousand Oaks, CA : Sage.

Sue, D. W., & Sue, D. (1999). *Counseling the culturally different : Theory and practice* (3rd ed.), New York : John Wiley.

Sue, D. W., Arredondo, P., & McDavis, R. J. (1992). Multicultural counseling competencies and standards : A call to the profession. *Journal of Counseling & Development*, 70, 477-486.

Sue, S. (1991). Ethnicity and culture in psychological research and practice. In J. D. Goodchilds (Ed.), *Psychological perspectives on human diversity in America* (pp.51-85). Washington DC : American Psychological Association.

Sue, S., & Zane, N. (1987). The role of culture and cultural techniques in psychotherapy. A critique and reformulation. *American Psychologist*, 42, 37-45.

Sue, S., (1999). Science, ethnicity and bias : Where have we gone wrong? *American Psychologist*, 54(2), 1070-1077.

Thompson, A. (1990). *Guide to ethical practice in psychotherapy*. New York : Wiley Interscience.

Welfel, E. R. (1998). *Ethics in counseling and psychotherapy : Standards, research, and emerging issues*. Pacific Grove, CA : Brooks / Cole.

Wijeyesinghe, C. L. (2001). In C. L. Wijeyesinghe & B. W. Jackson III (Eds.), *New perspectives on racial identity development : A theoretical and practical anthology* (pp.129-152). New York : New York University Press.

Wijeyesinghe, C. L., Jackson, B. III (Eds.). (2001). *New perspectives on racial identity development : A theoretical and practical anthology* (pp.108-128). New York : New York University Press.

Williams, C. B. (1999). Claiming a biracial identity : Resisting social constructions of race and culture. *Journal of Counseling & Development*, 77, 32-35.

Williams, C. B. (2001). Ethics complaints : Procedures for filing and responding. In E. R. Welfel & R. E. Ingersoll (Eds.), *The mental health desk reference* (pp.441-447). New York : John Wiley.

□ 찾아보기

□ 지은이

셸론 팩 브라운(Sherlon P. Pack-Brown)

14권의 상담 관련 저서를 집필했으며, 다문화 상담과 다양성 상담 분야에서 미국뿐 아니라 여러 나라에서 다양한 강연을 해오고 있다. 미국 오하이오 주에 위치한 볼링 그린(Bowling Green) 주립대에 교수로 부임하기 전에 오하이오 주에 있는 톨레도(Toledo)대 상담센터에서 5년 동안 상담사로 있었으며, 특히 아프리카 출신 미국 여성을 대상으로 집단 상담을 15년 동안 수행하였다. 미국상담학회 윤리위원회 공동위원장으로 봉사하였으며, 미국상담학회의 분과회인 다문화상담개발학회 회장을 지내기도 했다. 샘 존슨(Sam Johnson) 상을 수상하였으며, 현재는 볼링 그린 주립대 부교수로 있다. 주된 관심 분야는 다문화 상담이다.

카르멘 브라운 윌리엄스(Carmen Braun Williams)

미국 콜로라도대 부교수로 있으면서 상담심리학과 상담사 교육을 담당하고 있다. 1980년에 펜실배니아주립대에서 임상심리학으로 박사 학위를 받았으며, 1983년 이후부터 콜로라도대에서 심리학 자격 과정을 이수했다. 콜로라도대에 교수로 임용되기 전 15년 동안 성인 여성의 문제, 인종적 문화적 문제와 관련된 심리 치료 활동을 해왔다. 주된 관심 영역은 다문화적 치료로서 20여 권의 책을 집필했으며, 100여 회 이상 국내외 강연을 했다. 콜로라도 심리학회 임원과 심리실험자학회 회장, 미국상담학회 윤리위원회 위원장, 결혼·가족상담훈련 및 개발을 위한 국제학회 회장 등을 지냈으며, 미국 전역과 주 단위에서 강의와 저술, 봉사 활동을 한 공로로 수차례 수상한 바 있다.

□ 옮긴이

박균열

경상대 사범대학 윤리교육과를 졸업한 뒤 서울대 대학원에서 석사·박사 학위를 받았으며, 지금은 경상대 사범대학 윤리교육과 교수로 있다. 주로 윤리 교육 연구 방법론에 관심을 갖고 있으며, 다문화 윤리 과목을 담당하고 있다. 역서로 『음악윤리학』(철학과현실사, 2008)이 있다.

정창우

서울대 사범대학 윤리교육과와 동대학원을 졸업한 뒤 미국 조지아대에서 철학 박사 학위를 받았으며, 지금은 서울대 사범대학 윤리교육과 교수로 있으면서 도덕과 교육학, 도덕심리학, 다문화 교육 등에 관심을 두고 있다. 주요 저서로는 『도덕교육의 새로운 해법』(교육과학사, 2006), 『도덕과 교수·학습 방법 및 평가』(인간사랑, 2007) 등이 있고, 역서로는 『도덕심리학과 도덕 교육』(인간사랑, 2008), 『정의와 배려』(인간사랑, 2007) 등이 있다.

송민애

고려대 이과대학 수학과를 졸업(B.A.)하고 고등학교 수학 교사를 3년간 하다가 가족과 함께 호주로 이민, 시드니에 있는 SMBC(Sydney Missionaries & Bible College)의 2년 과정을 졸업하였다. 10년 동안의 외국 생활을 접고 귀국하여 연세대 연합신학대학원 상담학 석사와 연세대 신학대학 상담학 박사 학위를 받았으며, 지금은 연세대 연합신학대학원 겸임 교수로 있다. 박사 논문은 「다문화 사회에서 이주 여성의 몸 경험」으로 결혼 이주 여성의 유목적 체현을 목회 상담으로 연구하였으며, 이주 여성들에게 관심을 갖게 되면서 다문화적인 상담 윤리에 관심을 갖고 있다. 역서로 『목회 신학과 실천 신학의 이해』(대한기독교서회, 2007)가 있다.

다문화주의윤리학

초판 1쇄 인쇄 / 2009년 6월 15일
초판 1쇄 발행 / 2009년 6월 20일

■

지은이 / 셀론 팩 브라운 · 카르멘 브라운 윌리엄스
옮긴이 / 박균열 · 정창우 · 송민애
펴낸이 / 전춘호
펴낸곳 / 철학과현실사
서울특별시 종로구 동숭동 1－45
전화 02－579－5908~9

■

등록일자 / 1987년 12월 15일(등록번호 제1－583호)

■

ISBN 978-89-7775-694-6 03190
*잘못된 책은 바꾸어 드립니다.
*옮긴이와의 협의에 따라 인지를 생략합니다.
값 18,000원